台湾研究

海峡经济区竞争性区域体系构建研究

王勇 著

九州出版社 JIUZHOUPRESS | 全国百佳图书出版单位

图书在版编目(CIP)数据

海峡经济区竞争性区域体系构建研究/王勇著. —北京：九州出版社，2010.6

ISBN 978-7-5108-0512-7

Ⅰ.①海… Ⅱ.王… Ⅲ.①台湾海峡—经济区—经济发展—研究 Ⅳ.①F127.5

中国版本图书馆 CIP 数据核字(2010)第 093550 号

海峡经济区竞争性区域体系构建研究

作　　者	王　勇　著
出版发行	九州出版社
出 版 人	徐尚定
地　　址	北京市西城区阜外大街甲 35 号(100037)
发行电话	(010)68992190/2/3/5/6
网　　址	www.jiuzhoupress.com
电子信箱	jiuzhou@jiuzhoupress.com
印　　刷	三河市东方印刷厂
开　　本	720 毫米×1020 毫米　　16 开
印　　张	14.375
字　　数	230 千字
版　　次	2010 年 6 月第 1 版
印　　次	2010 年 6 月第 1 次印刷
书　　号	ISBN 978-7-5108-0512-7
定　　价	32.00 元

前　言

竞争性区域是拥有独特"地方品质"的区域，以创新和知识作为其发展的催化剂，竞争性区域的构建过程体现为集中提升区域竞争力的战略政策要点和与此相配套实施的多级治理的高效统一。其中，培育竞争性企业和促进创新集群的形成与发展成为构建竞争性区域的战略重心。地方分权与财政转移、市政联合、公私合营、合同式发展、跨边界治理、地方公务员培训则形成竞争性区域构建的多级治理框架。特色产业集群业已成为区域经济增长、区域竞争力提升乃至竞争性区域衍生的催化剂和发动机，而大学—企业—政府区域三螺旋互动形成培育特色产业集群的发展空间。

伴随着两岸经贸关系 30 年的发展，两岸经济的互补性和依存度不断提高，海峡两岸的经济整合已成为大势所趋。特别是目前两岸政治关系回暖和"大三通"的基本实现，为推动环台湾海峡的海峡经济区迅速崛起，成为继长江三角洲经济区、珠江三角洲经济区、环渤海经济区之后中国又一重要的世界级竞争性区域，创造了条件。基于此，从竞争性区域构建理论视角尝试性探讨海峡经济区竞争性区域构建体系，具有重要的理论价值与现实意义。

海峡经济区作为两岸经济整合的独特区域，业已显现出基础设施网络日趋完善对企业可进入性的改善，闽台教育、研究和企业的合作平台初步建立以及闽台 R&D 创新合作的深入开展促进竞争性企业形成；基于台商投资区的闽台产业初步对接，推动台资企业为主体的产业集群初步发育；以海峡西岸城市群、厦泉漳城市联盟、闽东北翼五市区域协作、闽东北与闽西南两翼协作为试点的区域经济协同发展初露端倪等竞争性区域特征，未来提升空间较大。与此同时，海峡经济区的基础设施网络连接性、产学研互动合作、产业集群培育、城市经济协同发展等方面亟待推进，竞争性区域特质尚不发育。

本书尝试着创设出海峡经济区竞争性区域构建的理论体系，主要涵盖海峡经济区区域邻近性拓展，海峡经济区教育、研究和企业区域三螺旋合作，海峡经济区市政联合，海峡经济区地方分权与财政转移，海峡经济区合同式发展，海峡经济区内部公私合营等七方面，这七方面相互关联，彼此促进，共同演绎出海峡经济区竞争性区域有机衍生的动态景观。

作者认为今后海峡经济区应侧重于从海峡西岸综合交通运输体系建设、台湾海峡港口战略联盟体系组建、发展海峡火车轮渡和推进厦金大桥与台湾海峡海底隧道项目实施、在福建沿海地区为江西设置对台直通车道、区域产业分工协作体系建立、闽台产学研合作机制建构、闽台科学园区的衔接与互动、跨海峡城市联盟缔结、厦金特区创建、厦门湾对台合作新区和闽江口对台合作新区创设、"两马"先行、经济运行机制衔接、两岸共同市场搭建、企业战略联盟和风险投资业的发展、联合产权交易市场梯度推进、开展以政府政策协调为中介和行业协会推动的公私合营等方面来构建竞争性区域配套体系，从而推动海峡经济区迅速崛起成为中国乃至世界新兴的竞争性区域。

作者

2010 年 4 月

目 录

第一章 导 论

第二章 竞争性区域构建的理论探索

第三章 海峡经济区区域邻近性拓展

第四章　海峡经济区教育、研究和企业 区域三螺旋合作

第五章　海峡经济区市政联合

第六章　海峡经济区地方分权与财政转移

第七章　海峡经济区合同式发展

第八章　海峡经济区内部公私合营

第一章 导 论

经济全球化使国际贸易、科技迁移和扩散处于一种流动状态之下，趋向于把创新均匀地分散到全世界的经济系统之中。但全球化只是促进业已存在于系统中的流动过程，而不可能促进创新的消失，全球化只能意味着技能更快地进行扩散。而且，尽管全球化能从本质上改变区域创新系统的性质，但却不能完全消除区域的独特性，更不会消除创新所造成的地方异质性。区域的独特性会保留下来并被各地区加以保护、挖掘、改造，从而用来提升自身的竞争力。与此同时，由于创新能力在区域之间是不均衡分布的，经济全球化也将导致产生区域生产专业化，因此，区域的创新潜能更大程度上取决于国际上无法流动的生产要素，如高技能劳动力、市场缝隙、R&D 机构和管理制度等。为此，各区域都专注于培育其内生的知识基地和相对优势，形成以不可移动要素为基础的区域独特创新竞争优势，吸引更多特定的资源，成为持续迸发出蓬勃生命力的国际竞争性区域。

在此背景下，海峡经济区作为两岸区域经济整合的独特区域，在现有竞争性区域特质初步显现的基础上，将进一步挖掘自身的区域独特性，并从区域邻近性拓展、产学研区域三螺旋合作、市政联合、地方分权与财政转移、合同式发展、公私合营等方面逐步建构起竞争性区域体系，培育形成区域独特的“地方品质”，最终在全球区域经济一体化脉搏中强势崛起。

一、竞争性区域构建凸显为区域发展的主旋律

区位在表现出长期的刚性和不可逆转的特性同时，更为技术交流、外部知识以及学习机会提供了良好背景，从而成为激发创新机会和进一步增强区域比较优势的关键源泉。由此，经济全球化和一体化进程推动企业和政府更

加关注如何保持本地化或不可移动的能力，使得区域间竞争只能来自差异化，而整个世界也因为存在区际差别而在不断取得进步。当前，创新囊括了各种形式的知识和市场需求之间的创造性互动过程，它要求在生产网络或价值链中的不同主体之间进行知识交换、相互作用与合作，知识及其在市场中的应用已成为全球经济发达地区竞争力的主要源泉。在此基础上，创新过程的基本要素跨越了国界，成为全球性或区域性的要素。区域集聚为基于创新的学习型经济以及知识创造、传播和学习提供了最佳环境。隐性的知识创造和技术学习都已成为本土化和区域化的，而创新体系最重要的潜力也取决于地理位置上的邻近和技术上的接近，区域为技术交流、外部知识及学习机会提供了良好背景，企业和创新则趋向于在某一特定地理区域形成空间集聚或区域集群而呈现为产业本地化的特性，进一步推动区域在某些技术或产业领域形成专业化。因此，区域实际上已成为体现国家竞争力的主体。而如何有效挖掘区域特质，充分开发利用、改造和提升当地有形或无形的资源禀赋，将其由区域原生态材料转化为推动区域竞争力提升的内生滋养，进而加速推动该区域在全球经济一体化网络中强势搏击而脱颖胜出，成为牵动全球经济发展脉搏的最敏感神经中枢，凸显为各国区域发展战略的主旋律。

不同区域拥有的多样性禀赋特征，尤其是区域文化教育和区域的知识基地的多样性成为决定该区域创新系统向良性高端发展的润滑剂。其中，区域的知识基地是以文化为基础的，两者共同激励着创新的产生。区域间的多样性和相异性是创新的不可或缺的源泉，它直接推动着区域竞争力的增强和巩固。竞争性区域是拥有独特“地方品质”的区域，以创新和知识作为其发展的催化剂，因而成为了国家乃至全球最具发展活力的区域。竞争性区域实质上是一个以学习型产业区作为外在表现形态而存在的微型区域创新系统。这种网络化的区域创新体系依赖于大学、研究机构和企业之间开展的紧密合作，以及企业之间，企业和政府机构建立的基于公私合作的网络化联系。通过富有活力的柔性学习组织推动组织和制度上的创新，产业人员大量参与企业内部的组织运行，从而促进系统内部企业之间的横向合作，进而推动该网络发展成为自下而上的、互动的区域创新系统。

竞争性区域构建是经济全球化和区域经济一体化深入发展的全球背景下的区域经济发展主旋律，对其理论的系统研究探讨有助于理性挖掘区域发展要素禀赋和潜质，保持和提升区域的持久竞争力。而区域竞争力的持续提升很大程度上体现着竞争性区域的本质特征和构建初衷，同时也是竞争性区域的主要外在表现形态。竞争性区域构建的战略重点在于培育区域竞争性企业和促进创新集群的形成和发展。战略目标旨在挖掘区域特质和独特的“地方资本”来推动区域竞争力的快速提升。采取的战略举措主要是开展产学研合作和培育创新集群。其中，特色产业集群已经成为区域经济增长、区域竞争力提升乃至竞争性区域衍生的催化剂和发动机。某地区特定的要素禀赋决定了相关产业在该地区的集聚发展，特色产业集聚通过互补专业化资源，降低供应成本和实现投入产出市场的专业化等途径来直接加速对区域创新的推动作用，从而使所在区域获得更高的创新生产率和竞争力，进而跃升为国际竞争性区域；大学—企业—政府区域三螺旋互动形成培育特色产业集群的发展空间。其中，创新政府不断改善区域创新“软”、“硬”环境，提供了获得集体知识的途径以及获得技术共享的机会，有利于技术区内企业的创新活动效率提高和本地化技术变革的引进。企业创新活动效率的提高以及创新引进速度的加快转而又增加了区域内可利用的集体知识的数量。企业与区域间本地化的正反馈激发的螺旋式互动可以在区域和企业层次产生显著的动态报酬递增效果；竞争性企业对于特色产业集群的发展壮大起着显著带动作用。这类企业主动利用战略和投资来培育自身的动态能力，以最终获得国际竞争力。它通过创造核心动态能力实现产品创新和过程创新，最终保持直至提高自身的竞争力。其中，管理和组织过程可影响其动态能力、技术禀赋、知识产权和可获得的技术轨道。此外，竞争性企业通过扩展其吸收能力的边界（如开展 R&D）来影响自身采用新技术的能力；创业型大学在履行重要的教学和科研传统功能之余，更多的是基于自主发展战略方向而与政府和企业开展合同式合作，逐步发展成为推进区域三螺旋运行的推进器。

区域竞争优势越来越以知识创新为基础，针对企业的战略政策发生了重大调整：一方面是各地区政府将政策重点从限制企业自由的三个传统政策工具，如管制、竞争政策、企业公有化，逐步转向合同制。这种新的、致力于扶植知识创造和商业化的政策工具主要包括鼓励开展 R&D、提供风险资本和衍生新企业等；另一方面区域政策转变在于授权政策的应用层面。授权政策在区域和地方日益重要。驱动竞争性区域衍生的众多各具特色的高新技术产业集群之所以能取得成功很大程度上得益于授权政策的实施，如为基础研究和基础设施改善提供支持等。与此同时，这类支持还导致区域技术朝着多样化方向发展。竞争性区域的构建过程体现为集中提升区域竞争力的战略政策要点和与此相配套实施的多级治理措施的高效统一。通过拓展地区邻近性，开展教育、产业和研究机构之间的密切合作，以及充分发挥技术院校向企业的技术转移等智力溢出效应，以此来培育区域竞争性企业的形成和发展；通过对区域独特品质、要素禀赋的深度挖掘来推动当地创新集群的发展成型。这两方面成为构建竞争性区域的战略基点。与此同时，由地方分权推动下的财政转移、市政联合、公私合营等要求区域各关系方之间开展平等的合同式合作，而存在明显制度差异的边界地区，跨边界治理成为建设竞争性区域的关键环节。此外，地方公务员的培训以提升执政能力则成为落实竞争性区域构建各项发展要素不可或缺的治理因素。

二、海峡经济区竞争性区域体系构建创新探讨

伴随着两岸经贸关系 30 年的发展，两岸经济的互补性和依存度不断提高，海峡两岸的经济整合已成为大势所趋。特别是目前两岸政治关系回暖和“大三通”的基本实现，为推动环台湾海峡的海峡经济区迅速崛起，成为继长江三角洲经济区、珠江三角洲经济区、环渤海经济区之后中国又一重要的世界级竞争性区域，创造了条件。由此，以闽台“五缘”关系及闽台经贸交流 30 年长足发展为基础，以“大三通”基本实现为契机，以“海西”建设为引擎，这一区域面临成长为竞争性区域的大好机遇。基于此，从竞争性区域构建理论视角探讨海峡经济区竞争性区域构建体系，具有重要的理论价值和现实意义。海峡经济区作为两岸经济整合的独特区域，业已显现出基础设施网络日趋完善对企

业可进入性的改善，闽台教育、研究和企业的合作平台初步建立以及闽台R&D创新合作的深入开展，促进竞争性企业形成，基于台商投资区的闽台产业初步对接，推动台资企业为主体的产业集群初步发育，以海峡西岸城市群、厦泉漳城市联盟、闽东北翼五市区域协作、闽东北与闽西南两翼协作为试点的区域经济协同发展初露端倪等特征，未来提升空间较大。同时，其基础设施网络连接性、产学研互动合作、产业集群培育、城市经济协同发展等方面亟待推进，竞争性区域特质尚不发育。基于此，海峡经济区应进一步从海峡西岸综合交通运输体系建设、台湾海峡港口战略联盟体系组建、发展海峡火车轮渡和推进厦金大桥与台湾海峡海底隧道项目实施、在福建沿海地区为江西设置对台直通车道、建立区域产业分工协作体系、闽台产学研合作机制建构、闽台科学园区的衔接与互动、跨海峡城市联盟缔结、厦金特区创建、厦门湾对台合作新区和闽江口对台合作新区创设、“两马”先行、经济运行机制衔接、两岸共同市场搭建、企业战略联盟和风险投资业的发展、联合产权交易市场梯度推进、台湾海峡城市联盟缔结、开展以政府政策协调为中介和行业协会推动的公私合营等方面来构建竞争性区域配套体系，从而推动海峡经济区迅速崛起成为中国乃至世界新兴的竞争性区域。

本书对海峡经济区竞争性区域体系构建进行了尝试性探讨，认为海峡经济区竞争性区域体系构建主要包括海峡经济区区域邻近性拓展，海峡经济区教育、研究和企业区域三螺旋合作，海峡经济区市政联合，海峡经济区地方分权与财政转移，海峡经济区合同式发展，海峡经济区内部公私合营等七方面，这七方面相互关联，彼此促进（图1－1）。

其中，海峡经济区区域邻近性拓展的近期着力点集中于加快建设海峡西岸综合交通运输体系、组建台湾海峡港口战略联盟体系、发展海峡火车轮渡、积极推进厦金大桥与台湾海峡海底隧道项目实施、在福建沿海地区为江西设置对台直通车道等战略举措；海峡经济区教育、研究和企业区域三螺旋合作主要基于已初露端倪的闽台教育、研究和企业合作，深入开展的闽台R&D创新合作以及初步发育的台资主体型产业集群，进一步以区域产业分工协作体系的建立推动特色产业集群的形成，同时积极构建闽台产学研合作机制，加强闽台科学园区的深度衔接与互动；海峡经济区市政联合当前主要是继续加快海峡西岸城市群的发展，深入开展以厦泉漳城市联盟为主体的闽西南翼区域协作、闽东北翼五市区域协作、闽东北与闽西南两翼协作，在此基础上，积极推进跨海峡城市联盟；海峡经济区地方分权与财政转移聚焦于创建厦—金特区、创设厦门湾对台合作新区和闽江口对台合作新区以及通过"两马"先行推进榕台及两岸经贸合作；海峡经济区合同式发展主要通过培育海峡经济区经济一体化运行机制、搭建两岸共同市场、发展海峡经济区企业战略联盟、促进闽台风险投资业的合作与发展以及梯度推进海峡经济区联合产权交易市场来加以落实；海峡经济区内部公私合营主要以两岸行业协会为中介，通过行业协会与政府沟通协调以争取有利政策环境，行业协会推动实现海峡两岸的科技与企业顺利对接，突出以闽台农民经济合作组织对接助力两岸农业合作，最终使行业协会进一步完善成为海峡经济区建设和发展的桥梁与平台，同时，通过海峡两岸教育合作来培养高素质人力资源以及积极推动两岸地方企业之间的合作，由此有效推进海峡经济区的建设与发展。

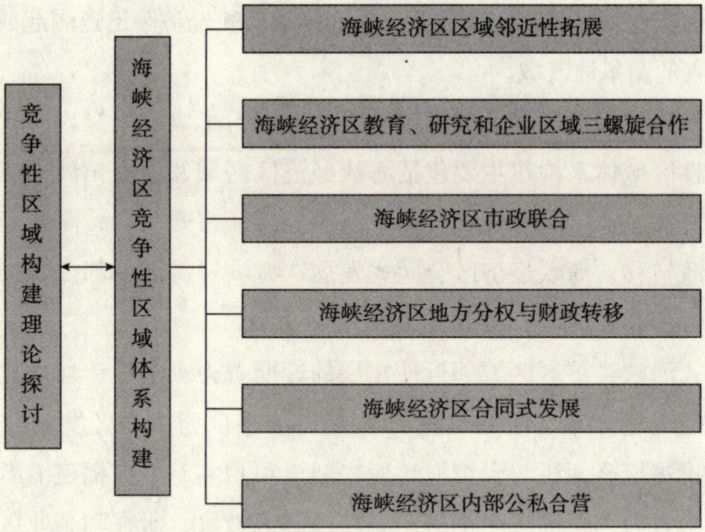

图1－1　海峡经济区竞争性区域体系构建思路

第二章　竞争性区域构建的理论探索

竞争性区域是基于地方内在异质性而衍生形成的独特区域，在竞争性区域的构建过程中，培育竞争性企业和促进创新集群的形成与发展是催生竞争性区域的战略重心。其中，特色产业集群已经成为区域经济增长、区域竞争力提升乃至竞争性区域衍生的催化剂和发动机。而大学—企业—政府区域三螺旋互动形成培育特色产业集群的发展空间。与此同时，辅之实施地方分权与财政转移、区域发展合同、市政联合、跨边界合作和治理、地方公务员培训和激励企业家精神以及公私合营等配套多级治理措施，由此动态演绎出基于战略与治理互动的竞争性区域构建理论框架。

一、竞争性区域的内涵及分类

（一）内涵

竞争性区域是拥有独特“地方品质”的区域，以创新和知识作为其发展的催化剂，重视基于更好地开发区域未利用的潜能和具有非竞争性和排他性的资产而产生的地方特定的外部性，集中提供改善“地方品质”，即地区整体的吸引力和功能、提高地方可达性等方面的集体产品，“创造”适合特定区域的经济和社会动力。在这一可支持性环境中，创新集群发展、地区创新战略将对区域创新绩效产生重大影响。在竞争性区域内，通过基础设施的不断升级改善可进入性，逐渐激发存在于不同市场的正外部性，如规模经济、范围经济、集聚经济、密度经济或网络经济，从而改进劳动生产率和提高产量以及降低生产成本，促进资源的更好利用。而且还能影响物产价值和经济租金，影响家庭居住区位、消费模式，公司的生产区位、市场准入以及投资决策方面的决定，反过来，这些生产要素改善对区域经济产生诸如增加税收收入，创造就业等正面影响，从而成为区域进一步吸引投资的来源。同时改善可进入性使当地企业可以接近多样化的劳动力市场，快速接近供应商和消费者，降低交易费用，不断拓展包括供应商的选择、消费客户群在内的市场范围，也降低了土地利用的限制。此外，可进入性的改善还将引起区域现有运输流程和空间模式的变化，使基于高效、完善的基础设施网络之上的创新和专业化，推动不同类型的空间积聚效应发挥作用。

（二）类型

总体而言，竞争性区域呈现为四大类：①知识导向型大都市区，拥有庞大的人口、良好的基础设施和教育设施、对国际和国内服务的强大需求，积极开展创新导向的发展战略；②转型城市区域，拥有强大的产业传统，高质量的基础设施以及实力雄厚的研究能力，但却曾长期从事趋于衰退化的部门生产。为了实现经济高速增长，这些地区开始实施劳动力技术转换和产业专业化升级的竞争力政策，同时突出当地教育机构对城市产业结构转型的强大智力支持作用；③专业化制造区域，这类区域拥有适度的人口密度，密集的基础设施网络大部分集中于某些经济部门中。这些区域的企业吸收和应用新知识的能力很强，重视当地研究机构、政府和外资企业之间的合作，这些优势成为其竞争力提升的区域基础；④乡村区域，这类区域主要是地理区位较偏远的乡村区域，该地区的基础设施和知识设施尚未改善，内生增长优势不明显。这类地区主要侧重于开发乡村区域的自然环境优势，大力发展旅游业，以此来提升其地区的竞争力。

二、竞争性区域构建的战略重心

（一）培育竞争性企业

1. 拓展邻近性是催生企业区域竞争优势的关键

自然邻近和与此相伴而生的“区域文化”共享有助于区域内企业之间开展创新合作，形成共同的区域惯例、公共和准公共机构、劳动力市场等，成为区域创新体系的基石。在此基础上，通过创设高科技产业空间，为创新型企业提供培育创新的商业环境，从而促进区域创新能力不断提升。目前，发达国家内部推动专业化企业知识共享的产业空间主要有：技术极、科学园、技术园和孵化中心。其中，技术极是由国家建立，作为区域规划和创新政策的一部分，吸引众多投资者和研究机构入驻。技术极拥有众多有活力的制造业、服务业公司，科研院所和科研人才。支持开展非正式交流，推动新技术知识的使用和新产品的开发；科学园通常位于大都市区，由大学参与科学园管理，旨在激励技术成果产出；技术园是由当地政府建立的中小企业孵化器，积极吸引大型企业的高技术投资；孵化中心是实现中小企业地区集聚的产业空间，在使企业因地域邻近而普遍受益的同时还集聚了大量跨国投资和相应的创业文化。

2. 教育、研究和企业联合

大学为各国提供了大批高素质的劳动力。近年来，企业为了应对技术创新竞争环境的压力，迫切需要与大学开展专门技术和研究合作以获得其智力支持。为此，科研院所开始在更广泛的领域与企业开展技术研究合作。许多高等教育机构（HEI）除了发挥其传统的教学研究功能外，正逐渐应对区域发展需求，积极参与区域管理、城市规划以及开展更为重要的与企业之间的协作，将自身转变为“企业家的摇篮”。企业和大学之间的关系大体有：①跨国公司和世界著名大学间的关系。跨国公司将其部分 R&D 活动外部化，从而在全球范围内寻求最优实验室和高科技 R&D 人才；例如，赫尔辛基大都市区正是顺应跨国公司全球经营战略转移趋势，通过发展高水平教育和开展相关产学研究项目来留住和吸引高素质人力资源。②大学和小型高技术企业间的关系。例如，美国亚特兰大的佐治亚州技术学院与当地企业之间开展了高级“创新 U”合作，在多种技术型项目中与佐治亚州政府、地方社区和企业紧密合作；③中小企业和地方大学间在区域内的联系。例如，美国佐治亚州技术学院为当地企业人员进行技术培训，培育企业家精神，启动众多事关企业发展的高技术发展项目。

3. 充分发挥技术院校对企业的技术服务作用

技术学院是区域技术和创新战略的关键因子，它与大学等其他公共教育机构相比在教育目的的明确性及深度方面有很大不同。技术学院通过严格的程序化教育体制来专门为企业培养精细技术环节方面的专业化技术人才。技术学院拥有的内在灵活性使其能快速应对由增长、技术，以及由经济再调整造成的对企业生产场所的多样化需求。而且，推动技术发展是大多数技术学院的核心使命，最具企业家精神和创新的技术学院则是激发新技术产生的原动力，同时确保充足的熟练劳动力流入到新技术增长需求旺盛的区域。技术学院拥有专门从事各种类型生产活动的能力，甚至对于那些基于自然禀赋的生产活动同样重要，如矿产开发或旅游业。在高技术区域，技术学院的投资有助于高技术产业部门专业化水平的提升。在传统产业地区，技术学院向集群内的相关企业提供关键性的技术服务。目前，发达国家普遍存在的技术和社区学院已为当地提供了较多与中小企业生产相关的应用培训和技术转移。例如，蒙特利尔的15所主要的普通和职业学院（CEGEPs）普遍为学生提供入学前技术学位项目，学生参加该项目的比例在33%—73%之间，由此，学生的培养与就业直接挂钩。

4. 在开发传统产业竞争优势基础上形成竞争性大企业

为了减少发展新兴产业的内在风险，各都市区政府和私人部门投资者专注于创设能最有效利用现有产业竞争优势的竞争性大企业。例如，首尔大都市区在充分利用自身强大的制药工业的基础上，本地化的生物技术企业和实验室侧重于新药的开发，形成了一些有较强竞争实力的生物技术大型企业，其中，Macrogen是首尔大都市区乃至韩国最大的和先导性的生物技术初创企业。

（二）促进创新集群的形成和发展

1. 集群对区域创新作用的理论解析

集群促进了一系列多样性和高度市场化导向的复杂产业活动。在市场条件下，创新型集群对多样性变化呈现的灵活性和抑制力，使其具有提供与区域专业化相关利益的潜力。集群活动中生产力和工资水平要比非集群活动中的要高，“贸易”（针对当地或资源自给）产业集群对区域繁荣和平均工资水平有着强有力的影响。按照波特的观点，集群提高了贸易部门对区域产出和工资的贡献程度。同时，根据日本经贸工业部和意大利银行开展的类似研究进一步证实，集群和高生产力之间存在密切的相关性。对生产力优势源的深入研究主要集中于对当地经济体系中人与知识间循环的积极影响，其中，该经济体系主要体现为新一代创新理念、新产品与新技术的发展。在充满活力的高技术产业集群内，企业间不同层次人员交流较非集群中要频繁。这种“相互培育”的创新型集群发展模式是美国“硅谷”成功的主要驱动力之一①。此外，斯德哥尔摩 ICT 产业集群的成功发展揭示了较高比率的公司间和公司内部劳动力流动性推动了创新型集群的快速发展。

2. 集群政策的区域创新性内涵

随着 1995—2005 年各国相继出台鼓励低资源消耗、发展小商业群网络，不专门发展特定部门的政策以及相关的大规模综合性方案的实施，旨在对具体的、地理相关性产业采取协调发展举措的集群政策得以不断衍生和发展。集群政策是一种区域发展方法，有别于传统的、激励性区域发展政策，是区域竞争政策的基石。它主要用来支持由各合作方组成的地域网络而不仅仅服务于单一企业。在实施集群政策过程中，根据产业政策筛选出特定时期重点发展的主要部门和具体产业，同时积极推动商业、大学和科研院所以及劳动力市场和基础设施等与区域发展政策相关的广泛环境要素之间的相互作用，由此来促进区域经济的快速增长，所以，集群政策具有典型的创新性特征。总体而言，在认真分析某区域的独特经济地理特征和“相关”地理特征的基础上，集群政策措施可以分为三类：支持现有集群的发展，支持已开展企业

① 安纳利·萨克森尼安著，《地区优势：硅谷和 128 公路地区的文化与竞争》，上海远东出版社，1994 年版。

合作的产业，建立其他产业间的新型企业合作①。

3. 集群战略的具体实施

许多发达国家的大都市区都在积极开展对其经济结构的详查，由此而甄别出将重点支持的产业集群。如加拿大蒙特利尔大都市区在航空和制药方面拥有强大的产业专业化国际竞争优势，基于此而建立了广泛的航天航空产业、生物医药产业集群发展战略。集群政策要求相对低的资本投资，从而倾向于人力资源密集型，即要求制定公共政策的官员、部分专业化经纪人和服务商都积极参与区域集群战略的实施，如苏格兰成功的产业集群政策。在开展集群发展战略的进程中，侧重于为特定产业集群中的各类企业发展提供专业化基础设施、特殊技能培训方案等常规资源，同时促进企业间、企业内部以及企业和科研人员之间的合作②。

在此基础上，首先对区域的集群发展进行鉴别，创建集群之间的联合，使信息交流渠道正式化的同时培育企业间的合作。其次，建立一站式集群发展服务中心，创设集群发展的政府相关部门，形成推动集群战略开展的不同部门间的服务人员队伍而使外联简易化，由此有利于发展集群的有关信息的组织和扩散。再者，建立集群发展技术中心和区域技术联盟，搭建教育机构与集群之间的合作关系，从而培训出生产效率更高、能及时掌握市场信息并且与企业保持良好关系的专业化劳动力。第四，鼓励开展创新集群发展领域的 R&D 投资，出台为各类企业发展服务的融资激励措施以及建立相关政府基金，同时，扩大政府创新集群发展基金对政策边缘区域的适用范围和提高其优惠度，加大对与创新集群发展密切关联的教育、卫生保健、住房供给等关键基础要素的资金扶持，由此而使得资源和投资配置取得经济最大化效果。第五，通过建立集群孵化器和技术集群中心，促进企业支持网络和创新网络的形成发展，以及启动创新和商业投资项目来激发区域的创新和企业家

---

① Benneworth. Confusing cluster? making sense of the cluster approach in theory and practice. Europing planning studies, Vol. 11 (5): 511 ~520. P. 2003.

② Rosenfeld. S. Creating smart systems: a guide to cluster strategies in less – favoured regions, regional techonology strategies Inc, Chapel Hill, North Carolina. 2002.

精神，由此催生新理念和新企业。最后，在努力吸引外资促进集群发展而形成区域出口网络的同时开发区域特色品牌。

三、竞争性区域构建的多级治理

（一）地方分权与财政转移

中央政府通过公共融资向各级地方政府进行财政转移，从而确保各级地方政府执行某项公共服务职能。具体表现为：地方政府通过补偿一定程度超越管辖区的外溢收益来按比例划拨专项资金，或者按照地域人口和地理特征划拨专项资金来用于某种地方公共服务。目前，在绝大多数 OECD（即经济合作发展组织）成员国的地方和区域财政转移中，中央政府的重要性相应的得到了提高。主要体现在：①OECD 国家间的地方分权度差异很大，OECD 成员国政府占 OECD 全部政府支出的份额从不足 6% 上升至 50% 以上，而某些 OECD 单一体制国家政府比联邦制国家公共支出更大。②在过去 20 年间，当大多数 OECD 成员国支出额增加时，地方征税能力却在下降或保持稳定。③大多数 OECD 成员国支出大于其收入，而且，这一差距在不断扩大。即现有政府间大规模财政转移方案。其次，非专项财政转移除美国外都得到了很好实施。

（二）区域发展合同

各级政府间的财政关联集中体现在上下级政府间资金转移的制度机制上，其中，尤为重要的是各级政府间开展的合同式合作。对于中央和地方政府共同关心的问题，区域发展合同将双方紧密联系在了一起。合同确定了工作目标，财政转移的实质，财政转移的情形及各合作方的职责。同时，合同能稳定地方决策者的地位，使决策者更方便处理区域问题和开发资源，更好地确定行为动机和利用待开发潜力。这包括与当地第三方开展合同谈判，不仅局限于公共部门各方，如商业代表、公民个人、利益相关团体等。合同有助于利用地区多样性，发展国家目标连续性框架内的各地区特质。合同是通过地区协商达成的事实，意味着在各级政府间要比在“均质化”区域和地方情形下具有更多共同规划动因。合同不归属于特定类型的国家机构，包含许多复杂的机制：①包含财政转移的若干不同尺度的纵向联系；②地方横向联系，即若干合同包括不同地方当局和私营部门的参与；③主要的横向联系，即涉及区域政策上的不同部门间协调，其目的是为了克服传统部门政策分离的弊端；④条件和激励性安排。与此同时，为了遵循合同条件，区域必须提出执行方案，详细涉及合同完成时间，技术内容、环境影响和成本等方面。合同的融资基础在不同国家因基于区域政策和发展计划成功实施之上的财政转移而得以加强。随着这些财政转移，合同融资的条件在不断发生变化。此外，各种合同的融资条件影响着各级地方政府采取的激励措施和行为。

1. 区域发展合同的类型

在区域发展方面有三种合同：规划和计划合同、执行合同、合作合同。规划和计划合同使所涵盖地域的许多政策和计划连为一体。执行合同主要涉及次国家政府的区域和地方规划不断开展的合同安排。合作合同将各方组织起来实施具体计划或项目，确定相互之间承担的义务。此外，由于各方在合作中有同等的地位，所以合同不单单反映负责人或代理商任何一方之间的关系。

（1）规划和计划合同

目前，在 OECD 国家内部，除了瑞士的地区公共交通运输计划合同和森林管理计划合同外[①]，最具代表性的是法国的国家—大区计划合同。1984—2006 年，这类合同在法国各区域得以实施而成为法国区域发展政策的主要手段。中央政府和区域在合同中共同从财政上支持该方案。合同包括一份财务附录，它规定在合同限定时段内，各方承担的确切财政义务。合同不含中央政府和地方政府间的转移预算而强调各方承担的责任和义务，同时也详细描述了各项措施的目的。法国的地方分权法对于国家—大区规划合同有着重要

① OECD. Territorial review of Swizerland. Paris. 2002.

的影响，在区域决策中，由于区域要求拥有更大的权利，合同便得以扩展，从而包括了许多新领域，区域或地方的融资不断增加，市民社团代表等合同新参与方也加入进来，从而使该合同完全取代了国家规划。

首批该种合同主要涉足基础设施项目和产业现代化，第二批合同则涉及包括区域创新和城市规划在内的更广泛事务。1990 年代，由于法国地方政府和欧洲基金的赞助，这类合同预算已增加到 45% 以上。2000—2006 年的该类合同主要作为辅助手段来促进地区发展，从而区别于传统的使用补偿津贴的做法。同时，区域对合同的预算资助已超过了中央政府的资助，例如：法国巴黎地区的地区议会资助已占总资助额的 60% 以上，多于中央政府所占的 39% 。此外，通过合同对区域发展贡献最大的是基础设施部门，其中，交通运输业和住宅业占 40% ，教育部门和农业部门分别占地区合同预算的 17% 和 9% 。

目前，规划合同围绕可持续发展、各部门就业、城市复兴计划，公共服务供给增加、教育、研究与开发、信息通讯技术扩散等方面展开。包含的发展项目有“地区问题”、“地域事务”、“区域间问题”，其中，1/4 以上的合同预算用于地区问题。所有区域规划方案都由法国国土管理与地区行动局（DATAR）授权而协调，同时，不同部门组成了指导委员会，协调区域不同部门中由中央和地方政府所采取的行动。

（2）执行合同

这类合同主要用于执行协议方案项目，例如，荷兰的《第四次国土空间规划备忘录增订》合同（VINEX）、德国区域规划执行合同、意大利的计划合同等，其中，意大利的计划合同是由中央行政部门、大企业、中小企业协会、工业区代表共同协商加以制定。而最具代表性的是荷兰的执行合同。它已作为荷兰国家计划的执行手段，被视为是一种“联合政府”形式，包括住宅、都市扩展、绿地、公共交通运输。此外，多边合同，如规划与环境合同（ROM）专用于生态环境脆弱的地区，其产生程序向私人团体公开。

（3）合作合同

该合同的目的旨在管理各方的合作来执行具体计划或项目，规定合同各方彼此承担的义务。如西班牙在中央政府和地区间确定了三种合作合同：涵盖所有地区的部门会议内部通过的协议；在公共行政机构间通过的双边合作协议；联合计划和方案。

2. 区域发展合同对提升区域竞争力的作用

区域发展合同首先联系了地区、地方政策和国家优势，是伴随着进一步的地方分权措施的落实而展开，保持了公共政策制定和执行的连续性；其次，它有助于塑造地方施政能力。在区域发展合同中，“低能”级政府通过在决策和学习过程中的参与来承担责任，从而逐步拥有高水平参与能力、广博的知识和工作能力。再者，区域发展合同将服从政府政策及与其他权利机构协商相协调，这些权利机构在遵照这些协议的前提下，通过与政府开展合同谈判而维护其合法权利。另外，区域发展合同有助于处理制度冲突。合同提高了地方各部门间的合作，成为推动地方政府间横向合作的动力。合同使各合作方都能参与到彼此的决策中来，将机会性行为和政治风险减少到最小，这在执行合同中表现得特别明显。同时，合同允许承担大项目和分担复杂的方案，使不可能让单个政府来承担的某种工作成为了可能。此外，合同还使某一计划可由各方介入。

（三）市政联合

任何一个小城市或中等城市独自运作都无法提供商业部门发展所要求的所有必要的人力资源和物质资源，因此，提高城市间产业网络化和加强地区合作显得尤为重要，通过市政合作可以满足小城镇和中等城镇对于某些自身无法提供的大型设施和服务的需求。同时，通过中等城市联合而在城市战略规划、公私合作及联合发展项目等方面进行合作，包括促进旅游和文化、提高交通运输通达性、商业市场化、环境改善以及投资新信息和通讯技术，以此分担区域建设成本和降低投资风险。目前，发达国家内部有两类市政组织形式：市政一体化和合作关系类型安排，在一些市政结构高度分散化的国家，市政间协调已有了极大的增长，如法国75%的人口在一种市政结构下连为一体。将市政联结为整体，本质上为寻求更大的经济效率，即规模经济、溢出一体化。按照经济学理论，在城市人口增加到最理想点之前，城市提供公共服务的成本将随人口规模向最理想水平上升而下降。由此，蒙特利尔、哈利法克斯、多伦多开展了城市合并，伦敦和斯图加特则创设了大都市区政府，其中，伦敦还进行了大都市改革，创设了大伦敦当局。

市政间合作采用预算、人力、基础设施等共同分担的形式来提高处于市政实体间的地方服务。市政联合或者地域合并使市政间能在基于信息交换、一定投资的责任分担、知识创新合作、领域标志和市场计划上有别于其他区域等过程中，对地方经济发展扮演更重要、更高效的角色而展开合作，如蒙特利尔地区大都市机构的创设。在中间区域，市政间合作呈现为城市网络，城市网络通过当地产业区与城市专门化相辅相成加以展开，有利于小型产品市场、旅游业、自然文化产业的发展。如意大利东北部的艾米利亚—罗马涅大区是意大利的产业区和经济上高效运作的中间地区。1995—1999 年，该地区的就业增长率和 GDP 增长率分别达 4.2% 和 4.5%。当地政府鼓励中小城镇联合来整合发展各地方的特有文化、艺术产业。有时市政间合作对区域创新结构创设起重要作用，如西班牙瓦伦西亚地区的公会城市，即 1999 年组成的瓦伦西亚中央区城市联盟，用于催生合作、形成产业集聚，从而克服瓦伦西亚和阿利坎特区中的较小产业社区的经济相对边缘化，激发地区经济的活力。同时，市政间合作可以突出地区特性，有助于提升地方企业的竞争力。例如，微观地区即为一种目的在于实现共同发展目标的市政联合，它包括地方政府、市民团体和社区参与方的自愿联合。这些参与者基于自然禀赋、普遍认同或者共同的经济特征等因素来重新划定其边界。这类地区主要特征体现为：地方参与者在其自身资源的基础上开发适宜的资本化战略；地方参与各方以作为中央和地方政府的信息源来运作；这种合作关系中的领导者不但在当选地区政府机构中有排他性权利，而且他由企业集群和执行地方发展战略、项目的市民团体共同推举产生。例如，位于西班牙中东部的中央卡马卡瓦伦西亚纳（CCV）是一个中间区，由两个省的 155 个独立的市政机构组成，以传统的纺织、服装和玩具制造产业集群为主导，具有高度的出口导向性。1999 年，该地区的公共和私营部门共同组成了瓦伦西亚中央区城市联盟，以此来催生合作，促进实施新的地区经济发展战略和产业政策，克服大都市区中瓦伦西亚和阿利坎特区的城市中的较小产业社区的相对政治边缘化，推动产业集聚来促使地区在经济全球化进程中形成新的经济动力。

（四）跨边界合作及治理

超国家一体化减少了国家间的贸易壁垒，降低了内部交易成本，地方分权将更多的权利置于次国家政府手中，这都增加了跨国界合作的可能性和潜在利益。与此同时，典型的跨国界地区比单一国家地区要承受更大的竞争压力，如跨国界地区要承受市场、劳动力和制度不统一的影响。但跨边界地区有助于推进地区在经济、社会、文化和制度等方面的高度一体化。与跨边界合作相伴的物质基础设施一体化将导致边界地区不同国家的核心区之间的时间距离不断减少，基础设施体系中的“缺失环节”得以建成。与此同时，跨边界地区使集聚区和彼此之间的政治权限搭配不当，导致了消极的外在性和财政失衡，使得区域基础设施和产业合作网络变得复杂化。因此，这些地区的决策者通过采取相应的治理机制或手段和动机，使在空间和经济上同质，在政治上完整的地域能够实现政策的连贯性。由此，跨边界治理即为在功能性经济活动领域与地理的政治权限模式不一致的某一地区设立的，用于协调政策制定的设施和对一系列动机、标准和组织的规范。

（五）地方公务员培训和激励企业家精神

区域合作或地方分权成功与否的一个关键因素是要努力提高地方公务员的执政能力。为此，某些 OECD 国家为地方公务员引进一些新的授课方式，以便学习来自私人部门的专业知识溢出、掌握某些管理技能。例如，美国为地方公务员提供了广泛的、由私人部门主导的“外包”学习机会。1992—1997 年，约有 96% 的地方政府服务通过外包而实现；德国对公务员的培训源于联邦、地区政府开办的公务员培训学院，之后，主要由私人机构来开设管理课程对公务员进行培训，其中，综合职业学校针对工商管理部门开设了多门公共管理课程。坎茨坦兹大学、波茨坦大学等也开设了公共管理方向的硕士专业；韩国的大都市区政府、地区、省政府则各自拥有独立的地方官员培训学院，同时，通过部门间的人员借调来进行学习。此外，韩国釜山都市区政府为了加强与私人部门的合作，2003年开始实施一项新合作计划，一些公务员为了学习管理技巧，要到一家大型私人公司实习一个星期①。

具有企业家创业精神的活动是区域技术变化和发展的本源。近年来，许多OECD国家商业创业企业显著增加，很大程度上是由ICT和生物技术等高增长部门出现的商机所驱动。例如，蒙特利尔航空航天产业部门即由一些大型企业组成，该产业的企业家创业精神和动力创新对于庞巴迪航空航天企业及服务于该企业的专业化供应企业至关重要。

（六）公私合营

1974年，科斯借助灯塔的实例指出：几个世纪以来，灯塔一直由私人投资者、海运公司及公共和私人部门组成的协会一起建设和管理，因此，公共产品不一定必须由政府来提供②。由此可以引申出，通过开展公私合营(PPPs)，引进私人部门的先进技术和规模经济能有效促进区域经济的快速发展。

1. 公私合营对区域的创新支持

公私合营旨在提高本土竞争力，通过集群、创新环境系统、产业区、“能力极”等提供创新支持，通过公共和私人工具的互动来构建、改善或促进地方和地区的经济发展，以利于地方层面上的研究开发、创新和知识扩散。它主要体现在：(1) 当地企业和公共研究、培训机构的合作。地方政府向公共研究活动提供研究资金，支持职业培训机构参与产业发展计划，帮助

---

① OECD. Territorial review of Busan – Korea. Paris. 2004.

② Coase. R. The lighthouse in economics. Journal of law and economics. 17. 357 ~376. 1974.

中小企业介入研究项目开发以获取未来的技术竞争优势。例如，法国比利牛斯中部地区（Midi-Pyrendens）开展的公私合作向中小企业在一周内提供一名高级研究员，而中小企业向这名研究员支付每日50%的薪酬，剩余的由公共基金提供。以此项合作帮助企业进行技术跟踪，同时选择潜在的技术合作伙伴。（2）政府合作方鼓励地方企业之间的合作。当地政府向企业提供合作所需的财政刺激、中介培训和技术人员供应，从创建的共同服务中心获取技术支持。同时，政府搭建各方合作交流平台，彼此交谈并分享专业成果和社会关系，如文化体育活动，为管理人员开设的、涉及不同文化协会的俱乐部等。①推进公共服务改革和创新。专门技术、技术学习、创新性已经成为大都市区和其周边地区竞争力的核心主题。在R&D已成为技术商业保持和增强其竞争力方面，势必要求大都市区将创新性作为自然而然的事。而创新性势必要求开展结构改革。②培育形成强势科学社区。（3）开展教育合作培养高素质人力资源。（4）中介服务机构推动区域合作。

2. 开展区域公私合营的企业形式

公私合营是一种较早的融资方式，使其他资源得以进入公共服务供给的领域中。公私合营具有完全的契约性质，公共和私人部门之间的伙伴关系仅以合同为基础；公私合营又具有机构性质，涉及来自公共和私人部门之间不同实体的合作。例如，由加拿大联邦政府、蒙特利尔国际区居民协会（AR-QIM）和蒙特利尔市组成的协会共同实施的蒙特利尔国际区（QIM）建设项目，即以合伙企业为基础的部分项目，不但促进了当地的发展，而且当地居民还参与了政策制定，参与了该项目的资金筹措。公私合营旨在向当地提供所需的基础设施，如提供网络技术、住房等。这些协议以地方政府和私人企业间签署的各种各样的合同为基础，采取转包、特许权、混合企业、代理机构等多种合作方式。同时，公私合营既有可能构成单一终结性目标，也有可能成为公共和私人参与者之间长期合作的载体。此外，公私合营还在于形成有利于地方发展的、能促进由相关企业和公众组成的公民社会积极参与的一般经济利益服务。

总体而言，公私合营有三种表现形式：①地方国营企业。它追求一般经济利益的公众目标，一家或几家地方政府持有50%以上的企业股票，当地的一般工程以托管或分包形式交给该类企业。例如，2001年，欧洲有1.3万家该类型地方企业，经营范围涉及网络、交通、基础设施等方面的服务，主要有瑞典的“有限公司”，德国和奥地利的“公用事业”，西班牙的“共同公司”，比利时的“相互公司”等。②混合企业。该类合作企业侧重对私营合作企业选择的透明度。例如比利时布鲁塞尔地区的发展公司为了选择高效率的私人合作伙伴，通过发布招标公告来确保该过程的竞争性和透明性。③特许企业。这类合作企业中的绝大部分融资由私人部门提供，风险也完全由其承担，收益却由双方共享。例如，德国沃尔夫茨堡地区政府和当地的大众集团在1980年代后期成立了公私合作的物流中心（LC/GVZ），通过这一技术接口，把当地的“铁路”和“高速公路”两套运输系统连接起来。GVZ沃尔夫斯堡公私合作采取了50：50的公私合作关系，GVZ合资企业的绝大部分股份掌握在私人手中：大众集团和沃尔夫斯堡市双方各持26%，当地的一个中小企业物流协会持有48%的股份。通过GVZ公私合营项目的实施，在当地实现了以下最重要的战略和金融目标：通过在地区物流部门或工业园中孵化新兴产业，为作为地区主导方的大众集团及其他私人、公共参与方建立了一个有吸引力的地区交通中心；通过地方政府获取多样化的欧盟框架基金增加了公共财政的支持；通过整合德意志集团在公私合作中的金融投资，使当地长期受益于大众集团内部交通的重组以及该地区铁路系统的援助；实现了地区交通排放量将减少到15%—20%的环境目标。此外，英国私人部门参与基础设施建设与运营即属此类，旨在节省公共基金。

与此同时，由于信息不对称普遍存在，并非所有的公共和私人部门间的对话一开始就允许验证其合伙的可能性。近年来，一些国家成立了专家中心，这有助于达成共识并向当局提供帮助，使他们清楚地理解各种需求和期望。例如，荷兰的公司团体积极主动地去获取类似的信息，为地方政府充当“搭档”。2002年，荷兰财政部门组建起公私部门（PPS）知识中心，它向各类地方政府提供服务，以造就各种类型的基础设施，它在公私合营关系中，扮演调节者和顾问的角色。

各级政府治理或多级治理已经成为地区政策制定的主要议题。地方和区域政府为了面对更多的来自全球的竞争，渴望在制定和执行国家政策措施方面拥有更大的发言权，而地方和区域民众在对出台收入政策施加压力的同时，要求公共基金项目对他们的生活能产生真实和积极的影响。因此，区域发展政策的主要目的由再分配而转向促进区域经济增长。在竞争性区域构建过程中涉及协调各参与方、各利益关系方实体甚至不同制度体系的小"生境"之间的利害冲突，从而推动区域管理模式更加多样和复杂化。为此，采取地方分权和财政转移来赋予地方和区域政府以更大的权利，同时提高其实施自身区域发展和管理政策的能力；在区域公共发展和相关项目的管理和治理中转向合作导向型来推动区域竞争，如签订区域发展合同、开展市政联合以及跨边界治理等形式。此外，通过积极推动私营部门参与政策制定和不断增加公私合作来增强对区域创新的支持；强化对地方公务员的业务培训以提高其执政能力，很大程度上保证了推进竞争性区域衍生的相关治理举措的成功落实（图 2-1）。

四、竞争性区域衍生的催化剂——特色产业集群

（一）特色产业集群对区域创新和知识联系的推动

特色产业集群内企业间相互作用有助于产生更多的创新。主要体现在地方互动增强，使区域更深层次地卷入全球一体化互动生产体系中；地方生产网络和全球供应链更加复杂化。其中，特色产业集群的形成发展促进了区域知识转移和交换，原生知识更便捷和高效地从大学转移至企业，知识联系由静态知识转向动态集体学习。与此同时，企业之间的劳动力流动率显著提高，企业之间的竞争更趋激烈；特色产业集群内企业在发展中与外界联系日益紧密，如企业跨国市场联系、全球 R&D 合作等。

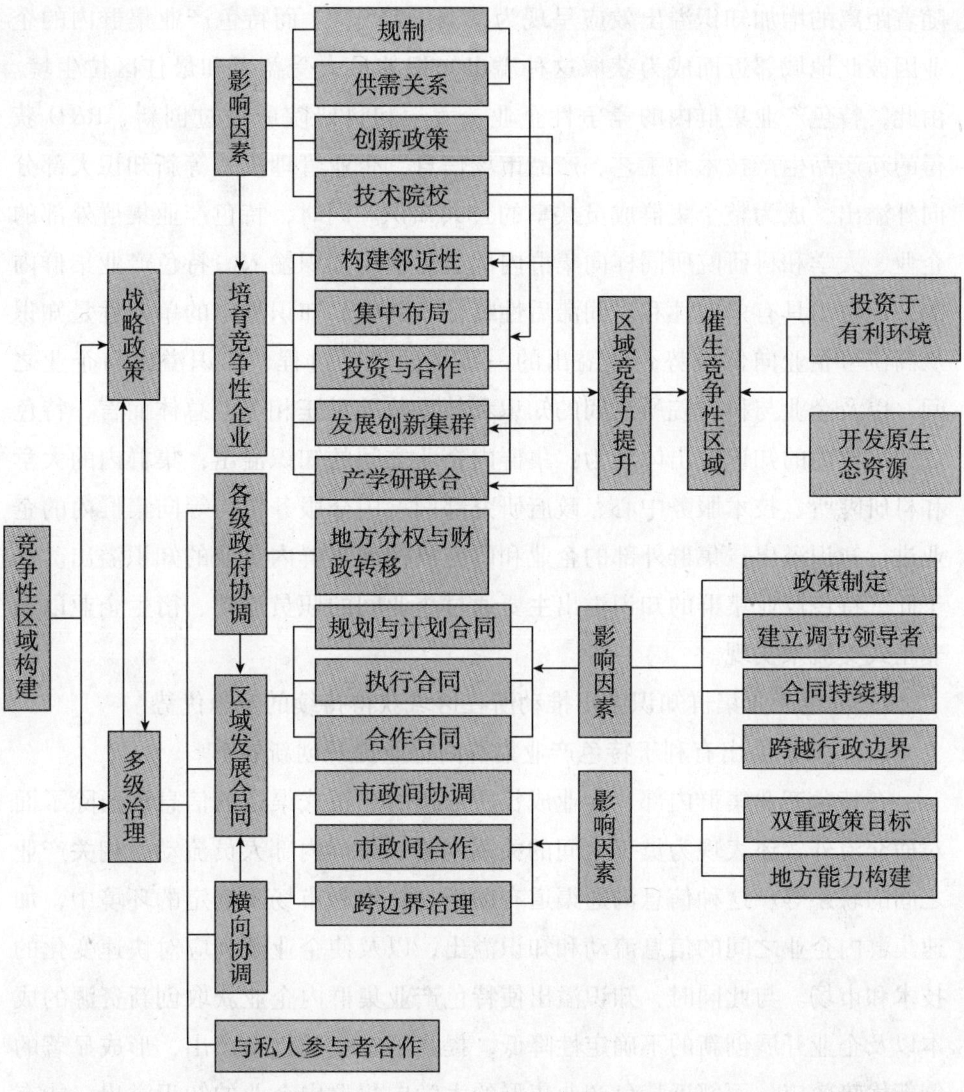

图 2－1　竞争性区域构建的过程示意

资料来源：经济合作与发展组织（OECD）《构建竞争性区域：战略与治理》翻译资料整理所得。

1. 特色产业集群的“内生知识”溢出效应

知识溢出（Knowledge Spillover），尤其是隐性知识，是空间距离的函数。

随着距离的增加知识溢出效应呈现为减弱的趋势①。而特色产业集群内的企业因彼此地域邻近而成为获取这种溢出知识的最大受益者和最佳区位生境。由此，特色产业集群内的竞争性企业、大学和科研院所通过创新、R&D获得的新产品生产技术和工艺、产品市场信息、企业管理模式等新知识大部分向外溢出，成为整个集群成员共享的公共知识。同时，特色产业集群外部的企业、大学和科研院所同样向集群内部进行逆向知识输入。特色产业集群内的知识溢出具有单向性和时间滞后性特征。其中，知识溢出的单向性是知识从高位势企业向低位势企业溢出的一维平面流动过程，知识溢出与企业之间，以及企业与科研院所之间的知识和技术势差呈正相关。总体而言，特色产业集群内的知识溢出体现为：集群内企业之间的知识溢出；集群内的大学和科研院所、技术服务中心、政府研究部门、中介服务机构等向集群内的企业进行知识溢出；集群外部的企业和研究机构向集群内企业的知识溢出。基于此，特色产业集群的知识溢出主要通过企业间的职员流动、衍生企业以及非正式交流来实现。

2. 特色产业集群知识溢出推动所在区域获得持续的竞争优势

（1）知识溢出有利于特色产业集群内企业提升创新效率

在特色产业集群内部，企业成长所依赖的非正式渠道的信息沟通除了面对面交流外，还表现为员工之间的关系网络、集群内部人员流动、相关产业之间的联系等。这种信息沟通渠道有助于在技术和市场不确定的环境中，加速集群内企业之间的信息流动和知识溢出，以及使企业顺利应对快速变化的技术和市场。与此同时，知识溢出使特色产业集群内企业获取创新资源的成本以及企业开展创新的不确定性降低，提高了企业的创新产出，形成显著的创新优势效应。而邻近特色产业集群的大学向集群内企业的知识溢出，能有效弥补中小企业创新投入能力的先天不足，拓展获取创新资源的渠道，促进当地中小企业商业化创新的产生。由此，集群所邻近的大学逐渐成为特色产业集群所在区域的“增长的发动机”（engines of growth）和“地区助推器”

① Simme. J. Innovation in Europe：a tale of networks，knowledge and trade in five cities. Regional studies. Vol（36）：47～64. 2002.

(regional boosters)。

(2) 知识溢出有利于提升特色产业集群的创新能力

特色产业集群内各关系方在基于非正式交流网络提升集群内企业间的知识共享程度的同时，企业自身的知识也在不断扩散，同时得以低成本获取其他企业的知识，进而增加了集群整体的知识积累水平，基于此，集群行为主体得以突破决策的知识限制，知识创造与更新速度不断加快。特色产业集群内这类基于知识溢出的知识积累机制使集群能够创造出独特的生产性知识、制度性知识和管理性知识，并通过知识溢出机制转化为集群整体水平的共享知识，从而不断提高集群的知识积累水平。同时，知识积累是创新的重要因素之一，创新主体的知识积累水平直接影响其技术创新的能力。因此，知识溢出在提升集群知识积累水平的基础上进一步提高了集群的技术创新能力。除此之外，知识溢出有利于激发和聚集特色产业集群内部的创新活动。知识的空间溢出是创新活动的重要特征，创新活动倾向于集聚，而集群内部的知识溢出机制以及非正式交流网络强化了相关各方的知识整合与互动，激发和聚集了集群内部的创新活动，从而使集群在有限的空间内积聚起高密度的创新活动。

(3) 知识溢出有助于激活特色产业集群所在区域的独特竞争优势

知识尤其是企业专有的、系统嵌入的、背景依赖的缄默知识是企业至关重要的战略资源，企业在有效积累和激活自身的缄默知识基础上能获取持续的竞争优势。但由于企业之间的组织惯例、知识嵌入载体、组织文化与成长路径差异，外部组织对特定企业内部的特有缄默知识难以模仿与吸收。而集群内部各企业之间的互动、相互依赖与共同利益惯例化搭建出集群内的共识，即集群特有的系统知识。它为特色产业集群内各企业之间提供了一致的“游戏规则”，成为集群内部“弥漫在空气中”的共识主体和集群所在区域的公共产品。这种基于交互作用和非贸易相互依赖形成的集群系统知识不仅使特色产业集群内企业间的缄默知识溢出更加便捷，而且还提高了集群内企业对外部企业缄默知识的吸纳能力。由此激活了特定企业的和具有集群整体特性的缄默知识，即集群内部的缄默知识，从而使集群内企业及整个特色产业集群所在区域获得特殊的持续竞争优势。

（二）特色产业集群对区域经济发展的有效规制

1. 特色产业集群对区域内部资源的高效组织

特色产业集群是规模经济和范围经济完美结合的经济组织模式。从特色产业集群外部来看，集群是大规模生产某类产品的企业集团，实现了某一产品生产的规模经济；而从集群内部来看，最终投向市场的产品在集群内部通过弹性分工体系来组织生产，其内部生产根植于范围经济之上。基于此，特色产业集群内部的众多单个的、与大企业相比竞争力较弱的中小企业，通过发达的区域网络联系在一起，表现出比所有单个企业竞争力简单叠加更具优势的全新集群竞争力。现实经济中那些缺乏大企业或龙头企业支撑而完全由一些原先本不具有市场生存能力的中小企业组成的地方特色产业集群，不但使这些企业得以生存，而且增强了集群的整体区域竞争力。由此，特色产业集群将区域许多长期原本无法组织起来的闲置要素加以有效组织，成为区域内最有效的资源组织方式。与此同时，特色产业集群拥有将区域内众多存量资源要素向现实经济竞争力转换的有效转换体系，从而获得比一般性企业地理集聚更高的优势，推动所在区域的竞争力强势提升。

2. 特色产业集群有效创造和扩散“正的市场信息”以规避单一企业低效

特色产业集群存在和发展的核心是特定的地方优势产业。它使集群在该产品或服务市场中占有很大的市场份额，进而为产业集群制定整个行业的各种生产标准和市场规范提供了便利条件，同时为整个产业的规范发展提供了可靠保证。同时，特色产业集群包含某一产业从投入到产出乃至流通的各种相关行为主体的完备经济组织系统，使集群从产业链的各个环节来控制产品品质以及将生产环节与产品的流通环节联系起来。而且，特色产业集群能够很好地将产品的品质要求融入到整个生产过程中，这种质量控制方法将产业集群中生产环节与流通环节紧密相连，使产业集群在快速获取市场中对产品或服务新的要求和需求的同时，为集群产品和服务提供更加完善和可靠的信誉保证。此外，特色产业集群是经济活动的空间集聚现象。产业地域空间的集中性使市场对企业的产品和服务有某种特定的地域性认识，如意大利萨斯索罗的瓷砖产业集群。而这种特定的地域产业品牌将特色产业集群内的企业、地方政府等相关行为主体紧密联系在一起，形成集群内部对集群整体利益的自发保护机制，基于此，趋于成熟的特色产业集群都有行会等特定的中介组织来对集群内部做出严格的行业规范要求，处理来自本集群外部的损害本集群整体利益的市场不规范竞争行为。

3. 特色产业集群对区域负外部性的治理优势

外部性是不直接反映在市场中的生产消费效应，当某一行为方的行为使得其他行为方付出代价时，外部性就演变为负外部性而成为区域经济增长无效的来源。特色产业集群对区域负外部性的治理有着得天独厚的优势，它不但要考虑整个区域的可持续发展问题，而且相对于单个企业在将外在成本内部化的治理环境上拥有资金和技术的更大优势及承受力。此外，特色产业集群通过制定统一的行业环境治理标准来控制整个区域的环境水平。与此同时，特色产业集群仅在区域内部最大限度地纠正负外部性，但无法彻底纠正市场无效，从而为政府等公共部门介入埋下了伏笔。

（三）特色产业集群内企业柔性集聚对区域竞争力的提升

特色产业集群更强调在柔性集聚过程中知识、技术等要素的重组与创新，强调本地科研人员、工程师、技术工人等要素的集中以及本地熟练劳动力市场的形成。由此通过产业柔性集聚而快速形成的特色产业集群具有更强的创新功能和竞争力。总的来看，特色产业集群内企业柔性集聚特征体现为：①该集群内部存在广泛的劳动社会分工和不断增生的小型专业化生产企业。②该集群包括若干相关部门的企业、大学和科研院所及其他公共组织机构等行为主体，它们通力合作，协同创新，在区域系统内联为一体，共同承受外部快速连续的市场和技术条件变化，在规避风险的同时实现创新活动的价值增值。③由于企业的不断衍生和快速增长，客观上要求本地劳动力高度集中而使劳动力市场供给充裕，市场中的劳动力在本地企业之间相互流动性强。同时，特色产业集群内的经济活动深度根植于当地社会文化环境之中，使集聚区域成为一个创新系统。

1. 促使特色产业集群内部交易成本降低

目前，许多企业的产品开发与生产的不确定性和不稳定性日渐增强，企业结构呈现“分散化”。与此同时，专业化中小企业之间的联系不断加强，相互之间的交易相应增多，由此导致交易成本逐渐提高。所以，专业化企业在交易与合作过程中，相互之间易于产生一种“空间拉力”，促使企业在地理空间上集聚，通过缩短联系距离来降低成本。随着经济全球化的迅猛发展，零部件和工艺生产日趋专业化，市场需求多样和不可预期持续增加。在这种情况下，单个企业都无法也没必要囊括所有产业链环节，只有通过采取与其他企业进行合作与交易的形式，才能获得所需的产品与服务。由此企业之间的交易频率不断增加，交易成本越发成为企业生产经营过程中投入的重要组成部分。由于企业间交易本身包含区位成本，企业空间分布越分散，交易频率越多，交易成本就越高。而在特色产业集群内，企业间的空间邻近可以降低每一次的交易成本，继而在连续的交易过程中大量减少总交易成本。同时，企业的经济活动植根于地方社会网络之中，企业之间、人际的合作更多地基于共同的社会文化背景和价值理念。地方社会网络有利于成员之间的合作与彼此信任，促使交易各方很快达成并履行合约。同时，地方社会网络可以节省企业搜索市场信息的时间与成本，很大程度上提高了交易效率、节约了交易成本。

2. 实现特色产业集群内的外部经济效应

按照马歇尔的观点，“外部经济”是由许多性质相似的小型企业在特定地区集聚而成的，同时为区域内企业所共享，即外部规模经济。在此基础上，“外部经济”还可以包括外部范围经济。外部经济具有正反馈机制，当产业集聚在某些地区时，外部经济就成为新企业选择该区位的驱动力，进而促进产业集群的进一步发展，形成更大规模的外部经济。在特色产业集群内，相关产业的企业集聚可以及时获得产品供应和向客户提供产品，同时能较方便地控制分包商的产品质量。由此，特色产业集群内的中小企业通过共同使用公共设施减少分散布局而增加的额外投资，产业联系较强的企业因地理邻近而节省相互间物质、信息的转移费用，从而降低了生产成本。此外，通过产业的空间集聚，相同部门的中小企业数量不断增加，整体规模日趋增大，使无法获得内部规模经济的单个企业获得基于合作的外部规模经济。而中小企业在相关部门之间的专业化分工及在生产、交易过程中的紧密合作可以进一步获得外部范围经济，使得单个企业的生产成本不断降低。与此同时，据亚当·斯密的研究，市场范围与企业专业化水平表现为正相关，在特色产业集群内，专业化中小企业的大量集聚使区域通过分工与协作实现规模生产，分工更细、专业化更强的产品和服务的潜在市场需求量不断加大，使得特色产业集群内部的生产率不断提高。除此之外，特色产业集群的发展带动了区域劳动力市场的形成。由于特色产业集群位于老工业区之外，工会组织少，容易吸引家庭妇女、非工会工人、新移民等自由劳动力，形成规模较大的自由劳动力市场，从而吸引新企业迁入。而且，特色产业集群内的企业可以根据自身的生产需要及时调整员工的数量，减少了管理成本和员工保障方面的费用。另外，特色产业集群内劳动力的高效流动加快了知识和信息的流动，增加了创新机会。

3. 激励特色产业集群内的创新活动产生和增值

在特色产业集群内，高度专业化技能和知识、机构、竞争者、相关企业及企业用户在地理上集中，能产生较强的知识和信息累积效应，为企业提供实现创新的重要来源及所需的物质基础。企业之间相互比较带来的竞争压力转化为创新的动力，从而增强企业的持续创新能力。由于创新活动以知识和知识交流为基础，所以创新具有较强的地方化特点。其中，对于区域创新极为重要的隐含经验类知识（tacit knowledge）蕴藏于专家、工程师和技术工人的大脑之中，个人属性较强。而地理、文化和机构的邻近便于企业之间通过人员流动与私人之间的交流等形式建立稳定和持续的关系，从而为组织内部及不同组织之间的隐含经验类知识准确地传递与扩散提供了基础条件，有利于创新速度的提高。如各国大都市区高技术产业集聚区多数布局于大学和公共研究机构、大公司 R&D 部门等较为密集区，就是基于这些地区拥有大量高素质人力资源和富含大量的创新知识源。此外，对创新起重大作用的大部分关键信息常来源于非正式渠道，集中分布于相关产业的聚集地。而且，特色产业集群内供应商与富有经验的客户之间的频繁交流还有利于改进产品质量，及时了解市场的潜在需求和发展趋势。

特色产业集群由相关产业组成，各产业相同或类似的产业投入易于为供应商提供更多的市场机遇。集群产生的外部经济在推动外部企业入驻使集群规模不断扩大的同时，也相应增加了对中间产品和辅助产品的需求量，促进了新企业的衍生。由于新企业创建所需的资产、技能和人员易于在拥有良好配套生产服务和较强专业化分工的特色产业集群内获得，使新企业更方便地进入产业协作链，从而有利于新企业创立。此外，特色产业集群内的员工更容易发现产品或服务的市场间隙，利用业已建立的社会关系创办企业，在更大程度上降低了新企业创新与发展的风险。由此，成熟的特色产业集群能提供较多的市场机遇、较低的运作成本、较小的风险等有利条件，促进新企业快速衍生与成长，同时提高集群的整体竞争力。

五、特色产业集群的空间培育：大学—企业—政府区域三螺旋

（一）大学—企业—政府区域三螺旋的空间运行过程

1. 区域三螺旋的内涵

区域三螺旋作用可归结为发生在一系列知识空间、趋同空间和创新空间中，这三个空间彼此重叠，相互交叉。其中，知识空间以“临界质量”的形式为区域发展提供“建筑材料”；趋同空间体现为相关参与者在一起工作的过程，包括头脑风暴、问题分析和计划形成等活动。当它们反复论证、形成战略并把实现这一战略的资源组织在一起时，趋同空间的目的就得以实现；创新空间则指组织的创建或改进，目的在于填补通常在趋同空间被确认的区域发展缺口，实现在趋同空间拟定的战略。在这三个空间相互作用形成区域三螺旋空间中，区域特色产业集群得以孕育形成，与此同时区域三螺旋空间

是非线性的。它们能够以任何顺序被创造，每一个空间都以其他空间的发展为基础。填补区域三螺旋空间缺口的过程可以一种线性的形式由知识空间开始，然后顺次移动到趋同空间和创新空间。或者由趋同空间或创新空间开始，顺次进行下去。“由此，当没有达到临界质量的知识空间，也可以先开展组织创新行动。”最终，这些要素被集成在一起使区域发展战略计划更有效。

2. 区域三螺旋推动创新的孵化

在区域发展中，孵化是知识和技术管理形式的重要组成部分，各地区以科学技术为基础的经济发展大都是利用孵化器、科技园和研究中心等组织创新来加以实现的。

（1）孵化器的发展及模式

孵化器源自从技术发明到创新过程系统化的公私兴趣汇合，如寻求发展其创新想法的发明者和与其核心竞争力不直接相关的高新技术企业以及推动区域发展的大学等，在原有产业基础上，通过大学孵化器的发展更系统地组织源自大学研究的高技术新企业的开发。现代大学企业孵化器将大学与区域发展战略相结合，成为培育高技术新企业发展的支撑结构，以及作为致力于科学发明应用和大学研究商业化的金融支持的一系列复杂组织创新组成部分。主要有工业研究实验室、技术转移机构和风险投资企业。其中，风险投资企业本质上是作为虚拟孵化器在运行，用于吸收、选择和支持创建新技术企业的思想。而由企业 R&D 活动或 R&D 实验室扩展而来的孵化器是区域的“科研重地”，即企业孵化器，它是通过为企业家提供获取冒险成功所需的专业知识、网络和工具设施，催化建立与发展公司过程的场所。它主要鼓励新技术的开发，是员工和衍生企业的试验基地，员工不存在失业风险，而企业通过与其他投资者合作来共担衍生企业成本，从而拥有在后期阶段购买这些衍生企业的优先权。目前，孵化器已成为独立企业或风险资本企业的分公司，即私人孵化器，它们都是由企业家创建的，用来关注诸如国际互联网等新兴技术主题以及开发与其密切关联的某些企业为基本目标。私人孵化器为企业家创办公司提供资金、商业和相关支撑服务，概括形成企业共同的商业模式来指导孵化器内的企业家，即“联网孵化器”。此外，私人孵化器是某产业区的缩影，拥有处于不同层次供应链上的企业。总体而言，孵化器的普遍模式要素有：挑选过程，即鼓励关于创建新企业或组织的想法的改进；被补助的空间，即在某段时间内提供新组建企业来使用；共享服务，即提供公共基础设施服务以实现资源共享；创业指导，即在最好的实践活动中提供教育；联系网络，即介绍潜在的合作伙伴和投资者。在这些基本要素基础上，通过风险资本向新技术企业提供种子基金的金融机制，为入驻孵化器的新企业提供重要的资助服务。

（2）孵化器的技术转移

国际技术转移主要通过三条途径进行：在跨国公司内部开展的技术转移；在来自不同国家的两个不同组织之间协商谈判进行的技术转移；利用大学技术转移办公室等中介组织进行的技术转移。其中，具有搜寻机制作用的大学技术转移办公室可以在大学内部寻找具有潜力的研究项目进行商业化运作，同时也可以在大学外部寻找市场。为此，孵化器之间搭建的世界创新网络（WIN）为孵化器内企业提供互联网支撑结构，增加了企业成功的机会。在该网络中，部分人员专门负责协调和促进其成员之间的相识与合作来解决具体问题。如某个地区的某家孵化器企业需要一位合作伙伴帮助开发新产品或希望在另一地区的一个孵化器里设置销售代理等。通过创造性的应用视频会议、“介绍服务软件”和数据挖掘形式等社会技术可加强孵化器之间的合作，鼓励来自不同孵化器的企业在彼此项目计划中开展合作，如签订把产品从某地区转移到其他地区的销售协议等，最终创建具有开发国际竞争力产品的新企业。此外，老的孵化器设施可以作为非正式中心来提供服务，指导和帮助新的孵化器运作，成为孵化器网络的中心节点和培训未来孵化器执行主任和新创企业的培训基地，将受过培训的人从“母体”或中心孵化器送到“子女”孵化器中，发展成为“孵化器的孵化器”。

（3）现代孵化器推动创业型大学形成

孵化器通过孵化新的研究中心和企业增强了大学本身的研究能力，而在该孵化器内的企业和大学教授以及地区政府实验室之间进行合作，新的研究项目和合作研究中心通过这些合作得以有效组织起来。孵化器已日益成为技术转移和联络办公室等更加复杂的大学创新项目网络的组成部分。在某些大学，这些组织形式被重新组织成为创新处这一公共行政管理部门，同时，这些活动被分散到区域各大学部门，使这些活动与大学的教学和研究更加紧密地结合在一起。由此，大学孵化器对从大学向产业的知识流动和技术转移发挥着加速器的推进作用。大学孵化器通过前向线性模式，即企业基于对大学研究的商业潜力的认识，和后向线性模式，即企业立足于大学对产业领域的研究兴趣，以及该地区拥有公共支撑服务和更容易邻近大学里的设备、教职员工和学生等来创建高新技术企业。大学孵化器业已成为区域创建新企业的相互学习的研究人员和企业家的联合体。

（4）在区域三螺旋中的孵化

孵化器已进化为多功能和创业教育实体，具有研究和教学的双重身份，是横跨大学、企业和政府网络的组成部分。它推动大学开展的创业型教育不仅培养工科、商科的学生以及鼓励他们开展合作，而且在大学里提供对每位学生都适用的创业课程，即基于孵化器模式的创新型教育。与此同时，孵化器的发展与区域资源的丰富程度以及孵化器利用这些资源的能力密切相关，而孵化器对区域发展的重要性很大程度上也取决于孵化器提供的服务在某区域能否获得。总体而言，创业型大学里的孵化器通过孵化新的研究中心和企业增强了大学自身的科研实力。孵化器里的企业和依托的大学里的科研人员以及公共研究实验室开展合作，导致新的研究项目和新的合作研究中心通过这些合作得以有效组织起来。

3. 政府营造孕育特色产业集群的区域三螺旋支撑环境

（1）“创新政府”为三螺旋企业的初期发展提供风险资本扶持

中小企业是技术创新的主体，地方政府通过为其提供贷款保证、各种国家基金中介等，解决了中小企业开展技术创新的资金瓶颈，同时带动了区域风险投资市场的发展，促进了企业融资的多元化。

（2）政府明晰知识产权分配和建立合法技术转移体系推动产学双螺旋合作

政府首先通过立法为产学研合作提供法律保障。其次，通过和企业建立起高效的官产学合作体制，共同分担 R&D 投入资金，推动创业型大学及研究机构与企业开展互惠的合作，加速了科技成果的产业化。同时，各地区政府对本地区主要研究院所进行重组和整合，以发挥学科间的关联效应和集聚效应，从而进一步提高区域研发国际竞争力，为特色产业集群的孕育或升级提供了强有力的技术支持。此外，以政府下属各种机构为主提供的种子基金为企业的萌发、起步发挥了巨大作用：地方政府根据地区发展高新技术的重点领域，确定相应的 R&D 项目以纳入地区预算中重点资助；对于预期有较大潜在市场价值的研究成果提供创办资金，帮助其进行技术开发和推向市场，并建立企业孵化器；对可产生重大技术突破而风险大的 R&D 项目，由地区政府出面承担风险，予以阶段性资助；向科研人员提供资助，鼓励其从事与企业发展相关的 R&D 工作。与此同时，政府还通过提供一系列技术合作项目和区域开发项目招标、R&D 资金支持来催生地区产学研合作，从而推动地区高新技术产业的发展及相关集群的孕育形成。

（3）政府通过自上而下计划体系调控孕育特色产业集群的三螺旋环境

地方政府首先通过制定详细的集群规划来增强本地企业、大学和科研机构之间的联系，然后，经过实际调查发现产业集群现象，根据当地优势，通过为产业培育孵化器或发展平台，为企业提供研发资金支持、完善基础设施、建立咨询和研究服务机构等，推动集群的快速发展。其次，地方政府通过国家基金组织为企业提供投资、建立企业协会、优先支持产学研合作项目等措施，极大地推动了集群内各要素的合作。再者，地方政府和公共部门保证政府政策的信息顺利到达需要了解这些信息的企业中，促进建立集群内企业的供应联系，帮助建立集群内部企业的学习链，加快知识在集群内扩散，促进整个集群的升级，做好集群内各种信息收集和评价工作，尽量少干预企业事务，做好集群的外部宣传工作，吸引外部投资。此外，地方政府还通过完善公共设施来为企业提供良好的进入环境，推动了企业的迅速发展。

4. 三螺旋竞争性企业主导特色产业集群的形成和发展

（1）三螺旋竞争性企业引领区域原创技术 R&D

在知识经济时代，企业的竞争优势不再来源于规模经济以及以此为基础的成本降低，知识已成为企业的战略资源，成为提高核心竞争能力的关键，只有通过积聚知识，并在此基础上进行创新，从而设计出符合全球市场的产品和服务，才能在全球竞争博弈中胜出。三螺旋竞争性企业是地区工业技术尤其是高新技术的主要提供者，具备原创技术研发和工程化、商业化所高度依赖的坚实技术基础，可为创造性科学研究提供巨额的 R&D 资金投入，同时可以承担相应的高研发风险。而且，由于 R&D 的内部化，大型跨国企业既具备了强大的 R&D 能力，拥有大量专职 R&D 科学家与工程师，又使原创技术能在企业内部得以快速广泛地传播与应用，从而极大地增强了企业的竞争优势。与此同时，竞争性企业对于通过相互专业能力的结合来开发和创造新的交叉知识，以更新自身核心能力和创造新的核心能力的需求能推动大量相关企业在空间上集聚而结成“知识联盟”。因此，技术是企业的核心竞争力，为保持其竞争力，竞争性企业在各发展阶段都以国际领先技术为开发目标，力图占据世界技术高地。

（2）三螺旋竞争性企业推动区域产学研合作的深入开展

三螺旋竞争性企业为了保持其在前沿技术领域的优势地位，充分挖掘本地区的研发资源为其提供技术支持，同时为了提高新技术研究成果产业转化效率，提升产品竞争力，竞争性企业进一步细化产业分工，吸引各生产环节的中小企业为其提供配套服务。这样，以竞争性企业技术创新和生产为主导，势必催生出区域紧密联系的产学研合作体系。

（3）三螺旋竞争性企业带动特色产业集群的发展

三螺旋竞争性企业具有产业技术水平高、管理水平先进、高素质人力资源丰富等优势，因此，其他企业为吸收竞争性企业的技术溢出和管理经验，或吸引其人才，一般将区位选择在其周围。此外，竞争性企业产业链长，为其提供产品 R&D、零部件生产、营销服务的上下游企业多，各企业也集聚在竞争性企业的研发中心周围，形成产业集聚区。在产业集群发展初期，竞争性企业在地方政府优惠政策和区域发展优势的吸引下，将大量 R&D 或生产机构迁入科学园或产业园，带动了区域特色产业集群的逐步形成。

5. 创业型大学以推进区域三螺旋提升特色产业集群的竞争力

（1）创业型大学吸引科学园集聚或搭建科学园推动官产学合作

大学拥有高流动率学生人力资源，这是新思想和创新活动不竭的源泉，使其成为最适宜的创新场所。同时，大学是新交叉学科和产业发展的潜在温床，使大学和产业之间彼此互利、相互加强。此外，大学还是一个天然的孵化器，能为师生创业提供有效的支撑结构。而大学将教学内容扩大到包括创业培训项目和其他与产业、政府相关的项目，从而成为区域创新推进器和三螺旋创新系统的核心。与此同时，大学特有的创业文化发展激励广大师生积极开展对其研究成果进行商业化和申请获得知识专利，大学最初教育使命的"内在逻辑"从知识的传承（教育）拓宽到知识创造（科研）以及新知识的商业应用（创业），使知识产业化成为其新的核心使命，由此，以教育和研究为主旨的大学逐步转变为创业型大学。创业型大学是大学—产业—政府之间形成的区域"三螺旋"发展的驱动力，它由四大支撑要素构成：学术带头人能形成和实施自己的战略构想；具有通过授予专利、颁发许可和孵化等方式进行技术转移的组织能力；在管理人员、广大师生中普遍存在创业精神；能对包括大学建筑物等物质财产和来源于研究的知识产权等大学资源进行合法控制。创业型大学的典型特征主要体现在：①知识资本化。②与产业和政府的相互依存性。③相对独立性。④混合形成性。它只有形成研究中心、孵化器、科技园等混成组织形式才能实现与产业、政府相互依存而又保持自身独立的地位。⑤自我反应性。创业型大学内部始终处于不断的调整、变化和发展之中，以应对与产业和政府之间的关系变化。创业型大学是"官产学"三螺旋模式的推进器，它通过为企业做咨询和直接创建新企业等形式服务于产业，通过承接政府重大研究项目来为政府服务。创业型大学不仅可以在三螺旋空间中的知识空间形成中起作用，而且还会促成趋同空间和创新空间的形成，成为创新行为的组织者和主体。

（2）创业型大学研究人员为企业提供 R&D 咨询服务

创业型大学及其研究机构研究人员，通过与企业签订科研咨询信息服务合同或直接转聘到企业，为企业提供技术信息服务。这一方面为企业解决了关键技术瓶颈问题，另一方面也有助于引导创业型大学及研究机构从事企业所要求开发的技术攻关难题。而且，对于地区政府不提供融资支持的研究项目，主要由企业来给予创业型大学及研究机构以资金支持，这样，企业就拥有了对这些研究成果及前期关联成果的知情权。创业型大学和研究机构为企业提供的研究咨询服务多为应用型研究，并且这种研究主要服务于企业的开发要求。与此同时，研究人员通过与企业开展研发咨询项目合作，能产生更有价值的研究成果。此外，创业型大学及研究机构下设的研究咨询服务中心（R&D）主要从事企业所要求的战略性技术专利（Strategic know - how）研究，这些研究项目主要基于该技术开发的未来市场需求、产业发展路径和关键性“背景信息”。而企业在和研究咨询服务中心开展研究合同洽谈前，首先有对新技术开发的远见，同时，充分考虑技术开发成本和风险的分担对研究咨询服务合作进展的影响。其次，预先设计好产品开发规划蓝图。最后，对开发出技术所拥有的竞争性边际效应充分定量分析。随着研究咨询服务的开展，企业对技术开发前景的判断及对开发成本和风险的分析会主导研究机构的技术开发取向，但研究机构对技术开发市场需求的科学实证，在很大程度上会修正企业对技术开发的最初设想，从而进一步影响到其产品规划蓝图。而企业对开发出技术所拥有的竞争性边际效应的定量分析，会驱动研究机构尽可能地发掘其拥有的关键性“背景信息”，从而提高技术开发的实效。创业型大学及研究机构的研究人员在向企业提供 R&D 咨询服务的同时，很大程度上推动了创新成果的快速商业化，同时还使生产服务型企业发展成为区域创新生产体系中的不可或缺的重要环节和合作方。

（3）创业型大学技术转移推动三螺旋企业的形成

各地区通过创业型大学及研究机构的技术转移，逐步培育形成众多三螺旋高新技术创新企业，主要体现为研究人员在直接创办企业孵化器的同时，促进科技衍生型企业的形成。其技术转移有两类主要途径：①非商业性质的技术转移，主要包括通过人才培养实现的技术转移，通过论文发表实现的技术转移，以及通过非正式的社会网络实现的技术转移；②商业性质的技术转移，包括技术许可和衍生企业两种方式。技术许可是将科研成果直接转让给现有企业进行商业化开发；衍生企业方式则是指基于科研院所科技成果，通过创办新企业直接对成果进行商业开发。研究人员创办的企业孵化器是新生中小企业聚集的共享服务系统空间。它通过提供R&D、生产、经营场地，通讯、网络与办公等方面的共享设施，系统的培训和咨询，政策、融资、法律和市场推广等方面的支持，降低创业企业的创业风险和创业成本，提高企业的成活率和成功率。与此同时，通过允许创业型大学及研究机构的研究人员、大学生设立企业孵化器来为新兴企业提供设备、材料和项目开展前提等帮助，推动三螺旋高科技企业的最终形成。这类孵化器关注大学的科研成果，并且通过孵化器吸引更多的科研项目和高级研究人才。

科技衍生型企业是指运用创业型大学及研究机构的研究成果从事产品生产与服务而成立的公司，其形成一般需满足两个条件：①企业的创办者是来自科研院所的研究人员；②企业赖以生存的核心技术是从科研院所转移过来的。各地区科技衍生型企业大致有两类：①创业型大学及研究机构发起型，即创业型大学及研究机构依靠自身力量来创办的衍生企业，某种程度上是其职能的一种扩展，在衍生过程中创业型大学及研究机构扮演了孵化器的角色；②员工自发型，即学者型创业者认为某项科技成果具有潜在的市场价值，自己创办衍生企业实现技术转化。以公共部门研究机构（PROs）为主体的创业型大学及研究机构通过知识外溢创办科技衍生企业，很大程度上提高了知识转化效率。各地区高技术产业的发展对知识尤其是对研发的依赖与日俱增，科研院所已成为地区竞争力提升的重要区域因素。拥有众多高质量高校的地区能吸引和发展更多的高科技产业。高校可间接地对当地就业产生类似于某些政府财政支出的作用，同时高校可以吸引高科技企业入驻或创造条件孵化高科技企业。在推动高科技企业孵化过程中，常常伴随技术转让的过程，它由多种正式或非正式的合作方式组成，如信息交换、研讨会、科学出版、行业协会计划等。

研究机构之间的合作以及研究机构与生产企业的合作分别发生于产品生命周期的不同阶段。在合作的竞争预备阶段，研发机构与其他研究机构之间的合作形式表现为通过参加各种研讨会，利用私人交往及阅读书面材料等方式，使得合作对象扩展到其他研发机构和与研发机构合作的企业，同时，这一合作得到各种研究计划的支持，许多高级研究人员、博士研究生和硕士研究生进行了专门的课题研究。在合作的竞争阶段，研发机构之间以及与企业之间的合作包括产品原型开发、试点测试和最终市场导入等。公共部门研究机构知识外溢导致企业家创业，有助于激发创新、经济效率和竞争力；有助于经济结构升级；在研究机构与企业之间起中介和互动作用，在此基础上，促进了区域特色产业集群竞争力的提升，推动了经济增长，增加了就业。科技衍生型企业主要以专利衍生型企业为主，其次还有技术入股型、移植型、改制型和研究人员创业型。其中，专利衍生型企业主要通过创业型大学及研究机构将科研成果以技术专利许可的形式转让给企业，企业投入资金、设备场地等与大学和科研院所中的科研人员合作，在此科研成果的基础上开发出实用产品，并成为企业的主营业务，实现科研成果的转化。这样，创业型大学及研究机构的技术成果使新产品具有了较高的技术优势，从而推动形成拥有国际竞争优势的高新技术产业集群。

六、小结

竞争性区域实质上是以学习型产业区作为外在表现形态而存在的微型区域创新系统。这种网络化的区域创新体系依赖于大学、研究机构和企业之间开展的紧密合作，以及企业之间，企业和政府机构建立的基于公私合作的网络化联系。竞争性区域的构建过程体现为集中提升区域竞争力的战略政策要点和与此相配套实施的多级治理措施的高效统一。通过拓展地区邻近性，开展教育、产业和研究机构之间的密切合作，以及充分发挥技术院校向企业的技术转移等智力溢出效应，以此来培育区域竞争性企业的形成和发展；通过对区域独特品质、要素禀赋的深度挖掘来推动当地创新集群的发展成型。这两方面成为构建竞争性区域的战略基点。与此同时，由地方分权推动下的财政转移、市政联合、公私合营等要求区域各关系方之间开展平等的合同式合作，而存在明显制度差异的边界地区，跨边界治理成为建设竞争性区域的关键环节。此外，培训地方公务员以提升执政能力则成为落实竞争性区域构建各项发展要素不可或缺的治理因素。与此同时，特色产业集群已经成为区域经济增长、区域竞争力提升乃至竞争性区域衍生的催化剂和发动机。大学—企业—政府区域三螺旋互动形成培育特色产业集群的发展空间。

第三章　海峡经济区区域邻近性拓展

1980年代以来，顺应世界经济区域化、集团化的发展趋势及中国改革开放政策的实施，两岸经贸关系发展迅猛，台湾海峡区域经济一体化趋势已显露端倪。

海峡经济区是以台湾海峡为纽带，以海峡两岸经济互补性、地缘邻近性以及文化同源性为背景，以两岸经济功能性一体化发展为基础，两岸经济机制性一体化为共同远景的经济区域，是分居海峡两岸的大陆、台湾两个独立关税区之间经济一体化所形成的整体区域经济单元，其边界随海峡两岸生产、贸易网络的地域扩展而具有动态性。

本章所探讨的海峡经济区是指由以福建为核心的海峡西岸经济区与海峡东岸地区（包括台湾本岛和金马澎离岛地区在内）构成的环海峡经济区域，是台湾海峡两岸毗邻的闽台两省及粤东、赣南和浙南的部分地区所组成的地域（图3-1）。这一区域总面积为33.15万平方公里，占全国国土面积的3.45%，人口密度为374人/平方公里，是全国平均水平的2.75倍。

该区域具体范围涵盖海峡东岸的台湾省，海峡西岸的福建省以及毗邻浙江省南部的温州市、浙江省西南部的丽水市和衢州市，江西省南部的赣州市、江西省东南部的抚州市、江西省东北部的鹰潭市和上饶市，广东省东部的汕头市、潮州市、梅州市、揭阳市等区域。它以海峡两岸沿海中心城市为主轴，发挥台北、高雄、基隆、台中、花莲、苏澳等海峡东岸城市与海峡西岸的福州、厦门、泉州、漳州、温州、汕头等城市交流、联盟中所产生的聚集和辐射作用，依托海峡东岸台北、台中、高雄三大都市区经济圈和海峡西岸沿海核心区的福州、厦门、泉州、温州、汕头五大中心城市（包括经济特区、经济技术开发区、台商投资区）以及所形成的以福州为中心的闽江口城市经济发展区，以厦门为中心的厦门湾城市经济发展区，以泉州为中心的泉州湾城市经济发展区，以温州为中心的瓯江口城市经济发展区，以汕头为中心的韩江口城市经济发展区，形成海峡两岸两大城市带八大中心城市经济发展区，推进扩散至山区次中心城市，分别辐射带动台湾东部山区、闽东北和赣东南、闽西和赣南、闽中内陆地区、浙西南地区、粤东地区，内联皖湘鄂，构筑成地域分工明显、市场体系统一、经济联系紧密的全面繁荣的我国东南部重要经济区域。

图 3－1　海峡经济区地理位置分布概况

资料来源：作者以有关地图为底图自制。

在此基础上，海峡经济区通过扩大两岸经贸交流，形成合理的产业分工体系，促进海峡两岸产业的升级，构建以国际市场为导向的制造业和现代农业及发达的服务业组成的产业体系，促进海峡两岸经济的共同发展，建成一个能与珠江三角洲经济区、长江三角洲经济区相媲美的经济区，使之成为中国经济新的增长极和海峡两岸经济一体化的衔接区以及海峡两岸乃至祖国大陆与世界经济接轨的中介地。

为了进一步催生海峡经济区企业的区域竞争优势，近年来，海峡经济区内部通过加快建设海峡西岸综合交通运输体系，依托海峡西岸和海峡东岸优良港口资源组建台湾海峡港口战略联盟体系，积极发展海峡火车轮渡和大力推进厦金大桥与台湾海峡海底隧道项目实施，同时努力在福建沿海地区为江西设置对台直通车道。基于此，海峡经济区的区域邻近性得以日益拓展，从而有助于推动形成区域专业化企业知识共享的产业空间，同时，为逐步孕育区域竞争性企业，进而集聚形成特色产业集群创造了良好条件。

一、加快建设海峡西岸综合交通运输体系

目前，海峡东岸由南北高速公路、纵贯铁路、机场等组成台湾岛西部走廊，将台北、台中、高雄三大都市区的29座大小城镇联结在一起，沿1139公里海岸线建成高雄、基隆、台中、花莲、苏澳五大港口，内部交通网络通达性良好；而海峡西岸地区经过五年多来的“海西”建设，交通网络设施已有较大改善：在港口建设方面，厦门港、福州港、湄洲湾港、汕头港、温州港已成为全国重要的枢纽港。近期将致力于加快厦门、福州、湄州湾集装箱港区和码头建设，发展湄州湾大型专业化油气码头。在公路建设方面，京福高速公路业已建成通车，纵横福建的5条国道都已改造为二级以上公路（图3－2）。

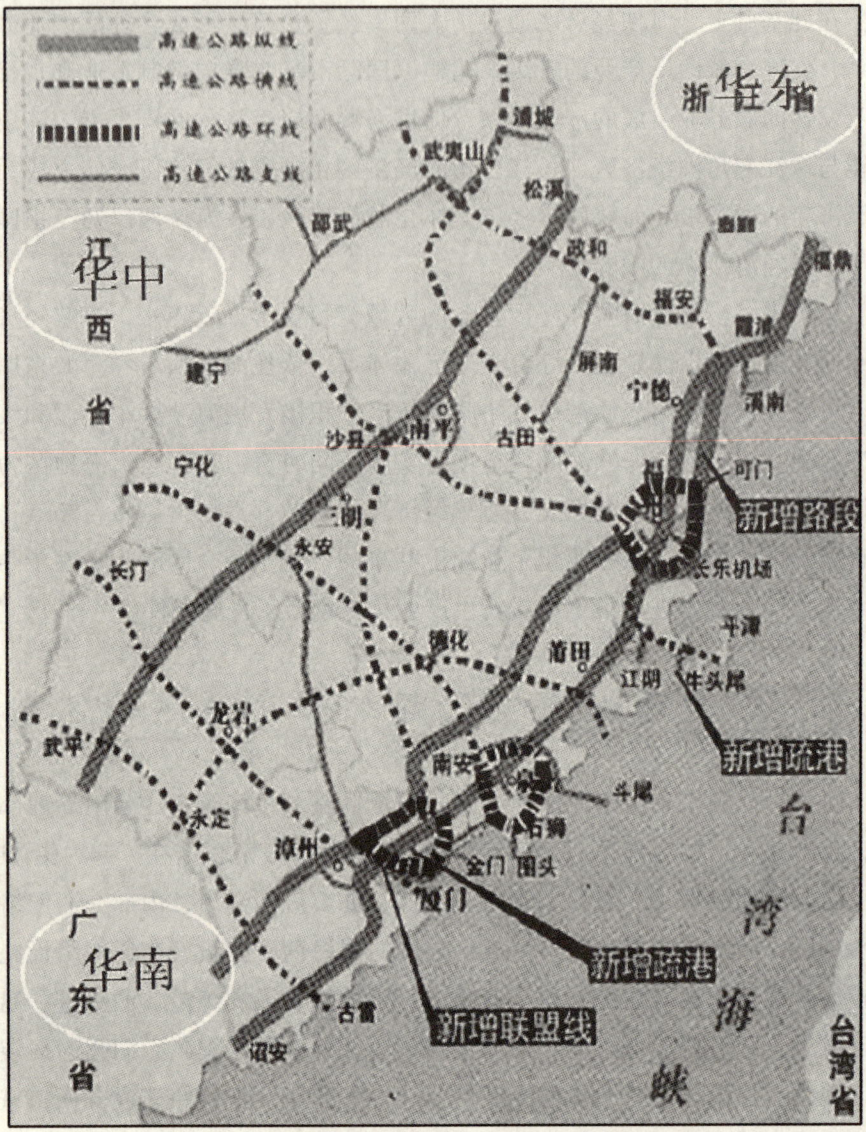

图 3-2　海峡西岸经济区高速公路网络建设概况

资料来源：肖昭升，《海峡西岸经济区综合交通体系的战略构想》，见《综合运输》2006 年第一期。

同时，大力推进 2020 年建成“三纵八横”的海西高速公路网。其中，“三纵”包括国高沈阳至海口线福鼎—诏安段，国高沈海复线福鼎

—诏安段，国高长春—深圳线松溪—武平段。“八横”包括国高宁德—上饶段，国高北京—台北线福州—浦城段，国高福州—银川线福州—邵武段、莆田—永定段，国高泉州—南宁线泉州—宁化段，厦门至沙县高速公路，国高厦门—成都线厦门—长汀段，古雷港—武平段。推进北京—台北、福州—广州、厦门—成都、泉州—南宁的高速公路建设，推动台湾北部至闽赣鄂通道，台湾中部至闽赣湘通道，台湾南部至闽赣南部及西南地区通道高速公路建设，继续加快“两纵两横”国道、“八纵九横”省道的建设改造，争取干线公路覆盖海峡西岸八成乡镇。在铁路建设方面，将规划建设高速铁路、城际铁路、城市轻轨、货运输港铁路，加快向莆、温福、厦深、福厦、龙厦等连接周边及内陆的“一纵两横”快速铁路骨架网建设和江阴、可门等货物运输港铁路建设以扩大经济腹地。由此，鹰厦铁路、横南铁路、赣龙铁路联通闽赣从而连接京福线、京九线，梅坎铁路连通闽粤。目前，温福铁路、福厦铁路作为沿海铁路大动脉正在动工建设，厦深铁路则加快推进前期工作，由此，沿海铁路将贯通连接海峡西岸中心城市福州、泉州、厦门、温州与汕头，赣龙铁路连接京九线后使厦门从龙岩、赣州延伸到贵州，形成南方的“陇海线”，大大拓展了厦门口岸的腹地（图3－3）。与此同时，即将动工的向莆铁路不但为海峡经济区拓展了腹地，也为内陆地区在海峡西岸找到了出海口。未来应大力推动时速300km以上的京台高速铁路建设，推动昆台高速铁路建设，努力推进台海战略铁路通道的落实，推进京台、昆台战略高速铁路规划布局与正在加紧建设的京福高速公路和温福、福厦、向莆及厦深快速铁路共同构成大陆对台衔接区域高速通道的辐射网，最终形成海峡西岸现代铁路运输体系，形成海峡西岸所有设区市至福州中心城市2.5—4小时交通圈，海峡西岸所有设区市都有快速铁路相连，都可以搭乘动车组列车，海峡西岸所有县级以上城市在半小时内都可上快速铁路。

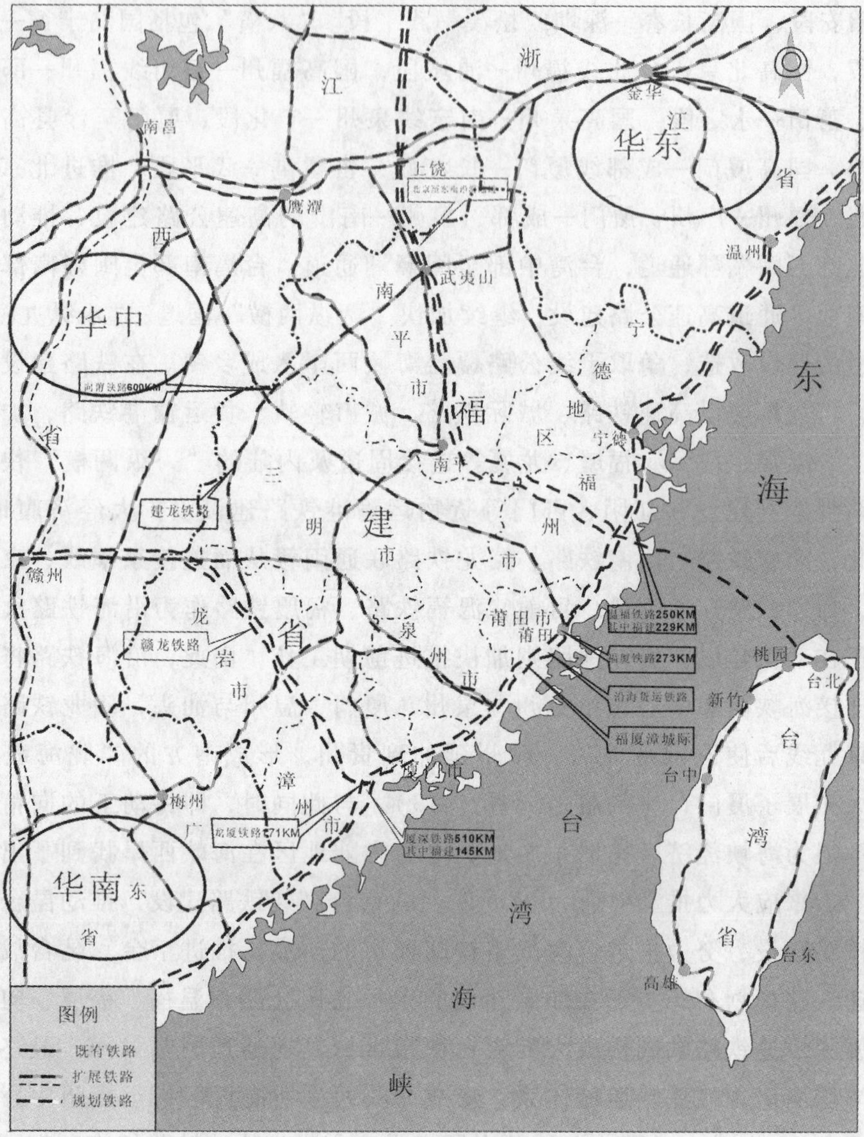

图 3－3　海峡西岸经济区铁路网络建设概况

资料来源：肖昭升，《海峡西岸经济区综合交通体系的战略构想》，见《综合运输》，2006 年第一期。

（一）构建海峡西岸高速公路设施支撑体系

到“十五”末期，福建省完成了包括京福国道主干线福建段在内的三条高速公路出省通道建设，高速公路总里程达1200公里，基本形成“福鼎—诏安”、“邵武—福州”和“漳州—长汀”的“一纵两横”高速公路网。为了进一步发挥福建省沿海港口的优势，加快出省高速公路建设，缩短福建与内陆省份的距离，“十一五”期间，全省高速公路总投资将达600多亿元，实现通车里程突破2200千米，基本形成“三纵七横”高速公路网（图3－4）：

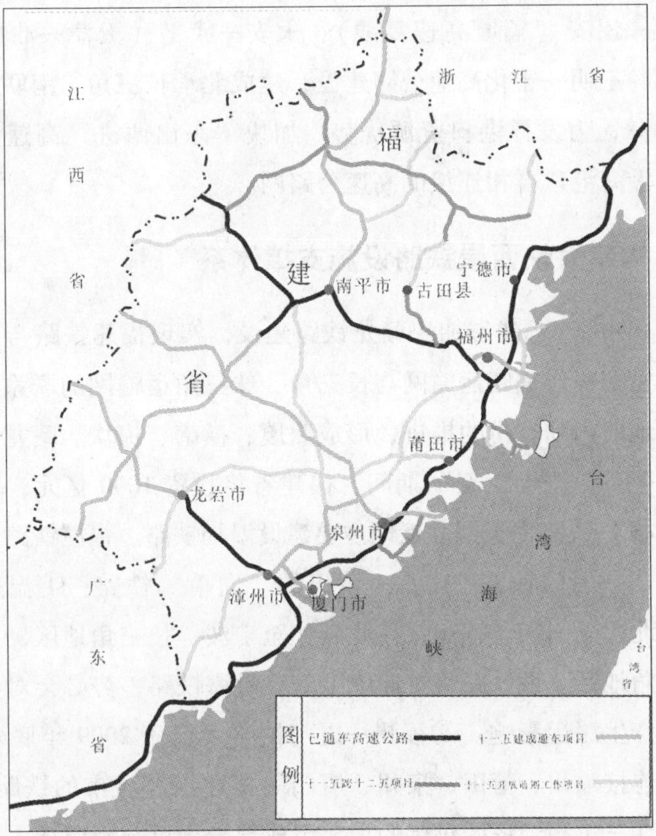

图3－4　福建省“十一五”高速公路建设概况

资料来源：福建省高速公路“十一五”建设项目示意图，翠屏湖在线，www.com. cn.

“一纵”沈海（沈阳—海口）高速公路福鼎—诏安段，“二纵”福州—诏安段，“三纵”长深（长春—深圳）高速公路松溪—武平段。“一横”京台（北京—台北）公路浦城—东吴港区段，“二横”宁武线（宁德湾坞—武夷山），“三横”福银（福州—银川）公路闽侯—邵武段，“四横”泉南（泉州—南宁）公路晋江—宁化段，“五横”厦成（厦门—成都）公路厦门—长汀段，“六横”厦门至三明公路厦门—沙县段，“七横”云霄—武平段。按建设进度，2007年完成“一纵两横”中的“两横”（福州—邵武、漳州—长汀）。“十一五”期间建设衢州—南平、泉州—三明高速公路。“十二五”期间建设永泰—诏安（福厦高速复线）、永安—武平（天津—汕尾福建段）、宁德—邵武、三明—宁化高速公路建设，建成北承长三角、南联珠三角的高速公路大动脉，为发挥港口资源优势，加快“东出西进”高速公路通道建设，形成与沿海港口群相连接的高速公路网。

（二）构建海峡西岸铁路设施支撑体系

“十五”期间，福建省加快赣龙铁路建设，实现福建铁路与京九铁路的连接，从而密切福建铁路运输网与长三角、珠三角运输网的联系，促进福建沿海港口腹地向内陆省份的推进，形成鹰厦、横南、梅坎、赣龙4条进出省通道。“十一五”、“十二五”期间，福建省将投资1000亿元，基本建成全省“一纵两横”铁路主干网。近期主要建设温福铁路、福厦铁路、厦深铁路福建段、龙岩—厦门铁路、南昌—莆田的“向莆”铁路：①温州—福州铁路。该铁路北起温州南至福州，往北延伸至宁波、长三角地区，向南延伸至厦门、珠三角地区。该铁路将贯通中国南北沿海铁路，势必会对福建沿线经济社会发展产生深远影响。②福州—厦门铁路（已于2009年底建成通车）。该铁路作为连接福州、莆田、泉州、厦门等福建沿海城市的铁路交通网络，是福建与珠江三角洲经济区对接的重要组成部分，可与鹰厦线、外福线、横南线、梅坎线等相连，形成福建省内为环状、出省为放射状的合理铁路网布局。③漳州—潮州铁路。该铁路是福建省鹰厦铁路至广东省广梅汕铁路的省际连接线，是国家规划建设的沿海铁路通道的重要组成部分，将对闽粤两省及沿线地区经济发展产生重要影响。④向莆铁路。该铁路西接江西省南昌向塘站，与浙赣线、京九线相连，中间与鹰厦线相连，东端直达福州港和湄洲湾港，全长477公里，其中，位于福建省内的有348公里。该铁路是连接沿海与内陆省份的重要交通通道。与此同时，福建省积极推进外福、鹰厦铁路等既有铁路的改造，做好宁德—衢州、长汀—永安铁路等项目的前期工作。至“十二五”后期，福建将形成“两纵三横”快速铁路网，实现与环渤海地区、长三角、珠三角3个经济区快速铁路系统的连接，与国家中长期铁路网规划连接。

除公路和铁路外，海峡西岸还拥有福州、厦门、汕头3个国际机场和武夷山、泉州、温州、连城4个国内机场，近期还将完善海峡西岸干、支线机场民航运输体系，推进主要干线机场改扩建，加快条件比较成熟的支线机场，发展支线航线和航空公司，形成海峡西岸民航运输网。由此，海峡西岸将基本形成较为完备的海、陆、空立体交通网络，极大地改善台资企业和国内外企业在海峡西岸经济区的可进入性。

海峡经济区作为海峡西岸经济区与海峡东岸经济区的整合区域，两区块的基础设施网络联结是区域对接融合的重要物质基础，是海峡经济区竞争性特质的重要内容和前提条件。而加强海峡西岸港口与内地交通、通讯等基础设施的衔接与协调，有助于解决直航口岸通往邻省和内地的“瓶颈”，拓展海峡经济区内部的区域邻近性。为此，海峡经济区的交通与通讯设施建设应以南中国区域和中南地区为腹地进行大网络规划，建成海陆空一体化的交通运输体系和现代通讯体系。从海峡经济区整体角度考察，过去由于两岸“三通”瓶颈问题的长期存在制约了海峡经济区的发育成长，使得以闽台为主体的海峡经济区的基础设施网络连接不通畅，虽然目前两岸“大三通”业已基本实现，闽台交通网络对接正在通过闽台对口港港际合作（包括海、空港）、“小三通”海空联运功能提升以及两岸航运模式创新（如客货滚装船）等向良性互动发展，但仍不能满足竞争性区域对基础设施网络通达性的基本要求。为此，根据海峡西岸自然地理特征和经济空间布局的特点以及既有综合交通网的状况，结合未来经济社会发展和经济布局的变化，构建以福州港和厦门港为枢纽中心，连接铁路、高速公路、机场和在规划与建设之中的海峡西岸“二纵四横”① 综合交通运输体系。首先，组建福州和厦门港口群，依据资源互补的原则规划福州港口群和厦门港口群的建设，推进福州与厦门大港口、大物流、大工业与大旅游的协调发展。其次，加快福州与厦门两个港口群各重要港口的铁路支线、高速公路及与机场的连线规划与建设，完善福州与厦门集疏港体系，加强福州与厦门对中西部内陆腹地的辐射。再者，积极发展福州与厦门两大港口群的海铁联运。

二、组建台湾海峡港口战略联盟体系

台湾海峡地处东北亚地区的中心位置，是一条著名的国际黄金水道，是东北亚与东南亚、太平洋北部与印度洋沿岸、大西洋沿岸经贸往来的航运交通要道和枢纽地带，在世界航运中占有十分重要的地位。同时，台湾海峡处于长江三角洲与珠江三角洲两大经济圈之间，素有我国的“海上走廊”之美誉，地理位置独特且优越。港口是海峡两岸共同优势资源，是发展现代物流和国际物流的重要节点。同时，现代物流在区域经济发展中起支柱作用。海峡经济区拥有基础条件优良的港口群，以组合港模式发展海峡国际航运中心势必成为构筑海峡国际航运枢纽区的核心战略目标。通过整合台湾海峡两岸港口与物流资源，建立两岸港口与物流战略联盟，可把台湾海峡建设成为东南亚（国际）海运枢纽中心。

---

① 第一纵是海西区南北沿海综合运输通道。“十一五”期间重点建设沿海快速铁路、既有高速公路连接线、大型深水专业性泊位和改造提高厦门机场及配套设施；第二纵是海西区南北中部山区综合运输通道。“十一五”期间重点建设长汀至永安段铁路，贯通“二纵”高速公路及加强高速公路连接线，重点改造武夷山机场、南平机场及配套设施；第一横是海西区北部横线综合运输通道；第二横是海西区中部一横线综合运输通道；第三横是海西区中部二横线综合运输通道。“十一五”期间重点建设向塘至莆田铁路和高速公路；第四横是海西区南部横线综合运输通道。“十一五”期间重点建设龙厦铁路和加强高速公路建设。

（一）鼓励与引导基于海峡西岸港口建设的两岸港口合作

大力鼓励与引导台湾海峡西岸的温州港、福州港、湄州湾港、泉州港、厦门港和汕头港及海峡东岸的高雄港、基隆港、台中港、花莲港和苏澳港之间逐步建立紧密合作关系，通过发挥各自的独特优势，逐步形成互补性强、辐射面广、分工明确、层次清晰、运行有序、服务门类齐全、设施现代化、管理先进的世界级大港口群体系。继续加快海峡西岸经济区港口的硬件和软件设施建设，为两岸港口之间更好的对接创造条件。一要加快大型深水港口建设。应严格控制3万吨以下的码头建设。二是要加快大型枢纽港口建设。福建省沿海可利用的建港岸线全长467.1公里，其中深水岸线190公里，可大规模开发建设5万吨级以上泊位的深水港湾有7处，应加快福州港、厦门港、湄州湾港以及三都澳港建设。到2010年，福建要建成两个吞吐达亿吨的大港，全省港口年吞吐量将达3亿吨，集装箱吞吐量达1200万标准箱。到2020年前建成三个吞吐量达亿吨的大港，全省港口年吞吐量将达5亿吨。其中，厦门港将全面建成主枢纽港，打破行政区划界限，形成功能齐全的组合型港口、集装箱运输干线港口、多功能的现代化综合性港口。福州港着力开发外海深水港区，加快推进主枢纽港的建设进程，结合临海工业的发展，以大宗散货为主。湄州湾港结合产业结构调整及临海工业发展，加快以石化为主的港口建设。

1. 海峡西岸港口发展现状

海峡西岸从北到南分布着温州、宁德、福州、莆田、泉州、厦门、漳州、汕头八大港口，分属福建、浙江、广东三省。其中，福建境内海岸线长达3324公里，约占全国海岸线总长度的1/6。海峡西岸港口最直接的竞争主要来自长三角、珠三角和海峡东岸的港口。海峡西岸港口群作为一个整体，无论是在港口设施、货物吞吐能力、腹地经济发展方面还是在管理水平方面，与相临三大港口群还存在较大差距。从海峡西岸港口看，主要得益于海峡西岸经济区快速发展及中部物流通道的打通。近年来，海峡西岸港口货物吞吐量保持较快增速。福州港、厦门港是该区域的重要枢纽港，温州、泉州两港是近年来发展较快的区域性港口，宁德、湄州、漳州、汕头的建港条件较好，均列入所在省港口重点建设规划中。从货物吞吐量看，福州港最大，莆田最小。从集装箱吞吐量看，厦门港最大，福州第二，泉州、温州、汕头发展较快。

2. 推动海峡西岸港口产业快速发展

首先要加快港口物流业发展。以港口专业化、大型化、深水化、集约化建设为出发点，以港口群建设为龙头，加快与腹地对接，把港口资源优势转变为海峡西岸发展的强大推动力。近期海峡西岸港口群建设重点是厦门湾港口、福州港、湄洲湾港口、泉州港、漳州港和宁德港。其次要加快临港工业发展。突出港口、工业园区和城市相互融合发展，培育临港工业产业集群，形成港口物流、临港工业园区和先进制造业基地“港口—园区—基地”发展格局，建成产业集群优势明显，产业布局合理，港口区、产业区、城市群有机结合的临港工业带。近期重点是加快石化、冶金、电力、造纸、汽车、船舶修造、工程机械等临港重化工业发展。再者要加快海洋产业发展。充分利用国内外资源，积极发展水产品加工业。发展滨海旅游业，优先建设“四岸”（黄金海岸、假日海岸、绿色海岸、阳光海岸）、“四岛”（鼓浪屿、东山岛、湄洲岛、平潭岛）、“三湾”（三都澳、浮头湾、泉州湾），形成“一带”（沿海高速公路旅游经济带）、“三大功能组团”（闽南、闽中、闽东旅游功能组团）、“六大旅游区”（福州、厦门、泉州、漳州、莆田、宁德六大旅游功能区）。发展与海峡西岸海岸带和海域资源开发利用相关的矿产加工业，加大开发利用海洋可再生能源。发展海洋生物产业，重点发展海洋生物活性物质提取与筛选技术、海洋药源微生物技术、海洋药物开发与产业化技术。发展海水利用业，重点是海水淡化和海水直接利用。

3. 海峡西岸港口与产业、腹地互动发展

“十一五”期间，海峡西岸港口产业的发展充分发挥港口资源优势，实现内陆和沿海互动发展。坚持陆海联动，加强陆域经济和海域经济的联动发展。重视陆海资源互补，促进要素合理配置与有效利用，形成陆海相互促进、平衡发展的格局。坚持产业联动，海峡西岸海洋资源优势主要体现在港口、渔业、景点、矿产、滩涂五大资源上，各沿海地区积极发挥这一优势，重点培育和发展临港工业、港口物流业、海洋渔业、滨海旅游业、海洋高新技术产业，延伸产业链，培育一批区位特色明显的临海产业集群，把海洋产业的发展与沿海地区工业化、城市化结合起来，形成分工明确、结构合理、功能互补的海洋产业体系。坚持重点突破，重点建设沿海港口和集装箱、外贸进口铁矿石、外贸原油、煤炭等四大运输系统专业化码头，加大港口技术改造力度，提高港口有效供给能力，适应专业化、大型化、集约化港口运输发展需要，提高港口公用设施服务水平。发展技术与资金密集的临港重化工业，加快“一区六基地”建设，发展对港口依赖性大的石油化工、修造船、电力、钢铁等重化工业以及物流业。通过港口带动产业集聚，培育临港重化产业集群，增强港口对产业的集聚作用。

海峡西岸港口在与产业互动发展的同时，积极拓展陆向腹地和海向腹地，并辅之以腹地通道的快速推进。随着通往内陆省份铁路、高速公路通道的建设，江西省粮食、木材、矿产等资源更多地选择海峡西岸便捷、低成本的出海港口通道。海峡西岸进口的铁矿石、煤炭、木材等生产资料，也通过便捷的交通网络向内陆腹地延伸。尤其是南昌—厦门海铁联运物流通道的建设，江西省出口货物可在南昌铁路局装箱后，直接运抵厦门港口装船，推动内陆“无水”港和沿海口岸集装箱运输业的发展。江西新余、湖南、湖北等地钢铁企业所需进口的铁矿石可直接从海峡西岸港口上岸，通过厦门、福州马尾、泉州肖厝等矿石直达列车运往钢铁生产企业，促进海峡西岸陆向腹地的拓展。由此，江西、湖南、湖北等省份及周边地区纳入海峡西岸港口陆向腹地辐射范围。与此同时，由于福建三面环山、一面临海，全省95%的外贸货物通过港口运输，煤炭、原油、矿建材料等大宗货物也主要由沿海港口中转。近年来，宁德至漳州相继建成一批大型临港工业项目，对港口运输业发展提出更高的要求。而福建省作为一个外贸大省和资源小省，打造先进制造业基地和物流基地对拓展海洋产业产生强大需求，势必把美国、日本和欧盟等主要出口国家以及我国港、澳、台地区等纳入海峡西岸海向腹地范围，把主要原材料、能源供应基地国家和地区纳入海峡西岸海向腹地范围内。此外，海峡西岸还加快“东出西进”、“南联北接”综合交通运输网络建设，推动连接港口、连接内陆大通道的形成。东出主要着眼于沿海港口建设。西进则加快与中西部地区高速公路、干线公路、农村公路网和连接“大京九”铁路建设，促进江西、湖南等内陆省份成为海峡西岸港口物流延伸的腹地。“南联北接”体现为加强宁德、福州、莆田、泉州、厦门、漳州等海峡西岸主要沿海港口建设，形成区内港口、产业互动。

4. 拓展海峡西岸港口与腹地经济的融合

一方面要促进海峡西岸沿海与山区经济的融合。海峡西岸沿海与内地在资源条件、产业结构、对外开放、市场开拓等方面的互补性强，南平、三明、龙岩等市是沿海经济密集区的直接腹地、山海协作的重要枢纽和省际交流的中介纽带，在承接沿海经济密集区辐射的同时，要发挥资源优势、特色优势、通道优势，成为海峡西岸港口重要腹地。以南平市区为中心，邵武、武夷山为副中心，鹰厦外福铁路、横南铁路、京福高速公路南平段和316国道为发展轴线，形成以旅游为主导，绿色食品为特色，林产、水电、轻纺、建材、特色种养业等全面发展的经济区域。以三明市区为中心，永安为副中心，京福高速公路三明段、三郊线省道、205国道、鹰厦铁路为发展轴线，形成以机械、化工、林产、冶金为基础，旅游、建材、食品、商贸流通业等全面发展的经济区域。以龙岩市区为中心，漳平、永定、长汀为副中心，漳龙梅铁路、319国道和205国道为发展轴线，形成以建材、烟草为支柱，林产、旅游、商贸、轻纺、农产品加工业等全面发展的经济区域。

另一方面要推进海峡西岸与周边地区的融合。海峡西岸周边地区包括浙南、赣南、粤东等地，也是海峡西岸港口经济重要腹地，要大力发展省际经济协作，在产业分工协作中形成区域经济特色，在凸显区域经济特色中深化分工协作，促进区域经济结构调整，实现海峡西岸与周边地区协作“双赢”。

（二）加快有效支撑海峡西岸港口发展的交通网络体系建设

继续加快海峡西岸的交通网络体系建设，提高海峡西岸交通体系的通畅度和覆盖度以及对外交通网络的对接度，使其成为有效支撑海峡西岸港口发展的交通网络体系。

为此，其一，将福州闽江口、湄洲湾、厦门湾、宁德三都澳、漳州古雷港辟为“海峡两岸（福建）港口与物流合作试验区”。福州、厦门建成以商贸为主体的商贸物流中心。湄洲湾建成以服务工业为主以及内贸集装箱运输为特色的主枢纽港。漳州古雷港针对漳州是台农密集投资区的特点，将其建成农产品物流中心，同时服务于漳州临港工业。宁德重点发展大型专业货主码头。

其二，充分利用中央给予福建的“建设海峡西岸经济区”、“海峡两岸（福建）农业合作试验区”、“厦门区港联动”等各种对台优惠政策，挂靠福建省发展研究中心，成立福建省物流规划发展办公室，制定闽台现代物流产业发展规划，重点突出：①鼓励台商与福建本土企业合作投资现代化物流业；②引导台湾物流企业来闽营造物流中心；③充分发挥厦门、福州保税区和出口加工区的作用，鼓励台商发展仓储物流业；④成立海峡两岸（福建）农产品物流中心，引导、整合有实力的物流企业介入，建成泛珠江三角地区有影响力的安全农产品进出口绿色通道；⑤引导已在闽投资的台湾农民创办农产品物流企业，为台湾农民创业园的发展提供优质服务。

其三，以闽江口和厦门湾两个自由贸易先行区为主，并在其他港口的主要作业区或港区建立免税物流园区、中心，吸引世界知名物流企业和港澳台有实力的物流企业入住。

其四，闽台互相开放船务代理、货运承揽业务，港口与物流企业互设办事处和分支机构。

其五，开展船公司与港口合作，出台相关政策鼓励两岸及港澳特区乃至世界有实力的船公司投资经营港口，船公司既是股东，也派员参与码头的日常经营管理。投资经营型有利于船公司对港口的日常管理与控制，特别是船公司如果控股，在主要经营管理人员及财务人员上处于控制地位，有利于船公司实施港航一体化服务战略，有利于优先安排本公司所属的船舶进港等。从未来的发展趋势看，越来越多的船公司选择投资经营型与港口合作。

其六，加强港口铁路和高速公路支线建设，完善港口集疏运体系，推进海陆联运，拓展港口腹地。同时，加强临港工业的规划与发展以增加临港物流量。

其七，组建福州、厦门与台北、高雄的港口与物流联盟。由此实现联盟港口之间的直航，联盟港口依托据资源互补和充分利用的原则来共同规划港口和航运体系，联盟港口共同开发国际航线，共同建设港口与物流信息平台。

在加快建设海峡西岸交通网络体系的同时，积极构建多层次的海峡西岸港口物流网络体系。从整体上看，海峡西岸港口物流网络体系依据各个港口与依托城市的关系及港口特征可分为三个层次：①主枢纽港。包括福州港和厦门港。这两个港口所在城市分别为省会和经济特区，两者共同构成海峡西岸港口物流网络体系的核心。两个港口的物流市场规模大，货物吞吐能力强，港口条件良好，两者所在的福州市和厦门市经济实力强，外向型经济显著，区位条件优越，综合交通运输网络系统完善。②泉州港和湄洲湾港。这两个港口的发展方向定位为地区性重要港口。湄洲湾港是“世界不多，中国少有”的天然良港，它与泉州港所在城市经济实力较强，专业化经济显著，区位条件和交通运输条件较好，物流需求旺盛。③漳州港和宁德港。两港的发展方向基本定位为地方性中小港口。两港均地处临海城市，经济实力、对外贸易、基础设施建设、商业发展水平居福建省中上游水平，物流市场逐渐扩大。由此，海峡西岸将形成以主枢纽港为骨干，区域性重要港口为辅助，地方性中小港口为补充的层次分明的港口布局。基于此，海峡西岸港口物流体系构建可结合各具特色的港口功能，采用“金字塔”模式，形成多层次、点线面有机结合的区域物流网络体系。海峡西岸港口物流网络体系构建，按辐射范围由大到小可分为：以福州港和厦门港为主枢纽港的港口物流网络体系、以泉州港和湄洲湾港为地区性重要港口的港口物流网络体系、以漳州港和宁德港为地方性中小港口的港口物流网络体系等三个层次。由此，海峡西岸通过三大层次港口物流网络体系的相互联系、相互作用、相互交融，形成衔接长江三角洲、珠江三角洲，对接台湾海峡两岸的海峡西岸港口物流网络体系。

三、发展海峡火车轮渡、推进厦金大桥与台湾海峡海底隧道项目实施

铁路轮渡可以减少铁路运输的货物在港口进行换装，从而减少运输费用和运输时间。同时，与跨海大桥、隧道相比，铁路轮渡具有投资省、建设周期快的优点。随着2008年3月以来两岸关系的回暖，特别是2008年12月两岸的直接三通，两岸贸易量进一步增加，人员往来日益增长，海峡两岸铁路轮渡被提上议事日程（图3-5）。两岸应先进行磋商、谈判闽台火车轮渡合作项目，解决两岸火车轮渡可能产生的安全技术问题，达成火车轮渡合作项目的共识，并在此基础上成立火车轮渡论证专家组。同时，用1年多的时间对台湾海峡的地质、地形、气象等与火车轮渡安全密切相关的各种因素进行深入调研，并完成火车轮渡港口的选址工作。之后，进行火车轮渡的技术认证和规划设计工作，用3至5年的时间完成火车轮渡的建设并投入运营。

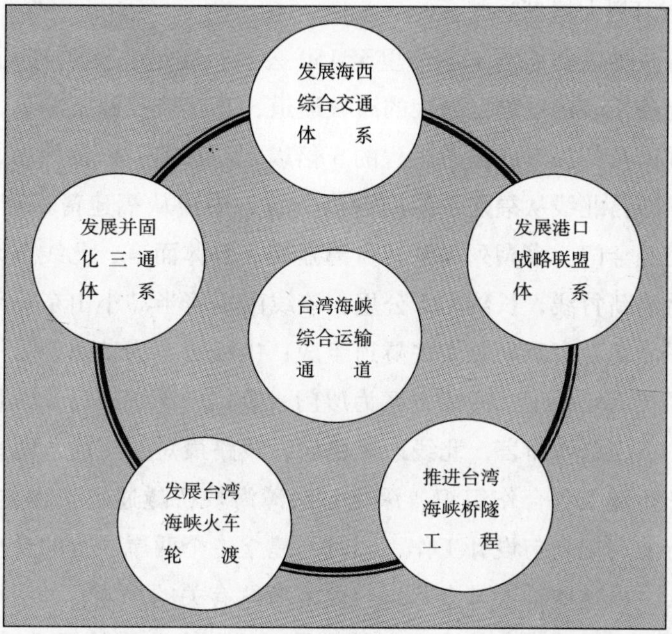

图3-5　海峡经济区综合交通运输体系内在关联

资料来源：林荣清，刘倬，《构建台湾海峡综合运输通道的对策研究》，见《综合运输》，2009年第5期，第33—37页。

修建连接厦门与金门的厦金大桥和修建连接两岸的海峡海底隧道是海峡经济区建设的根本性举措，一旦这些构想变成现实，海峡两岸就仅隔1个多小时的路程，其中，厦门与金门之间只有5分钟车程，海峡两岸经济区就能真正连为一体。一直以来，大小金门之间依靠摆渡相连，行船时间约30分钟。近期台湾当局已通过“金门大桥建设案”。根据规划，金门大桥未来行车时速为每小时60公里，两地的行车时间将只需5分钟。这座总长5.34公里的跨海大桥建成后，将成为台湾地区最长的跨海大桥。金门大桥将连接大小金门，跨海部分长约4.78公里，大桥将于2010年底开工，建设经费预计57亿元新台币。台湾有关部门表示，由于小金门是台湾鸟类观赏胜地，因此未来的金门大桥定位为“观光为主，交通为辅”。当局希望金门大桥的建成为金门发展旅游观光业带来新契机。而金门大桥建设案通过，势必将有助于推动两岸未来适时兴建连接金门、厦门的金厦（由小金门到厦门）或金嶝大桥（由大金门到大嶝岛）。

台湾海峡隧道全长约125公里至150公里，隧道、桥梁与人工岛结合，将是世界上最长、建设难度最大的海峡通道，其建造及施工总量，初步估计为三峡工程以及英法海底隧道工程的3倍以上。目前，已设计出北、中、南三种方案，即：北线从福建平潭到台湾新竹，中线从福建莆田到台湾中部，南线从厦门经金门、澎湖列岛到达台湾嘉义。具体而言，北线方案为福清—平潭岛—台湾新竹线，长约122公里，该线由福清半岛小山东—平潭娘宫跨海桥梁及平潭岛至台湾新竹海底隧道组成；中线方案为莆田笏石—南日岛—台湾苗栗，长128公里；南线方案为厦门—金门—澎湖—嘉义，长约174公里（图3-6）。总体而言，北线地质稳定，线路最短。当前，两岸首先要成立台湾海峡桥隧工程合作组织，深化对台湾海峡桥隧通道工程方案的论证，并着手进行前期规划与设计工作。同时，建立一个两岸联合的台湾海峡通道工程基金会，以这些种子基金从事与台湾海峡有关的产业，如沿海、岛屿与土地开发等，以增强其经济实力，并且及时进行台湾海峡通道工程的论证、研究及勘查工作。当时机成熟、项目接近实施时，可将基金会转变为通道工程公司，作为业主单位，从政府那里取得建设、经营台湾海峡通道的特许权。基金会通过多年、多种方式的资本经营和产业经营，逐步增长经济实力，最终将其转为通道工程的资本金，并在海内外全方位融资，包括发行债券、股票和贷款等。

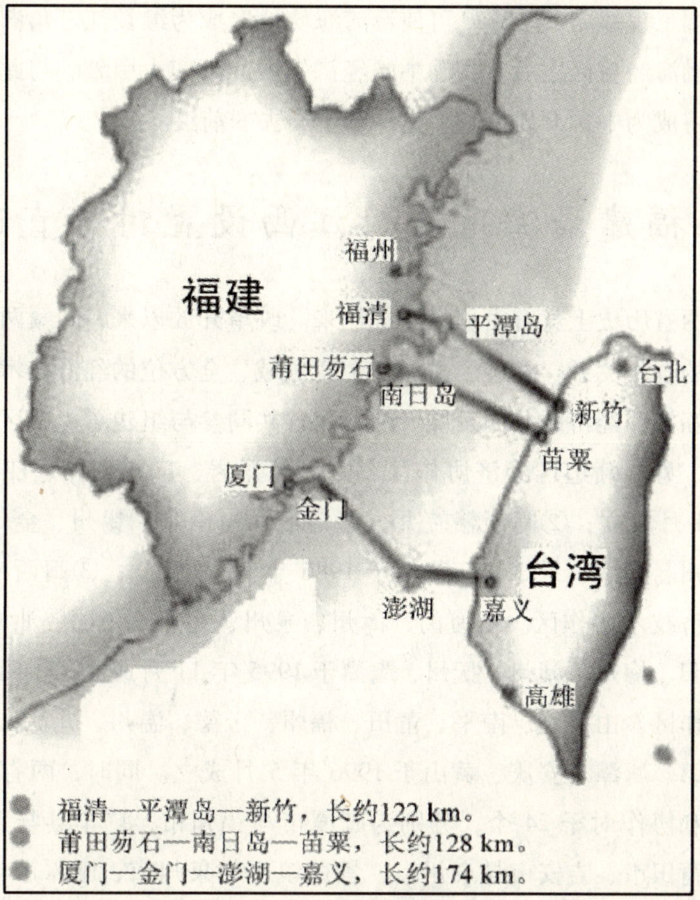

图3-6　海峡经济区桥隧工程主体线路分布概况

资料来源：戚筱俊，《台湾海峡通道工程的必要性及可行性初探》，见《采矿工程》，1999年第3期。

海峡两岸经济的发展具有很强的互补性，台湾海峡东岸在产业、技术、资金及国际营销网络上具有明显的优势，而海峡西岸在资源、市场等方面有着巨大的潜力。基于此，大力发展海峡两岸沿海经济走廊，联手开拓国内、国际两个市场，可促进区域资源的优化配置、产业结构的合理布局。由此，加快基础设施建设，逐步形成以海峡两岸沿海地区为主轴，通过海峡桥隧工程，势必将台湾的铁路、高等级公路向中国大陆内地延伸，中国大陆内地则通过海峡桥隧工程与海峡东岸连接，利用海运、空运向海外扩散。此外，台湾海峡桥隧工程战略的实施，可使台湾海峡地区成为继长江三角洲、珠江三角洲、环渤海经济区之后，带动中国经济发展的第四大引擎。与此同时，海峡经济区将成为中国开发海洋，进一步走出去的前沿。

四、在福建沿海地区为江西设置对台直通车道

闽赣两省历史上就有密切的经济往来。改革开放以来，闽赣两省建立了长期稳定的合作关系，拓展了多形式、宽领域、全方位的经济技术合作，推动了优势互补和经济的共同发展。闽赣两省共同参与组建了 4 个区域经济组织：①闽、粤、赣边区经济协作区。由福建龙岩、广东梅州、江西赣州于 1985 年 11 月成立；②闽浙赣皖九方经济区。由南平、锡州、金华、丽水、上饶、抚州、鹰潭、景德镇、黄山于 1986 年 10 月成立；③闽西南、粤东、赣东南经济技术协作区。由厦门、漳州、泉州、龙岩、三明、汕头、汕尾、潮州、揭阳、梅州、赣州、抚州、鹰潭于 1995 年 11 月成立；④闽浙赣皖福州经济协作区。由三明、南平、莆田、福州、宁德、温州、九江、南昌、上饶、景德镇、鹰潭、安庆、黄山于 1996 年 5 月成立。同时，两省共同缔结友好城市和协作对子 24 个，分别为鹰潭市与福州市、广丰县与武夷山市、上饶市与莆田市、吉安市与泉州市、景德镇市与泉州市、鹰潭市与厦门市、南昌市与厦门市、景德镇市与漳州市、宜春市与福清市、乐平市与长乐市等。两省通过缔结友好城市和协作对子，保持着长期稳定的协作关系，促进双方在人才、资源、技术、管理、市场、信息等多方面扬长避短，加强协作，互惠互利，共同发展。

江西是福建沿海发达地区的产业梯度转移承接地。由于江西毗邻福建，土地多，劳动力工资低，交通发达，资源丰富，每年都有大批福建沿海企业

向江西转移（进入江西的投资，浙江最多，广东其次，福建居第三位）。在江西东部的南昌、九江、鹰潭、上饶、抚州、赣州，每一个城市都有上百家来自福建的企业，主要是服装、制鞋、箱包、食品等劳动密集型轻纺工业。较大的经济合作项目主要有：福建省邵武永飞化工有限公司投资 1.1 亿元在德安县兴建德安永飞矿业有限公司，厦门市优恩电力发展股份有限公司投资 2.6 亿元在信丰县兴建桃江水电站，福建省永安力源电力发展有限公司投资 1.2 亿元在瑞金市兴建装机 1.89 万千瓦留金坝水电站，福建省集兴电业开发有限公司投资 1.6 亿元在丰城市兴建江西集丰焦炭有限公司，厦门帮和投资有限公司投资 3.6 亿元在抚州市进行人民公园西湖治理美化和西郊开发，福建省超大集团投资 2.4 亿元在南丰县创办江西南丰超大果业集团。此外，福建正荣集团还在南昌、宜春开发房地产，福建雪津集团在南昌生产啤酒等。福建投资企业得到江西当地政府的大力支持，大部分都有良好的发展。同时，福建华侨、港澳台同胞多，因地缘相近，侨（台）资项目也已逐步向江西毗邻地区扩散。福建有大量企业在赣投资创业，同时，由于福建沿海地区目前劳动力缺乏，江西有大量劳动力在福建就业。据不完全统计，江西在闽务工人数居福建外来劳动力之首（其次是来自四川）。外来农民工已成为福建财富的创造者。

江西省东部区域是海峡经济区内唯一没有直接面对台湾海峡的一个区域，是海峡经济区的重要腹地、向西辐射和关联的重要部分，又是海峡经济区中经济基础较差但发展势头良好的区域，而且它的资源和经济结构与海峡经济区内其他区域之间存在较大的差异性和互补性。福建在东南一隅，进入内陆必然要通过江西，江西没有出海口，福建有许多天然良港，江西通过福建出海比走宁波、上海、深圳、香港近。因此，改善两省交通是加强协作、共谋双赢的关键。福建和江西之间过去只有一条鹰厦铁路，货物进出经常“卡脖子”。20 世纪 90 年代中期，约四成入闽货物在鹰潭被卡，福建一大批企业陷入“以运定产”的困境。半个世纪前建设的鹰厦、外福铁路，标准低，弯道多，全国铁路普遍提速，而改造这两条路难上加难，而且费用居高不下，与其改造不如另建新路。近几年，两省相继修通了江西横峰—南平、赣州—龙岩以及龙岩—广东梅州的铁路，改变了福建铁路出省只有一个口的局面，现在有三条铁路通江西，一条铁路通广东。缓解了铁路运输的瓶颈制约，福建企业已经走出“以运定产”的困局。

2006年，向塘—福建莆田的国家I级双线电气化铁路干线动工修建，按时速200公里建设，预留条件将来可提速到300公里。向莆铁路将是沿海走向内地的大动脉，虽然以客运为主，但也兼有货运功能。同时，还将建设福建沿海铁路通往湄洲湾、罗源湾、江阴等各个港口的疏港铁路支线，实现海铁联运。沿海铁路和向莆铁路的隧道、桥梁都预留了双层标准集装箱的通过能力，有利于沿海港口集装箱借助海铁联运通向中西部各省。今后，老铁路鹰厦、外福线以煤炭、矿石等散货运输为主，向莆铁路客运之余主要走集装箱。

2010年后，内陆的江西乃至湖南、湖北、贵州等省都可以借助福建港口出海。目前江西、湖南各钢铁厂所需的进口铁矿石，都从宁波北仑港上岸，转驳小船进长江口运到九江、岳阳码头，再搬上列车运进工厂。将来，可以用载重量20—30万吨的大矿石轮将矿石从巴西、澳大利亚运到福建罗源湾、湄洲湾港口，装上火车直接运往江西、湖南，既降低了运输成本，又节省了运输时间。江西东部铜加工企业也可以借助福建港口从智利进口铜矿石。江西等中西部省份的进出口集装箱货物可以直运厦门港。

因此，新建的高速铁路与海峡西岸港口群将相辅相成，比翼齐飞。在公路方面，福州到南昌的高速公路已经通车，两省之间已新修建通车龙岩—长汀段、泉州—三明段两条高速公路，其中，前者将连接厦门—龙岩—赣州—衡阳—重庆。后者由永安延伸到宁化通往石城，穿过江西中部、湖南中北部到贵州毕节。此外，宁德—上饶段已于“十一五”期末动工，再从上饶接到黄山。这样，福建与江西两省间从南到北有四条大致平行的高速公路，交通状况将大为改善。与此同时，在福建沿海的湄洲湾设置江西保税区和物流中心，将有助于江西东部区域经济更快地融入到整个海峡经济区经济中去，促进其经济发展和提高其经济开放度，同时为江西省直接开设出海通道和对台窗口，也有助于提升海峡经济区与我国中部地区的连接强度。

五、小结

区域邻近性的拓展是催生企业区域竞争优势的关键。为此，海峡西岸近期以福建省为主导，通过重点积极构建海峡西岸高速公路设施支撑体系和海峡西岸铁路设施支撑体系，来加快海峡西岸综合交通运输体系网的形成，从而有助于进一步拓展海峡西岸沿海产业繁荣带的经济增长腹地，加快海峡西岸沿海与内陆的要素交流，为沿交通网络形成新兴产业集聚带和专业化企业知识共享产业空间创造有利条件，推动海峡西岸乃至海峡经济区新区域经济发展轴的形成。在拓展内陆产业增长空间的同时，为了充分发挥海峡两岸拥有的优越港口资源优势，一方面要鼓励与引导基于海峡西岸港口建设的两岸港口合作，另一方面要加快有效支撑海峡西岸港口发展的交通网络体系建设，以及积极构建多层次的海峡西岸港口物流网络体系。基于此，通过整合台湾海峡两岸港口与物流资源，组建海峡两岸港口与物流战略联盟体系，把台湾海峡建设成为东南亚（国际）海运枢纽中心，从而极大地拓展海峡经济区的外延增长空间。当前，进一步加强海峡两岸连接度的现实重大举措集中体现为发展海峡火车轮渡、推进厦金大桥与台湾海峡海底隧道项目实施，届时，海峡两岸在地域空间上将真正连接成为一个整体，为海峡两岸要素流动、企业发展和产业合作提供便利。与此同时，通过在福建沿海地区为江西设置对台直通车道，可以使江西等海峡西岸较落后的内陆区域发展成为对台物流和经贸合作的“无水港”，很大程度上延伸和拓展了海峡经济区的区域整体邻近性。

第四章 海峡经济区教育、研究和企业区域三螺旋合作

基于区域比较优势而开展的闽台教育、研究和企业区域三螺旋合作，有助于实现海峡西岸和海峡东岸科技资源的优化配置，培育区域竞争性企业，提升海峡经济区区域竞争特质。当前，两岸教育、研究和企业合作已初露端倪，同时，闽台 R&D 创新合作得以深入开展，初步发育形成以台资为主体的各类区域产业集群。在此基础上，通过构建两岸垂直和水平产业分工协作体系来推动海峡经济区特色产业集群的最终形成，同时建构闽台产学研合作机制，进一步深入开展两岸科学园区的衔接与互动。

一、闽台教育、研究和企业合作初露端倪

闽台高科技企业、科研机构和高校根据各自的优势，建立产学研联合科技创新体制，有效解决科技链与产业链脱节的状况，促进科研成果迅速市场化；同时，扩大信息传递密度与速度，降低单个企业的技术 R&D 风险，促进原始创新、合作创新与集成创新，实现闽台科技资源的优化配置，增强企业竞争力，培育竞争性企业，是海峡经济区区域竞争特质的重要源泉。

海峡经济区作为两岸区域经济融合一体的概念，凸显闽台产学研协作、共同培育区域竞争性企业的重要性。从现状来看，由于长期以来海峡西岸的投资合作主要以台企来大陆投资为主，投资形式以独资为主，企业配套本土化及 R&D 本土化不够发育，技术还主要依赖台湾母公司供给，因此，虽然有近 30 年的发展历程，闽台教育、研究和企业合作平台建设卓有成效，合作案例也日渐增多，但是实质性、深层次合作还只是初步发育，有待于拓展深化。例如，福建已逐步形成多个闽台产业 R&D 合作基地，如东南汽车制造基地、漳州闽

台农业实验基地、厦门海沧石化产业合作基地，泉州对台轻纺建材产业合作基地、福建海峡两岸农业合作试验区、三明海峡两岸现代林业合作实验区、台湾学者创业园、海峡两岸软件示范基地等；从产学研合作模式来看，主要有：①R&D 合作，如台资福建士兴钢铁公司技术 R&D 长期依赖台湾母公司，无力进行新产品开发。通过与福州大学土木建筑设计院进行合作，联合开发出新型钢架结构技术，有效解决了企业的技术难题，开发出了具有良好市场前景的产品，使企业获得了巨大的收益；②企业战略联盟，即闽台高科技企业通过股权参与和契约联合结成资源共享、优势互补、风险共担的企业战略合作联盟。企业战略联盟通过共同 R&D、技术交换、供应合同、平衡投资、单项技术转让等使闽台企业相互学习交流先进技术，提高企业的 R&D 能力，增强企业的核心竞争力，有效地降低闽台企业国际化经营风险，使闽台中小企业能摆脱企业生产规模的限制，有效地解决资金、技术、人才方面的制约因素，有助于闽台企业拓展国内外市场渠道；③联销合作，闽台企业通过采取联合销售、分销等形式，利用联盟伙伴现有的销售网络来降低生产成本，使产品在国内外市场树立起共同的品牌形象，扩大产品的知名度。例如，台湾传源公司与福建实达公司建立市场合作联盟，借助实达对市场行情的熟悉，共同对市场进行分析、预测，制定合理的市场战略，利用实达遍布全国的销售网络，共同开拓了市场。

综上所述，闽台在开展教育、研究和企业合作方面，还处于企业策略联盟阶段，尚未提高到产学研全面对接的深层次，存在着资源整合的巨大空间。仅以福建省为主的海峡西岸而言，有必要进一步加强人力资源的开发和引进，优化技术院校教育资源，建立和完善产业集群技术员工培训基地、职业技术学校，实现技术培训与职业教育紧密结合；同时大力从台湾引进适用的科技人才，推广开放式、委托式 R&D，鼓励通过“候鸟式”、客座、项目使用制等多种形式吸引优秀人才，鼓励和支持科技人员以自有专利和专有技术入股，为进一步加深海峡西岸和海峡东岸产学研合作提供组织保证和人才支持。为此，可采取如下做法：建立技术供求信息交流平台，如举办海峡科技论坛、海峡两岸科技项目交流会、建立科技合作网站等，为两岸科技界、企业界提供彼此优势互补、深化合作的专业平台；促进民间科技合作与交流向更高领域和更深层次发展，如共同建立研发机构，就某科技项目开展共同研发等；通过市场交易方式，整体收购或兼并技术含量高的研究机构、技术项目或生产企业，引进一流的核心技术和人才。对于这种方式，海峡经济区既可以合作对外收购，也可以在内部进行相互间的收购；灵活引进人才，以各种灵活的协议方式吸引台湾的科研人员来祖国大陆工作，实现技术成果的共享与开发；建立科技协同机制，围绕共同发展中的重大问题，在学术研究、科学普及、科技人才资源开发和流动、维护科研人员合法权益等方面开展广泛的合作；大力发展科技风险投资基金，为各方合作进行科技项目研究、开发和推广提供金融支持；建立闽台科技合作园区和高新技术产业园区，吸引台湾科技投资；完善相关政策法规，加大知识产权保护力度，推动建立区域科技共同标准等。

二、闽台 R&D 创新合作的深入开展

伴随着经济全球化而形成的 R&D 全球化趋势推动着跨国公司纷纷在海外设立 R&D 中心，通过创新本地化来进一步降低生产成本和提升企业的核心竞争力。以中小企业为主要经济增长载体的台湾在新一轮产业结构调整中，日益面临着高新技术 R&D 不足和生产成本日益提高的瓶颈，而邻近的以福建省为主体的海峡西岸地区拥有较完备的基础研究体系和充足的科技人力资源，亟须寻求科技成果高效市场化的转移空间。

（一）创新外包与创新全球化为闽台 R&D 创新合作提供了契机

1990 年代以来，全球大型跨国企业将越来越多的设计和制作程序外包，即技术创新外包（图 4－1），通过跨国并购或直接建立国外 R&D 机构以及国际技术联盟等形式，充分利用各地区的优势能力在全球范围内有组织地从事创新活动，将创新活动延展到国外，从而实现创新资源获取的全球性、创新要素的国际化、创新组织的网络化，进而逐渐降低公司自身的 R&D 经费占销售总额的比重。其中，以 R&D 全球化为特征的创新全球化业已成为跨国公司着力创

新的新模式（图4－2）。其特征主要体现为：①海外 R&D 投资持续增加，

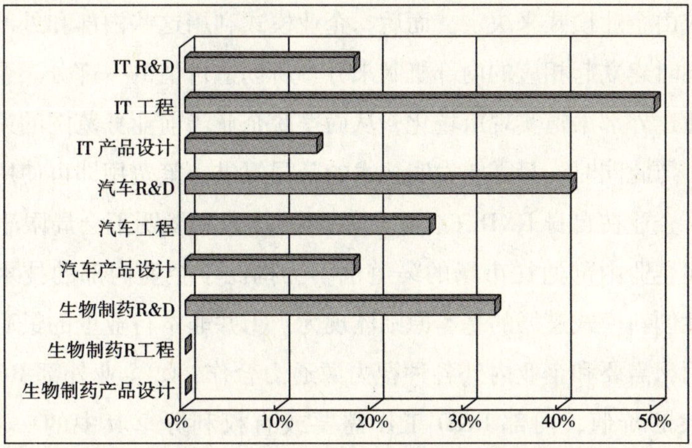

图4－1　主要产业创新外包比重比较

资料来源：Booz Allen，Hamilton. 2008. Duke University，New York.

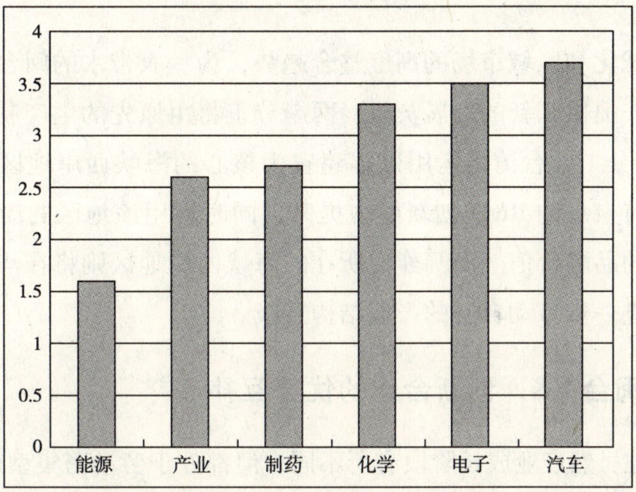

图4－2　各部门的创新全球化指数比较

资料来源：Booz Allen，Hamilton. 2008. Duke University，New York.

海外 R&D 机构不断增多；②海外 R&D 投资在企业 R&D 总投资中的比重不断上升；③海外 R&D 活动的专利成果日益增多；④跨国 R&D 战略联盟日益普遍。美国哈佛商学院亨利·切萨布鲁夫教授（Henry Chesbrough）将这一全球创新分工合作称为"开放性创新"。他认为：开放性创新是企业利用内部和外

部的全部有价值的创意，把内部和外部创意统一于一个组织结构和系统内，其具体的要求由企业模式来决定。而后，企业模式利用这些内部和外部的创意创造价值，同时建立起相应的内部机制来分享所创造价值的一部分。企业内部的创意可以通过外部渠道实现市场化，从而摆脱企业当前业务范围的束缚而获得超额利润。与此同时，只需向发明技术的公司提供一笔费用即可使用该项新技术。此外，企业在自身 R&D 工作中创造的新技术和发明不会局限于内部的市场渠道，而企业内部通往市场的渠道也不会拘泥于企业内部的技术。总体而言，开放性创新模式遵循的基本原则体现为：①并非本行业里的最聪明员工都为企业所用，需要和企业内外各种智力源通力合作；②企业外部 R&D 工作可以创造巨大的价值，内部 R&D 工作需要或有权利分享其中的一部分价值；③并非本企业进行内部 R&D 才可从中获利；④应从外部对本企业知识产权的使用中获利，同时只要能提升或改造自身的企业模式，也应当购买企业外部的知识产权。

创新全球化和区域市场的高度整合趋势，为一衣带水的闽台两岸地区的产业创新合作提供了新的发展契机。两岸分工将由原先的生产制造分工升级为 R&D 创新分工，台湾将运用以福建省为核心的海峡西岸地区的智力资源来更好地支持自身的 R&D 创新能力提升，同时运用该地区的庞大市场来增加台湾企业的品牌价值。而福建省所在的海峡西岸地区则将在与台湾的产业创新合作中进一步推动自身的产业结构升级。

（二）闽台 R&D 创新合作的优势互补

闽台两地虽然产业成长阶段有所不同，但都处于劳动密集型产业向技术、资源密集型产业过渡期。其中，两地的科技产业都集中于通讯、电子、光电、精密仪器、医疗器械、自动化工、高级材料、生物技术等领域，而且，两地在众多领域日益密切的交流合作和产业资源的整合共享，使两地科技产业发展进一步趋同。在科技结构方面，福建科技 R&D 领域的优势在于农业、医学、生物学、电子信息技术等方面的基础科学研究，这与台湾技术产业化能力强（表 4－1，4－2），科研经费投入相对充足等优势形成明显的互补。在产业结构方面，台湾传统工业生产占制造业的比重逐年下降，技术密集型工业显著上升，制造业向大型化、集中化趋势发展，人力结构也在不断升级。福建省经过改革开放以来的多年发展，产业层次逐渐提升，在某些区域形成颇具规模的产业集群，但多数产业偏向劳动密集型，产业结构发展水平较低。产业结构的差异性和比较优势的存在，使得闽台能够进一步深化产业分工与R&D创新合作。与此同时，闽台经贸发展水平和发展环境、资源禀赋存在着差异，两地产业发展也拥有显著的梯度性，这使闽台产业发展呈现出很强的互补性。此外，两地都面临着发展科学技术、增强国际竞争力、促进产业升级等亟待解决的问题，为闽台产业R&D创新合作提供了广阔的前景。基于此，福建可以扩大资金来源，增加就业，提高产业科技水平，尤其能加快高技术产业化的提升步伐，获取产业发展的行销经验等；台湾则可进一步拓展市场空间，提高资源利用率，获取更多的科技资源，推动岛内产业的转型和升级。

表4－1　中国台湾地区在美国申请专利数量的国际比较（2000—2005年）

2005年排名	国家和地区	应用专利					
		2000年	2001年	2002年	2003年	2004年	2005年
1	美国	85068	87605	86972	87901	84271	74706
2	日本	31295	33224	34859	35516	35350	30385
3	德国	10235	11260	11280	11444	10779	9014
4	中国台湾	4667	5371	5431	5298	5938	5116
5	韩国	3314	3538	3786	3944	4428	4352
	总计	157494	166037	167333	169026	164293	143943
		设计专利					
1	美国	11284	10345	9325	10045	9252	7557
2	日本	1497	1546	1364	1567	1568	1384
3	中国台湾	1135	1168	1294	1370	1268	870
4	德国	506	588	509	509	476	474
5	英国	372	370	306	356	406	370
	总计	17413	16871	15451	16574	15695	12954

资料来源：USPTO. 2005.

表4－2　美国前十大专利核准件数国家和地区情况表

排名	国家或地区	件数				占有率（%）				专利密度	
		1995	2006	2007	2008	1995	2006	2007	2008	2008	排名
1	美国	64510	102267	93690	92000	56. 61	52. 06	51. 22	49. 66	302	2
2	日本	22871	39411	35941	36679	20. 07	20. 06	19. 65	19. 80	287	3
3	德国	6874	10889	10012	10086	6. 03	5. 54	5. 47	5. 44	123	6
4	韩国	1240	6509	7264	8731	1. 09	3. 31	3. 97	4. 71	180	4
5	中国台湾	2087	7920	7491	7779	1. 83	4. 03	4. 10	4. 20	334	1
6	加拿大	2447	4094	3970	4125	2. 15	2. 08	2. 17	2. 23	124	5
7	英国	2685	4329	4031	3843	2. 36	2. 20	2. 20	2. 07	63	7
8	法国	3010	3856	3720	3813	2. 64	1. 96	2. 03	2. 06	62	8
9	意大利	1242	1899	1836	1916	1. 09	0. 97	1. 00	1. 03	33	9
10	中国	63	970	1235	1874	0. 06	0. 49	0. 68	1. 01	1. 41	10

注：1. 专利核准件数包括发明型和设计型。

2. 专利密度为每百万人取得专利数。

资料来源：美国专利商标局，台湾经济研究院整理，2009。

（三）台湾高科技产业“西移”为闽台 R&D 创新合作拓展了新的增长空间

台湾市场腹地狭小，产品 R&D 不足，20 世纪 90 年代以来，台湾在基础研究与产品开发方面的经费投入比例仅为 1：7，高科技产业以代工生产（OEM）和代工设计（ODM）为主，高科技企业主要是模仿国外的先进技术，在低端制造和工艺完善上加以创新，缺乏与国外开展竞争的核心技术 R&D，没有真正创立自己的品牌。与此同时，由于关键技术和零配件主要来自外国厂商，台湾高科技企业主要进行加工制造和使这些技术产品本土化，这不仅使 R&D 的重点和资源过分投入到生产链的低端环节，而且使高端技术 R&D 创新得不到足够的重视和人才资金支持。

此外，台湾的企业规模又相对比较小，缺乏巨额投资，故而其生产基地优势已逐渐消失。基于此，为了降低高科技产品生产成本，减弱对国外核心技术的依赖，充分利用大陆廉价的土地和劳动力，在高科技领域较为雄厚的基础研究智力资源，2002 年台湾新出台“挑战 2008——台湾 6 年重点发展建设计划”，提出未来几年内力争将台湾打造成为亚太高科技制造中心的发展目标。同时进行产业基础结构的调整，将科技产业的分工链延伸至大陆和东南亚地区。2000 年以来，台湾高科技产业的“西移”在不断升温。其中，福建海峡西岸繁荣地带①即成为台湾重点投资的三大地域空间②之一。投资的产业以笔记本电脑、软件产业和集成电路（IC）产业为主。“十五”期间，闽台信息产业 R&D 合作集聚已初具规模，目前全省台资电子企业已达 60 多家，形成冠捷电子、中华映管、厦门灿坤等出口额超亿美元的大型台商独资企业，并带动了一批上下游配套台资企业在福建省落户。例如，2006 年 9 月 8 日，台湾旺宏公司与莆田新威公司签订总投资达 2964 万美元、生产低价位手机的合作协议。其中，台湾合作方主要负责技术支持和市场拓展，新威公司则负责生产及其他。该项目力争在 5 年内形成年产 1 亿部低价位手机的生产规模，将成为福建省信息产业新的增长点。目前，新威公司获准小批量试生产的 GSM 第二批新款手机正在进行晶片检测，预计价格将降至每部 200 元左右，成为全球最低价手机。届时新威公司若能将生产的低价位 GSM 手机争取到 30% 的市场份额，福建省将成为全球最大的低价位手机生产基地。

此外，2006 年 2 月，世界第三、台湾第一大液晶显示器（LCD）厂商友达企业独资设立的友达光电（厦门）有限公司正式落户厦门翔安火炬产业区。友达福建项目一期投资 1.5 亿美元，总投资 5 亿美元。友达光电进驻后，达运精密工业（厦门）有限公司、辅讯光电（厦门）有限公司、峻凌

---

① 主要指从福州到漳州的闽东南地区，之后扩大到闽东，以及三明、南平和龙岩。

② 另外两大地区分别是：以广州、东莞、深圳和珠海为主体的珠江三角洲；包括吴江、苏州、昆山、无锡、宁波、奉化在内的长江三角洲。

电子（厦门）有限公司、州巧科技（厦门）有限公司等近20家配套企业随之而来，每年将形成200多亿元的产值。与此同时，台湾中华映管公司TFT—LCD液晶显示模组厂建设项目选址厦门市翔安火炬产业区，占地约60万平方米，总投资额2亿美元，年产液晶面板500万片，投产后预计产值将达200亿元。截至2006年年底，福建累计实际利用台资110多亿美元，以台资企业为骨干的电子、机械、石化三大产业已成为福建的三大主导产业，聚集效应不断显现，产业链不断延伸。电子行业以冠捷电子、厦华电子为龙头，形成华映光电、韩国LG、日本NEC、JVD等一大批配套企业；机械行业以东南汽车、金龙汽车为龙头，带动台湾近百家配套产商落户福建；石化能源行业的龙头企业厦门翔鹭集团、华阳电业等多年跻身中国大陆以外投资企业五百强行列。

在上述产业R&D的基础上，“十一五”期间，闽台科技产业R&D创新合作主要侧重于：①计算机及网络产品。积极推进适应下一代互联网（NGI）发展要求的微型计算机、便携式计算机及计算机硬件配套产品、计算机外设及高性能网络等产品的对接，使福建成为全国计算机及网络产品的重要生产基地；②数字视听产业。加快建立完善的技术中心和创新机制，形成集R&D、生产为一体，产业配套较为完整的新一代数字视听产品产业链；③移动通信产业。积极与台湾开展第三代移动通信手机及系统设备、关键配套件，射频多芯片二次集成电路极微组装工艺开发和产业化合作；④汽车电子产业。加强与台湾汽车卫星导航系统（GPS）、车用液晶电视、车用防盗装置、安全气囊传感器等产品的R&D和市场营销合作，将福建培育成全国汽车电子产业基地；⑤集成电路（IC）产业。近期重点推动与台湾IC设计业、封装业对接，逐步再发展IC制造业的对接；⑥光电子产业。以显示器产品为重点，加强与台湾整体光电产业，包括LED、光存储、光输入、光输出、光通讯、光电组件和光电应用产品等合作，使福建成为全国具有比较优势的光电产业基地。2006年11月，台湾光电巨头——东元集团公司在厦门设立以液晶电视组装为主的厦门东元光电有限公司，规划投资5000万美元，目标年产200万至300万台液晶电视。另外，长庚、友达、中华映管、台玻等一批大项目已经签约，两三年后将形成巨大的生产能力。⑦软件及信息服务业。以应用软件为主，自主版权与集成创新相结合，依托福州、厦门软件园，形成具有闽台特色的软件 R&D 基地和出口基地。

（四）进一步深化闽台 R&D 创新合作的举措

1. 拓宽闽台 R&D 创新合作的投融资渠道

鼓励台资以岛外投融资基金的方式参与风险投资，成立科技信贷或信贷担保，为科研合作机构或企业在研制、中试、投产和形成支柱产业的各个时期提供不同形式的资金扶持；鼓励台湾著名的投创公司与福建金融机构合资组建创业投资公司，利用台资及其丰富的管理经验进行风险投资运作，为科技 R&D 合作企业的成长壮大提供资金保证；建立有效的资金退出机制，使风险投资者获得风险补偿；鼓励向福建省内或高新技术园区内的企业提供 R&D 基金，供相关高校和研究机构开展科研，其 R&D 成果首先让提供基金的企业使用；通过设立科技 R&D 合作特别基金，支持对闽台双方科技力量起互补作用的战略性 R&D 合作项目。

2. 搭建闽台 R&D 创新合作中介服务平台

通过逐步推行 ISO9000 质量体系认证制度和从业人员资格审核制度，加强科技中介服务机构的规范管理和人才队伍素质的提高；大力加强闽台各类科技中介行业协会建设，制定和实施行业行为规范、服务标准、资质认证等行业制度；福建省政府要不断建立和完善有利于闽台科技中介合作的制度环境，通过制度创新消除影响各类科技中介机构发展与合作的障碍，促进科技中介合作的顺利发展。其中，闽台要共同研究制定高精确度和高稳定性的计量标准，重点研究领域的技术标准，完善认证许可体系和技术性贸易措施体系，实现闽台规格的相通和共同的技术标准，从而实现闽台间科技成果的高效转化。与此同时，闽台要共同建立有效的知识产权保护制度以加强两岸的科技产业交流合作；在闽台的高校、科研机构间共同建立研究基地、试验室等进行基础研究，闽台科技企业间要共建 R&D 中心，进行应用研究与试验开发阶段的合作；通过设立海峡两岸科技中介服务论坛等，实现海峡两岸科技中介服务机构的交流与沟通。

3. 营造推动闽台 R&D 创新合作的科技资源共享网络

福建省以“数字福建”战略为指导，建设福建科技网、省级科技成果库、科技专家库、特种自然资源库和科技基础数据中心，逐步实现与台湾科技网络的对接与数据共享；通过综合应用网络技术、数据库技术和系统集成技术，促进闽台科学知识的彼此渗透、融合和规范化，系统地集成发展高科技所需的科技数据；在电子信息技术、生物技术、新材料技术以及海洋技术等共同关注的高科技领域，共同建设闽台科学数据共享网；统一实施长期、稳定的闽台科技文献共享规划，形成系统分布与层次互动的闽台图书馆资源共享体系；开展采购协调、联合编目、网上流通服务、馆际互借、开发馆藏资源、网上电子信息服务等合作，实现可操作性的文献资源宏观配置，实现联机编目与检索，联机互借与信息多媒体化，为闽台科技文献共享网络的互动与共享提供种类齐全、结构合理的保障和服务体系。

4. 构建多层次、全方位的闽台 R&D 创新合作体系

通过建立闽台科技产业基地，进行技术引进和新技术 R&D，发挥产业基地的核心作用，带动相关产业的技术升级。近年来，福建逐步形成多个闽台产业 R&D 合作基地，如东南汽车制造基地、漳州闽台农业实验基地、厦门海沧石化产业合作基地、泉州对台轻纺建材产业合作基地、福建海峡两岸农业合作试验区、三明海峡两岸现代林业合作实验区、台湾学者创业园、海峡两岸软件示范基地等。其中，福建海峡两岸农业合作试验区引导台商对闽农业投资由试探型逐渐转为资金密集型和追求效益的大规模稳定投资，使包括台湾的荷莲豆、甜豆、紫茄、草暇等 400 多项优良品种在内的多项台湾先进农业科技、设备和管理方式不断引入福建，同时配套引进脱毒技术、鲍鱼工厂化养殖技术等 1000 多项农业种养加工技术，提升了福建农业产业技术水平。除此之外，目前正在建设的海峡两岸经济植物引种中心，进一步在名、优、特、新品种和病虫害防治等方面开展闽台合作研究。与此同时，闽台高科技企业通过股权参与和契约联合结成资源共享、优势互补、风险共担的企业战略合作联盟。企业战略联盟通过共同 R&D、技术交换、供应合同、平衡

投资、单项技术转让等使闽台企业可以相互学习交流先进技术，提高企业的R&D能力，增强企业的核心竞争力，将有效地降低闽台企业国际化经营风险，使闽台中小企业能摆脱企业生产规模的限制，有效地解决资金、技术、人才方面的制约因素，有助于闽台企业拓展国内外市场渠道。闽台企业通过采取联合销售、分销等，利用联盟伙伴现有的销售网络来降低生产成本，使产品在国内外市场树立起共同的品牌形象，扩大产品的知名度。此外，闽台高科技企业、科研机构和高校根据各自的优势，建立产学研联合科技创新体制，有效地解决了科技链与产业链脱节的状况，促进科研成果迅速市场化。同时，扩大信息传递密度与速度，降低单个企业的技术R&D风险，促进原始性创新、合作创新与集成创新，实现闽台科技资源的优化配置，增强企业竞争力。

（五）闽台R&D创新合作推动海峡经济区创新能力提升

海峡西岸面向台湾，北承长江三角洲，南接珠江三角洲，是一个经济联系紧密、中心城市支撑、要素流动聚集、对外开放的经济综合体，其总体发展构想体现为：形成以福州、厦门、泉州三大城市增长极为支撑，连接漳州、莆田、宁德，对接三明、南平、龙岩的福建省城市体系总体格局。同时，加强交通能源基础设施建设，扩大经济腹地和市场空间，建立区域特色产业集群，凸显规模集聚效益。海峡西岸与海峡东岸的台湾相比，拥有较丰富的科技人力资源，部分尖端技术和高级R&D人才，科技R&D的广度、深度以及未来的成长潜力很大，但R&D经费欠缺，技术商品化经验不足，企业的技术转移能力也欠佳。台湾则拥有充足的R&D资金，丰富的市场经验，引进先进技术和技术商品化能力都很强，但台湾的多数中小企业R&D能力较低，专业R&D机构不足，同时R&D人力成本也较高。由此，自2000年以来，闽台之间的科技交流与合作正快速向R&D创新合作方向发展。两地的科技合作项目日益增多，不仅有科技成果转化项目，而且还涌现出一大批前瞻性的技术项目。其中，台商委托福建高校、研究机构开展的专案设计、购买专利和合作开发新产品的数量和种类正逐年增加和扩大。与此同时，伴随着台湾科技产业不断西移福建，越来越多的台资企业将其R&D机构也转移到福建。根据台湾“经济部”中小企业处2002年出台的一份研究报告显示，在对福建抽样统计的80家台商科技企业中，1998—2002年，这些台商企业的科技人才、R&D成果、相关零组件在以福建为主的海峡西岸地区的采购率已分别上升到82%、63%、40%。

闽台R&D创新合作是两地的高校、科研院所、企业、政府、中介服务机构等各合作方结成的“知识联盟”，有利于两地众多中小企业创新能力的提升和形成全新的产业链，进一步增加海峡西岸经济区的知识存量和提升本地区的知识流量，从而逐步形成独特的区域知识流动体系。与此同时，闽台R&D创新合作将极大地推动海峡经济区内的合作创新，形成纵横交错的技术网络、生产网络、产品网络和市场网络，提高资金、人才、基础设施、土地、市场等生产要素资源的利用效率，加速产业的技术进步，推动各产业在空间上的整合和优化以及区域产业结构的高级化，从而培育出具有国际竞争优势的区域竞争性企业，并由此而带动形成区域特色产业集群，进一步推动海峡经济区整体区域创新能力和国际竞争力的快速提升。在此基础上，海峡经济区势必将崛起，成为南北分别承接珠江三角洲和长江三角洲两大经济板块产业转移，同时带动广东东部和浙江南部及江西东北、东南部经济增长边缘化地区发展，主要吸引以台资为主的跨国投资的中国新的经济增长一体化区域。

三、台资主体型产业集群初步发育

伴随着1990年代以来的创新全球化（Innovation Globalization），台湾经济日益面临着经济结构转型的压力，技术密集型工业在产业结构中的比重显著上升，制造业向大型化、集中化趋势发展。2007年以来，以台塑、台玻、友达光电、东元电机等为主体的台湾石化、钢铁、机械等重化工产业和信息、生物制药、环保等新兴产业及生产服务业、金融服务业的台湾知名企业纷纷来闽投资，加速推动了闽台的产业对接。目前，福州和厦门的海沧、杏林、集美四个台商投资区业已成为两岸产业对接的集中示范区和大陆台资企业最为密集的区域。台商平均投资规模已增至250万美元以上，台湾岛内百大企业中已有35家落户福建，如台塑、大同、裕隆、统一、台泥、六合、太平洋电线电缆等集团企业陆续到福建投资，华阳电业、冠捷电子、华映光电、东南汽车、金龙客车、灿坤电器、翔鹭化纤、正新橡胶、清禄鞋业、三丰鞋业等台资企业已成为海峡西岸相关产业的龙头企业。近年来，闽台产业分工与合作正从垂直分工向水平分工拓展，形成东南汽车、华映光电、翔鹭化纤、华阳电业等产业关联度强的大型台资产业集群。基于此，福建已初步形成以华映、冠捷、友达光电等为主体的电子信息产业集群，以东南汽车为典型的机械产业集群，以翔鹭石化、正新橡胶等为代表的石油化工产业集群、漳州以漳浦台湾农业创业园为载体的台资农业产业集群以及以福州保税区、厦门港等为主要服务于台资企业货物集散地的物流业产业集群。

（一）台资电子信息产业集群

随着台湾电子信息产业加快向海峡西岸转移，电子信息产业已成为福建省发展最快的产业，并已崛起成为全省的支柱产业，其中，台资电子信息产业产值已占全省的46%，业已形成包括通信导航、计算机及其电子元器件、电子应用产品以及软件和微电子等门类较为齐全的产业体系。目前，全省已有厦门经济特区、福州市区、马尾经济技术开发区、福清融侨经济技术开发区、漳州、泉州、莆田等信息产业基地，闽东南电子信息产业走廊已见雏形。其中，马尾经济技术开发区已吸引台湾“中华映管”落户，由此集聚起众多光电子产业企业，从而使“福建光谷”初具规模。与此同时，冠捷、华映光电、TDK、灿坤、台通等一批在全国有一定影响的台资大企业已成为福建信息产业集群化的重要力量。福州市建成以冠捷（捷联）、华映光电为龙头的显示器产业集群，成为全国最大的显示器生产基地之一。厦门地区初步形成了计算机、手机和数字视听产品产业集群，莆田市形成计算机和电子手表产业集群，漳州市形成智能型小家电和数字化仪器仪表产业集群。其中，莆田市高新技术产业园区是海峡西岸重点培育的电子信息产业三大基地之一。该园区已有12家重点骨干企业建立技术开发中心，相继引进生产STN

系列液晶显示器的德荣电子、制造光电子产品的华光电子、生产新型电子元件的冠顺电子、生产双面线路板的佳宜电子、生产钽电容的华达电子等8家高新企业落户，业已形成以台湾通讯和新威电子为骨干的现代通讯产业集群，以德基电子和德荣电子为骨干的电子信息产业集群，以新智电子和安特半导体为骨干的高新技术产业集群。该园区的电子表产量已占全球的30%，通用型电子计算器则占全球的70%。

成立于1990年10月的冠捷电子（福建）有限公司是目前中国第一大、全球第二大显示器生产企业，2001年全国出口额最大的200家企业总排名中，它名列第12位，与之配套的中华映管历经两次增资发展，目前已成为全球最大的显示管生产企业，为所在地的马尾开发区引来10多家外商投资的配套协力企业及数十家相关的台湾电子厂商落户，形成了比较完善的上下游产业链。与此同时，冠捷电子作为福清融侨电子基地的龙头，不仅带动了本基地配套产业发展，而且也带动了全省计算机整机产业和一大批电子元器件产业的发展，其辐射效应吸引和带动了更多的关联厂商来闽投资；电器业集聚度较大的以大陆第一家在深圳B股挂牌上市的台资企业——厦门灿坤为代表。1997年，灿坤企业以90万美元在福建起家，2002年产值已达2亿多美元。截至2003年，厦门灿坤已是一个拥有49条装配生产线、雇员1万多名的世界级大企业，已计划增资6亿美元在漳州建设灿坤工业园，预测该项目投资第一年产值可超2亿美元，第二年产值超4亿美元。该项目投产2—3年内，生产的煎烤器、咖啡壶、电熨斗、烤箱、烤面包机及马达类小家电等六类产品产量将居世界第一，成为世界前五大小家电专业制造商。

台资企业不仅吸引台湾的配套企业在福建聚集，而且通过自身的增资扩产和吸引一些外国企业，在福建形成产业链。如华映光电带动了韩国LG荫罩、日本JVC偏转线圈、日本NEG玻壳等配套项目落户马尾开发区，形成以华映光电为龙头的电子产业链，项目全部投产后，年产值将突破100亿元，马尾电子信息基地也将由此成为全球最大的显示管生产基地之一。今后随着闽台数码娱乐业合作、福州海峡软件园建设、莆田台湾通讯有限公司可视和网络电话生产线的建设，闽台电子信息产业合作将更加密切。与此同时，随着大陆电子信息产业供应链的逐步形成，台湾电子信息制造业将生产线转移至大陆投资，而台湾母公司发展成为运营基地，着重经营管理、R&D、市场行销、财务调度、人才培育和技术支持，形成企业经营在海峡两岸之间的功能性分工。

（二）台资机械产业集群

以台资企业为龙头的东南汽车公司成为福建省机械行业产业集聚度最高、产业链最长的行业。东南汽车公司成立于1995年，是目前国家正式批准的最大的两岸合资汽车项目。它是由台湾最大的汽车企业——裕隆企业集团所属的中华汽车公司与福建省汽车工业集团公司、福州汽车厂合资组建而成，注册资本6030万美元，总投资9982万美元，闽台双方各占50%的股份。投产6年来，销售量、营业收入和税利年均增幅都超过100%。2003年实现工业产值108.4亿元，销售收入82.5亿元，汽车产量8.35万辆，其中轻型客车产量居全国第二位。东南汽车公司吸引了35家台湾中华汽车公司的配套零部件中小企业跨海来到东南汽车周边安家落户，建设形成占地2900多亩、总投资达2.7亿美元的东南汽车城。东南汽车公司与其配套厂家关系紧密，其零部件的供应除了发动机之外，80%都是来自东南汽车城内的配套零部件中小企业，二者组成了汽车城内一个完整的产业供应链，形成了企业间垂直系列化或产业供应链关系。如今，以东南汽车为龙头引导的下游产业蓬勃发展，在福建省形成了52家配套厂的产业聚集效应，累计实现投资超过30亿元。该公司由东南汽车和110余家多层次的零部件配套企业组成，其中，规模以上汽车零部件生产企业有47家，已形成年产包括轿车和轻型客车在内的汽车12万辆以及主要零部件的生产能力。由于东南汽车的快速发展和产业集群化的初步形成，使得2003年福建规模以上汽车制造业工业总产值达231.2亿元，增速达50.4%，拉动机械工业增长12.5个百分点。2007年，东南汽车城实现工业总产值139.7亿元，规模以上工业总产值134.6亿，东南汽车公司出口汽车9478辆，同比增长8.7倍。2008年一季度，福建汽车工业集团公司旗下的东南汽车公司车辆出口18批、1876辆，货值2092.97万美元，同比分别增长200%、105.9%和101.

84%。截至2008年末，东南汽车公司生产汽车42.9万辆，销售42.5万辆，实现销售收入427.2亿元，东南汽车已进入全国客车出口企业前三名，并逐步走向国际市场。

此外，东南汽车公司还开展与戴姆勒·克莱斯勒公司合资生产轻型商用客车项目，标志着闽台汽车产业合作逐步融入国际汽车分工协作体系，进一步推动以东南汽车为龙头的福州轿车、轻型汽车及零部件产业集群的形成。今后将以福州东南汽车整车厂和在建的“戴姆勒·克莱斯勒轻客”项目为主体，以现有150家配套企业为基础，加快完整汽车产业链中尚缺主要领域项目的对台产业对接，包括自动变速箱、水箱、ABS（刹车自动系统）、发动机缸体及缸盖、汽车电瓶、轮胎等。与此同时，还将推动培育以厦门金龙旅行车、厦门金龙联合汽车为龙头的厦门客车及其零部件产业集群的形成。

除了培育和壮大海峡西岸以台资为主体的汽车产业集群外，应借助台湾机械同业公会等组织，加快吸收台湾金属模具、中档数控机床、塑料橡胶机械、纺织机械、木工机械、电动工具、汽车摩托车零配件等产业转移，推进闽台机械设备制造业合作。同时，重点吸收台湾船舶修造业产业转移，以组建合资公司，扩大产品出口为主，着重发展煤炭、铁矿运输、油轮、集装箱运输船相关的新型船舶产品，带动机械制造加工产业链的延伸，高起点发展船舶修造业，最终带动福州、厦门、泉州及福安、龙海、连江、平潭等地船舶修造业的快速发展。此外，吸引台湾装载机、挖掘机、路面施工机械行业在厦门、福州和三明等地投资，促进海峡西岸工程机械行业加快发展。

（三）台资石化产业集群

石油化工产业是台湾的强势产业。经过40多年的发展，石油化工产业已成为台湾岛内上中下游整合最完整的产业，产值占台湾制造业的比重约20%，石化技术水平居世界前列。

2009年，台湾的乙烯产量已超过1000万吨，ABS塑料产能世界第一，聚酯丝的产能世界第二，树脂和橡胶的产量均居亚洲第一，人造纤维产量的90%及塑胶的60%均外销，台湾已成为世界第七大石化产品生产地，产业规模居世界第16位，在国际市场上有很强的竞争力。早在1990年代初，台湾石化产业中、上游企业就在下游应用产业外移的带动下，开始向福建、浙江等祖国大陆沿海地区转移。目前，台湾石化产业的60%已经转移到祖国大陆，其中，化学制品90%以上对外投资集中于祖国大陆。产品主要涉及石油化工的中下游领域，如合成树脂、合成橡胶、合成纤维等。随着初期下游制品业外移至祖国大陆发展，许多中间原料厂商基于就近获得原料，供货服务客户，掌握中下游客户的需求，也到祖国大陆设厂。与此同时，由于拥有天然深水良港和完善的储运设施是发展石化产业的重要基础，而福建省海岸线长3324公里，居全国第二位，可建10万到30万吨级泊位的岸线资源居全国首位。同时，福建省有港湾125个，且多数港口阔水深。其中，可供建设50万吨级泊位的港湾有7个，占全国的20%。海上运输1000海里半径内可达日、韩、越南等东南亚各国及台湾地区，基于此，形成福建省石化产业潜在的低成本优势。另外，从产业层面上看，福建省的电子信息，机械设备、汽车、化纤纺织等产业发展迅速，为石化产业发展提供了广阔的市场空间。

与台湾石化产业发展水平相比，福建省石化产业起步晚，基础薄弱，发展还较落后。2008年石化产业产值仅占全国石化产业总产值的1.44%，居全国第19位。福建省炼化企业属燃料型原油炼制，传统化工整体技术、装备水平不高，材料、能源消耗大。产品品种单一，缺少高附加值和高技术含量的高端产品，产品竞争力不强，尚未形成上、中、下游项目配套的石化产业链发展格局。近年来，国内聚酯（PET）行业快速发展，对二甲苯（PX）作为聚酯及其上游的精对苯二甲酸（PTA）主要生产原料，国内市场对其需求不断增长，产品供不应求。由此，PX－PTA纵向规模化的生产局面的形成，对调整福建省石化化纤行业产业结构，增加高档品种覆盖面，提高产品竞争力都将发挥重要作用。在此情形下，台资进驻海峡西岸对福建省石化产业链得以延伸发挥着最重要的推动作用。

目前，位于海峡西岸湄洲湾南岸的福建炼化公司、厦门海沧台商投资区已建成闽台石化产业合作基地。其中，福建炼化公司周围已集聚湄洲湾氯碱工业有限公司、泉港海洋聚苯树脂有限公司、福建华星石化有限公司等一批初具规模的石油和化学工业企业。厦门海沧台商投资区则已集聚翔鹭石化（厦门）有限公司、柯达（中国）股份有限公司、厦门正新橡胶股份有限公司、厦门世佳化工有限公司、青上化工（厦门）有限公司、厦门中坤化学有限公司、翔鹭涤纶纺纤（厦门）有限公司等一批石化中下游加工企业，特别是由厦门翔鹭公司投资、年产80万吨二甲苯（PX）腾龙芳烃项目和以PX为原料的翔鹭精对苯二甲酸（PTA）项目的建成投产，将形成上中下游垂直整合的石化产业链，成为目前祖国大陆唯一由台商投资整合的石化产业链。如今，厦门已聚集了全国化纤业中最大的台商投资企业翔鹭化纤股份有限公司，世界最大的精对苯二甲酸（PTA）单线产能的翔鹭石化股份有限公司，以及全国外（台）商投资双优企业台资正新轮胎国际集团等；2009年5月8日，漳州古雷石化启动项目顺利开工，古雷石化园区进入实质性开发阶段。总投资约188亿元人民币的两大台资项目——古雷腾龙芳烃（漳州）有限公司年产80万吨对二甲苯（PX）和翔鹭石化（漳州）有限公司年产150吨精对苯二甲酸（PTA）项目将于2011年底竣工投产。这将使福建省石化产业中的聚酯化工形成中下游完美垂直整合；此外，在2009年“9·8”投洽会上，泉港石化工业区建设发展有限公司与台湾石化工业同业公会旗下6家会员企业签约，共同投资建设泉港台湾石化专区年产100万吨的轻油裂解项目。该项目由台湾石化同业公会牵头投资兴建，选址在泉港石化工业区南垦片区。项目规划总投资60亿美元，年销售收入预计将达500亿元，加上下游产品延伸项目，可带动新增年销售收入达千亿元，将成为泉港国家级石化产业基地的又一个新经济增长极，为建设海西先进制造业基地注入强劲动力。目前，泉港区已落实了台湾石化专区用地的规划调整，正在抓紧成立年产100万吨的轻油裂解项目合资公司。轻油裂解项目已完成预可研编制，上报省政府和国家发改委审批。泉港台商石化专区年产100万吨的乙烯裂解装置，及其下游聚丙烯、乙二醇等53个项目的进驻，是闽台石化业上、中、下游整个产业链首次整体对接，从而真正实现台湾石化行业的整体“西进”大陆。截至2009年末，从湄洲湾石化基地到东山湾古雷港经济开发区，闽台石化产业合作的产业链正逐步向深度延伸。一个具有融合性、可持续发展的现代石化产业体系正在海峡西岸形成。

（四）台资农业产业集群

海峡东岸和西岸同属亚热带，气候温和，作物种类、栽培技术、耕作制度基本相同，两地农业具有很强的互补性。海峡西岸农业实际利用台资居全国首位，是承接台湾农业向外转移的主要区域。截至 2005 年，台商在海峡西岸从事种植业的占 29.9%，养殖业占 18.3%，农产品加工业占 47.7%，其他占 4.1%，累计引进台湾农业良种 2500 多个，其中，有 150 多个良种得到规模化推广和应用。引进农产品生产、加工设备 5000 多台套，栽培、养殖、加工先进适用技术达 800 多项，海峡西岸由此成为祖国大陆最大的台湾良种引进繁育基地。同时，台糖、兴农、农友、天福等一批台湾农业知名企业纷纷落户福建，为海峡西岸带来品种培育、种植技术和管理经验，提高了海峡西岸农业综合生产能力。

闽台农业产业合作集群化的具体表现是拥有一批多层次、多产业构成的闽台农业合作实验区，主要有两大农业合作试验区：其一是“海峡两岸（福州）农业合作实验区”，它是国家两部一办（农业部、外经贸部、国台办）于 1997 年批准创办的。首期开发三个对台农业合作示范区，即福清洪宽农业综合开发示范区、闽侯农业高科技示范区、琅岐蔬菜科技示范区。经过 5 年多建设，至 2002 年，实验区合计引进台资农业合作企业 383 家，实际利用台资 2.8 亿美元，其中种植业 97 家、养殖业 94 家、农产品加工业 147 家、其他行业 45 家。累计引进台湾动植物良种 100 多种，大面积种植有 30 多种，初步形成了福清水产与生猪、连江水产、罗源食用菌与花卉、琅岐蔬菜、闽侯设施栽培等技术集群；其二是“海峡两岸（漳州）农业合作实验区”，它重点建设 4 个农业合作示范区和 1 个中心，即高优农业示范区、海珍品水产养殖示范区、花果茶示范区、农产品加工示范区和农产品营销中心。目前已初步形成以龙海市为中心的绿色蔬菜集群基地和以海峡两岸花卉博览园为中心的 33 公里闽南花卉走廊。龙海市蔬菜技术集群基地现有台资加工合作企业 15 家，带动蔬菜优良品种和先进技术引进，形成科工贸农一体化的产业链，每年种植蔬菜近 30 万亩，带动农户2万多户，年产瓜菜38万吨，成为全省出口蔬菜的主要生产基地。位于漳浦县的闽南花卉走廊，是闽台农业科技合作的典型。园区现有台资与外资花、果、茶生产和加工企业28家，其中台资企业25家。园区内设有组培中心、科技培训中心、农业科技研究开发中心、福建农大博士后工作站，以及350亩温室、大棚，2000亩节水灌溉示范片，50亩无土栽培试验基地等科研培训设施，初步形成以花博园为中心的花卉科技集群基地、以德全园艺为中心的果树技术集群基地和以天福茶庄为中心的茶叶技术集群基地，2001年被国家科技部批准为国家级农业科技园区。

（五）服务于台资的物流业集群

物流业是福建省近年来发展迅速的产业。根据统计，至2001年底，福建全省有16960个物流业法人单位，从业人员55.66万人。目前，闽台物流集聚态势十分迅猛，全省台资主要集聚地，正在形成各具特色的物流产业。福州保税区规划建成闽、浙、赣进出口物流分拨基地及海峡两岸最大的物流分拨中心，已吸引了马士基物流、外代储运、香港新浪威物流、新加坡太平船务、万全物流等大型跨国物流入区，投资保税仓储、集装箱运输及场站服务、供应链服务等项目。为中华映管提供原材料配送服务的福州发货基地进入实际建设阶段。祖八八坑道、东引陈梁等一批台湾名酒正积极筹建福州保税区分销中心。2003年5月，大陆东南沿海首座集货物信息发布、运转、仓储等功能为一体的物流基地——福州仓山货物配载中心已落成运作。同时，台湾辜氏家族在长乐营前镇投资的“台通国际物流有限公司”项目也已落定，将建成涵盖报关、仓储、装卸、加工及包装业务在内的现代化物流园区。“厦门海港电子订舱系统一期工程”、“厦门空运无纸化通关物流监控系统”等厦门物流信息平台前期项目已投入运营，效益显著。连接厦门海空港的“东渡—保税区—航空港物流园区”的规划设计已经落实，目标是建成两岸交流合作的重要基地及航运物流中心。厦门图书进出口公司已成为两岸出版业的交易重镇，目前正投巨资建设物流中心、网络书店及两岸出版交易平台。泉州与台湾五金加工业发达的中部地区相对应的五金专业批发市场和

“闽台五金机电物流中心”已进入建设阶段，该项目总投资4.5亿元、规划用地300亩，将使泉州成为台湾五金产品推向祖国大陆的集散地。漳州发挥农副产品独特优势，利用海峡两岸农业合作实验区产业链合作基础，结合近台深水良港及电力基础、闽粤高速公路连接点等区位条件，正在建设两岸农副业物流交易中心与辐射基地。

与此同时，福建在与台湾开展产业对接过程中也相应地暴露出诸多问题，主要体现为：产业链配套不完善，资金支持力度不够，人才供应不充分，公共服务平台不健全，认识、组织机制和工作方法不到位，基础设施供给配套不齐全等。总体而言，闽台产业对接合作形成的产业集群层次较低，尚没有形成具有强辐射和带动能力的支柱产业和龙头企业。其中，石化行业中的福炼、机械行业中的东南汽车，虽然在省内是大型企业，但与全国同行业相比，并不具备规模优势。电子信息产业是福建大企业涉及最多的产业，但最大的企业也未能进入全国电子百强的前20位。东南汽车虽然发展很快，但重点产品配套体系不完善，如汽车的发动机、变速箱、车桥、方向机均从省外采购。在高科技产业方面，福建起步晚，基础薄弱，在电子信息、生物工程、环保工程、新型材料、海洋开发、光机电一体化、新能源及节能等领域虽有一定发展，但在人才、投入、体制和机制等方面还存在一些制约因素，高新技术产业规模还较小，技术水平也不高。即使是全省发展最快、规模最大的电子信息产业，由于在台湾电子信息产业转移时，福建没有抓住机遇，因而未能像广东省东莞及江苏省昆山那样形成大规模的产业群和完整的产业链，目前还是以加工组装型为主，自主技术少。然而，伴随着台湾在金融海啸冲击下进行新一轮产业结构调整和升级，势必将推动台湾以光电子产业、软件业等较成熟的高科技产业向海峡西岸“迁移”，从而为海峡西岸和海峡东岸深化产业对接提供更多合作领域和业面。

四、以区域产业分工协作体系的建立推动特色产业集群的形成

目前，祖国大陆东南沿海地区劳动密集度高的加工出口业具有比较优势，与擅长中上游原材料与零组件产业的台湾形成优势互补。两岸“大三通”的实现，使两岸的航运成本大幅降低，人员往来更加便捷。势必带动更多的台湾加工企业到海峡对岸投资设厂，建立高效率、高品质的生产基地。同时，通过改善东南沿海的港口设施以及往来港口与生产基地之间的陆上交通系统，使台湾的供料厂商能在最快捷的运输、最低廉的成本之下与下游厂商配合。基于此，两岸间将就特定产业进行诸如原料、半成品、成品各生产阶段的分工，就企业功能在原料、生产、行销、R&D、设计等方面进行分工。同时，按照两岸间的比较利益来规划两岸分工生产的架构，从产品生命周期角度考虑，将不同品质等级的产品配销到两岸市场，以台湾资金、商业化经验与大陆科技、市场相结合，形成新的产业分工形态。在依托台湾高科技工业园区、福建现有台商投资区、经济技术开发区、海峡两岸农业合作示范区等产业发展空间基础上，进一步孕育形成体现海峡两岸产业分工合作特色的、以IT产业和临港工业为主导的、富有竞争力的环台湾海峡沿海产业集群。

（一）构建海峡经济区的产业垂直分工体系

海峡经济区的产业垂直分工体系包括产业内垂直分工和产业间垂直分工两方面。其中，产业内垂直分工体现为：台商在祖国大陆东南沿海地区的工厂与台湾母厂之间形成垂直分工关系，属于产业上游的原料，如主要机器设备等由台湾母厂或关联厂提供，属于下游的产品加工装配则在祖国大陆东南沿海地区进行。同时，就企业功能而言，除了生产制造功能在祖国大陆进行外，R&D、管理、行销等功能均由台湾母公司掌控。产业间垂直分工体现为：祖国大陆东南沿海地区发展劳力密集型、资本密集型产业，台湾发展技

术密集型产业。目前，两岸可在制造业、农业、高新技术产业等领域开展产业间的垂直分工合作。在钢铁、机械等基础性制造业领域，台湾目前受资源和 R&D 能力的限制，主要以技术合作和代工（OEM）方式生产，而祖国大陆东南沿海地区的一部分机器设备以及零部件都需要进口，两岸可以利用台湾完备的中下游产业体系，利用祖国大陆的 R&D 和市场，开展垂直分工合作。在食品饮料、服装、纺织等传统制造业领域，台湾已经丧失了生产优势，需要向外转移，祖国大陆东南沿海地区可以借助台湾先进的生产技术，以低生产成本为优势，进行相互间的合作；在农业方面，台湾主要以发展无污染农业、精准农业、高附加值农业为主，而祖国大陆东南沿海地区仍以传统、粗放、非集约型农业为主，两岸农业生产要素互补性很强。因此，两岸农业合作应主要采取生产要素相结合的垂直分工模式。一方面，利用台湾的高科技生物技术进行农业品种的培育、利用祖国大陆东南沿海地区的土地和劳动力优势进行大规模的种植共同发展高科技绿色农业。另一方面，利用台湾的农产品加工技术、农业产业化经验和外销渠道，在祖国大陆东南沿海地区建设农产品加工基地，形成“培育—生产—加工—销售”一体化的农业上下游产业体系；在高新技术产业方面，由于台湾高科技产业，尤其是电子资讯产业、电子信息产业日益面临岛内劳力、智力成本提高，土地厂房价格高以及环保等制约因素，20 世纪 90 年代以来即开始致力于产业升级，并把电子信息产品的组装业务和下游产品的生产向外转移。祖国大陆东南沿海地区拥有劳动力成本和土地厂房价格低廉以及语言相通等优势，自然成为台湾电子资讯产业转移的首选地。台湾与祖国大陆东南沿海地区在音像产品、计算机及其外设备、显示设备、通讯设备四大门类电子资讯产品方面应进一步开展广泛合作，以台商独资或合资企业的形式，不断把生产基地转移到祖国大陆东南沿海地区，初步形成“台湾接单—祖国大陆东南沿海地区生产”或“台湾研发—祖国大陆东南沿海地区制造”的垂直分工合作模式。

（二）构建海峡经济区的产业水平分工体系

祖国大陆与台湾分别拥有基础研究开发和产品应用性开发上的优势，因此，可以基于此联合开发新产品，联合开展应用研究和国际行销研究等。当前，两岸在金融保险等服务业领域、部分制造业领域互补性优势明显，可顺势开展产业水平分工合作。其中，在服务业方面，近年来，台湾的银行、证券、律师、会计师、人力资源开发等中介服务机构纷纷投资祖国大陆，可基于此态势通过在两地金融机构中互相设立业务代理或开设银行、保险分行，开展通汇、通存、贸易融资、上市、租赁等业务方面的合作。目前，两岸已经开始通汇业务，中国工商银行已与台湾地区多家银行建立了代理行关系。在商业等其他服务业领域，通过开设分公司、分店等方式，利用台湾先进的服务管理经验以及祖国大陆广阔的市场形成一体化销售服务网络体系。

五、构建闽台产学研合作机制

（一）闽台产学研合作的问题

近年来虽然闽台产学研合作呈现出由浅而深的发展，但两地产学研合作的内涵过于狭窄，产学研互动方式也比较简单，更多的是在短期性、交易性层面上的合作，而长期性、创新性、制度性的合作还“微乎其微”。从供给面来看，最为突出的问题是信息不足：①信息传播的限制。两地缺少大学、研究机构的科技成果或其他信息交流、交换的渠道。从福建产业界来看，随着近年来福建民营科技企业的崛起，它们参与区域产学研合作的主动性和能力明显增强。它们希望能与台湾的大学、研究机构进行合作创新和技术转移，愿意引进台湾高校和研究机构的专利或特色技术。但由于信息不足的障碍，使它们与台湾的大学、研究机构的交流与合作难以有效地进行；②信息不对称。

从祖国大陆来看，随着祖国大陆高等教育和研究机构改革的深化，大学、研究机构在产学研相关信息的披露上还是比较充分的。福建的厦门大学、福州大学等高校都设立有 ORTA（技术转移或推广的单位），ORTA 也提供合作开发、技术评估、人才培训、共同研究等。从台湾方面来看，尽管在岛内相关资讯很多，但是对福建来说，其透明度很低，所能获得产学研方面的信息渠道极其贫乏。这种信息不对称既不利于两地产学研合作发展，也不利于两地大学和研究机构能量的发挥。从需求面因素看，最为突出的问题就是缺少中介服务机构。这种中介是一种以技术成果商品化服务为目的的知识型服务业。

目前在闽台产学研合作中，由于缺少此类知识型中介组织，从而制约了闽台产学研合作规模的扩展。主要体现为：①从技术商品化整体活动来看，大致包括基础研究、技术开发、设计开发、生产制造、评价检测论证、行销与服务。在这一架构下，产学研分工大致为：高校进行基础研究，研究机构进行技术开发，产业界进行生产和后续行销服务。以往的产学研的互动主要发生在组织内，并非由外界提供。研究机构的研发成果商品化活动包括：知识产权转移、技术授权、检测验证、技术预测及市场信息提供等服务，大部分由大学、研究机构本身提供，很少通过市场机制而由专门的服务机构来提供。②从科技成果转化为生产力的周期来看，随着科技全球化和技术区域化的发展，这一周期急剧缩短。在科学技术发展日新月异的环境下，一方面，对于产学研合作配套服务的需求急剧增长，另一方面，由于缺少中介服务机构，大学、研究机构的科研成果就难以通过中介机构释放出来。③从国外的情况来看，中介服务机构普遍比较发达。这些中介服务机构的人员，更多的既是专家，又是通才。例如加拿大的 CRO（契约研究组织，Contract Research Organization，CRO），其每年中介服务营业收入超过 20 亿美元。总体而言，产学研合作越有成效，知识型的中介服务业越发展。同样，知识型中介服务业越发展，产学研合作也越有成效。

（二）闽台产学研合作机制建构

闽台产学研合作的本质是区域经济一体化，从近期来看，闽台产学研合作机制建构应以融合化为合作方向，以制度化为运作方式，以信息交流和知识服务合作为重点。

1. 融合化的合作机制

闽台两地科技资源的相对优势都比较突出（表 4 - 3）。一方面，福建经济科技近30年迅速发展，产学研环境发生了很大的变化。它不仅只能提供廉价技术人力，更能提供高级的科研人力，而且更能提供一个庞大的不断成熟的高科技产品市场，同时具备巨大的高科技产品市场潜力。另一方面，产学研合作是将知识转化为新技术、新产品的创新合作。从科技创新角度来看，任何科技创新既有技术的不确定性，又有研发的不确定性和市场的不确定性。而融合化才能共同防范由这些不确定性带来的风险与挑战，才能实现闽台经济利益最大化。第三方面，闽台产学研合作的迅速发展和融合化是推动闽台区域经济发展的主要动力。海峡西岸经济区发展将推动台湾的相应快速发展。简而言之，融合化的紧密度越高，这种良性循环的推动效应就越突出，产学研的实质产出就越多。

表4－3　海峡西岸和台湾地区科技资源相对优势和劣势比较

分区 / 相对优劣势	海峡经济区	
	海峡西岸经济区	台湾地区
优势	科技人力资源丰富	引进技术能力强
	拥有部分世界级技术	财力雄厚
	R&D 广度和深度大	市场经验丰富
	未来成长潜力大	技术商品化能力强
劣势	R&D 经费短缺	中小企业 R&D 能力弱
	技术商品化经验不足	专业 R&D 机构不足
	企业技术转移能力不足	R&D 人力成本较高

资料来源：林世渊，《两岸产学研合作机制的建构》，见《世界经济与政治》，2004年第五期，第91页。

2. 制度化的运作机制

尽管闽台产学研合作发展很快，但至今仍处于那种单向的、民间的、台湾来得多福建去得少的不正常状态。因此，必须建立一个由双方共同制定的制度规范的、有共同约束力的制度安排。在这种“制度一体化”下，有利于闽台产学研合作由自发的合作转向正式的合作，由短期的合作转向长期的合作发展，由简单的合作转向更加紧密的合作。一方面，闽台产学研合作必须由单向转为双向，由此才能加强双方的了解和增加信息流通，从而改变信息不足的窘况。另一方面，产学研合作要由民间转为官方。在推进闽台产学研合作创新上，官方要在政策导向上扮演重要角色。从创新体系角色看，闽台产学研合作实际是福建与台湾的创新体系在区域层面上的衔接与优化。为此，在高校领域，福建的高校应扩大招收台湾的硕博士研究生，而台湾“国科会”每年产学研“研究专案”应该向福建“开放”或“委托”福建的大学或研究机构来研究。这些举措都需要官方加以宏观协调和政策支持。第三方面，在技术商品化服务领域建构闽台联合体或知识服务中介闽台联合体。由于闽台产学研合作的需求日益增加，而又存在诸多困难、障碍和差距。因此，需要建立由双方共同制定规则和标准的、共同经营的、促进两地产学研合作的中介组织机制来跨海峡衔接两地产学研的各个方面，促进两地研究成果的开发和再开发。同时，在合作中推动知识服务产业的发展。

闽台知识服务中介联合体的构建模式机制体现为：产学研活动的全过程大致可分为：概念提出、技术探索、技术取得、技术行销、技术转移和技术服务或周边服务六个阶段，即一般产品技术发展的循环过程。因此，在产学研合作链上，闽台知识服务中介联合体扮演技术取得与转移、技术行销和周边服务的角色。在组织机制上，其一是专业化。应由闽台两地的官、产、学、研的专家组成技术团队。专业上包括自然科技和人文社会科学两大领域，如科技评估专家、系统工程专家、资讯传播专家、环境保护专家以及律师、会计师、金融经济师等。其二是双轨制。即在建构具体专业性的闽台知识服务中介联合体上，可采取非营利性知识服务中介联合体和营利性知识服务中介联合体两种建制。其中，非营利性知识服务中介联合体是受官方委托，促成闽台就共同关切的诸如灾害防治、环境保护、气象研究、地震、海洋资源开发等议题进行合作研究。同时，筹划在台北、新竹科学工业园区、台中、高雄、厦门、泉州、宁德等地设知识服务中介点，作为闽台产学研合作的一个平台，促进两地的知识流动。营利性知识服务中介联合体的服务功能主要为：①衔接功能。衔接产学研各界面或载体，包括科学家、金融家、投资家，高校、研究机构、企业、风险投资公司、技术交易市场、证券公司等。②信息服务。为闽台的产、学、研机构提供多样的信息服务。③评估功能。对于两地产学研的技术转移、交易的技术品质、风险指数、市场的变化等进行前瞻性的评估，从而促进产学研合作效益的提升。

闽台知识服务中介联合体的构建类型架构主要包括风险创投公司型和科技经纪人型两类。其中，闽台风险创投公司型知识服务中介联合体，即衍生公司型知识服务中介联合体，由闽台两地具有专业技术与管理背景的人员组成，筹集必要的资金后，在全球市场间寻找前瞻性、市场潜力大的技术产品与专业人才，并进行创业投资。同时，购买两岸 R&D 机构开发的技术、专利或产品构想与雏形，并经进一步的研究、开发与改进，而后出售给有意投资的金融家和投资家。此外，对海峡西岸经济区中具潜力的科技企业提供专业技术与经营管理上的协助，以促使其经营成功，并协助其到台湾、香港等股票市场上市、上柜；闽台科技经纪人型知识服务中介联合体一方面是受买方委托，在两岸众多的专利与科技成果中，为企业介绍、选择所需的技术，并作为买方可倚重的技术顾问。另一方面是受卖方委托，向市场潜在客户推销卖方的专利与技术成果，寻找客户，并协助买卖双方顺利移转这项技术。再者，在科技经纪人的构成上，可与福建与台湾现行的专业投资顾问公司、会计师事务所、律师事务所、财务金融公司等在业务上进行结盟与合作，以扩大经纪服务的功能。

六、闽台科学园区的衔接与互动

（一）闽台科学园区的发展特色

台湾由出口加工区建设起步逐步发展科学园区。在 20 世纪 80 年代新竹科学工业园区建立之前，台湾曾先后建立了南梓、台中、高雄三个出口加工区。台湾的科学园区以科学工业为主，是以企业在一定空间的群聚为模式的，表现为以专业化为主轴，逐步推进产业群聚。新竹科学工业园区的发展，就是以 IC 产业为主线来推动的一种产业群聚，约占园区总产值的 80%，其次为光电产业、通讯业、精密机械制造业、生物技术产业。在园区 IC 产业价值链中，台湾不是定位于产品概念、IC 创新与品牌等上游，而是以 IC 代工、制造等下游为主，并由此形成了 IC 专业代工群聚。20 世纪 90 年代中期以来，台湾加快了“台南科学工业园区”（1997 年）和“中部科学工业园区”（2002 年）的建设步伐，但台南、台中两个科学园区至今尚未形成气候，而新竹科学工业园区经过 20 多年的建设与发展，对台湾高科技产业和整体产业结构的调整与升级都有极大的贡献（表 4－4）。

表 4－4　台湾科学工业园各产业产值与就业人数（2005 年）

内容 产业	企业数 （家）	产值 （亿美元）	比例 （%）	就业人数 （人）	比例 （%）	人均产值 （万美元）
集成电路	182	240	54.9	77.1	47.2	31.1
电脑附件	59	32	7.3	13.1	8.0	24.4
通讯	56	15	3.5	6.5	4.0	23.1
光电子	97	143	32.7	60.1	36.8	23.8
精密机械	44	5	1.2	3.2	2.0	14.5
生物技术	41	1	0.2	2.3	1.4	6.1
合计	481	437	100.0	163.5	100.0	26.7

资料来源：叶万安，《台湾产业发展和向大陆转移及其展望》，见《海峡科技与产业》，2006 年第 4 期，第 30－34 页。

1. 台湾新竹科学工业园区的发展

台湾新竹科学工业园区被称为“台湾硅谷”，是以美国加利福尼亚州斯坦福科学工业园区为蓝本建立发展起来的。1976 年，台湾当局首先提出设置“科学工业园区”的构想。1977 年 12 月，新竹科学工业园区破土动工。1979 年 7 月公布《科学工业园区设置管理条例》。1980 年 12 月 15 日正式成立管理委员会，科学工业园区全面启动。先后开发三期。由于开放面积仍不能满足需求，后来又在苗栗县设立竹南与铜罗两个基地，作为第四期开发计划，供 100 家厂商进驻。其中，竹南基地面积

138公顷，铜罗基地面积350公顷。2002年5月，原“陆军笃行营区”被作为新的园区开发基地，面积29公顷，主要用于兴建半导体即晶园厂，作为第五期开发计划。新竹科学工业园区坐落于台湾岛西北部的新竹市，该市1982年升格为县级市，即省辖市。这里交通便利，北靠桃园县，南毗苗栗县，东北与宜兰县相接，西临台湾海峡。距离台湾最大都市——台北市70公里，距台中港90公里，到台湾最大的国际机场——桃园国际机场55公里。南北电气化铁路和高速公路贯通其间。那里气候宜人，风光秀丽，温泉、瀑布到处可见，为风景旅游休闲胜地。新竹市有台湾清华大学、交通大学、中央大学和中正理工学院等高等院校。拥有中山科学研究院、工业技术研究院、食品工业技术研究所、“交通部”电讯研究所、“国科会”精密仪器发展中心等科研机构。整个新竹科学工业园区面积2000公顷，其中可供开发利用的土地约800公顷。整个园区由工业区、教育研究区、商业区、住宅区和园林区等区域组成。园区发展大体分为三个阶段：第一阶段（1980—1983年）重点在于“科技引进、人才培训”，以引进高科技工业的整体技术、人才、制造经验，并以产品能进入市场为主。第二阶段（1984—1986年），重点是“科技生根、市场拓展”，以培训研究发展人才、推动建设和教育合作，强化产品的竞争能力为主。第三阶段（1987—1990年），重点是“科技突破、产品创新”，通过加强培训各种人才，使科学技术有所突破，逐渐自行发展台湾的优质产品，开发特定市场。其中，第二阶段到期后，新竹科学工业园区管理局又拟订了1987—1996年的《科学工业园区十年营运计划》，当时预计到期时，园区将汇集200家高科技厂商，7万从业人员，厂商营业额将达到77亿美元。而之后园区的发展超出原预计的规模。1991年，台湾制订的“六年‘国建’计划”提出在新竹邻近地区设立新竹科学工业园区第二基地，即第四期扩建计划，主要目的是为适应中小型高科技企业的需要，便于就近利用科学工业园区的资源，于是将苗栗县竹南与铜罗列为园区新基地进行扩建。其中竹南基地面积138公顷，设置生物技术专区、光电工业专区与通讯工业专区，1999年7月正式动工兴建。

新竹科学工业园区是世界上最成功的科学工业园区之一，被列为世界十大科学工业园区之一。2001 年，美国 SITSELECTION 杂志将台湾新竹科学工业园区评为全球十大发展最快的园区之一。自园区兴建以来，园区产业营业收入大幅增长。1983 年，园区营业收入达 30 亿元（新台币，下同），1985 年超过 100 亿元，1993 年突破 1000 亿元，1997 年超过 4000 亿元，2000 年超过 9000 亿元，18 年间园区营业收入年增长率平均在 30% 以上。此后，在台湾经济大环境巨变下，营业收入增长趋缓。2000 年，新竹科学园区营业总额 9293 亿元新台币，分别占台湾国民生产总值与资讯电子产业产值的 10.7% 与 32.5%。2001 年，台湾经济不景气，出现 50 多年来第一次负增长，科学工业园区也受冲击，营业收入下降为 6625 亿元，下降 29%。2002 年开始恢复到 7055 亿元，增长 6.5%，2003 年达到 8578 亿元，增长速度为 22.3%。2004 年，新竹科学工业园区营业收入首次突破 1 万亿元新台币，计 108915 亿元。2005 年略有减少，营业收入为 9855 亿元（表 4－5），约合 300 多亿美元，较上年下降 7%，是科学园区成立以来第二次衰退。其中除了生物科技产业与通讯产业保持增长外，电脑及配套设备、光电、集成电路等产业出现不同程度的下降。

表 4－5　台湾三大科学工业园区的发展概况（2005—2006 年）

单位：亿元新台币

年度比较 / 园区	2005 年		2006 年		增长率（%）
	产值	比重（%）	产值	比重（%）	（2005－2006 年）
台湾新竹科学工业园区	9855	70.9	12000	66.7	20
台湾中部科学工业园区	600	4.3	1000	5.5	67
台湾南部科学工业园区	3500	24.8	5000	27.8	43
总计	13955	100	18000	100	28

资料来源：王建民，《台湾三大科学工业园区发展概况》，见《海峡科技与产业》，2006 年第 3 期，第 32～37 页。

伴随着园区经济整体快速增长，园区内企业在不断增加。1981年只有11家，1985年增到50家，1989年超过100家，1996年超过200家，2001年超过300家，2006年则超过400家。园区内80%以上是台湾本地企业，而非外资企业。与此同时，园区孕育形成许多知名高科技企业。刚建园时，园区只有联电、全友与大王等7家厂商入驻，之后则相继涌现出联电、鸿梅、大众、联发科技、友讯科技、茂矽电子、华邦电子、联华电子、扬智科技、凌阳科技、神达电脑、联友光电、连基科技、盛群半导体、瑞显半导体、普邦科技等知名高科技企业。目前，新竹科学工业园区已发展成为台湾高科技产业基地。新竹工业园区拥有六大高科技产业，分别为集成电路、电脑及配套设备、通讯、光电、精密机械、生物科技。在产业结构上，以集成电路产业为核心。2001年，集成电路企业数占39.4%，营业收入占57%。2002年，集成电路企业达136家，占园区企业总数的40.6%。营业收入4575亿元（新台币，下同），占64.8%。2003年上半年占66%。2005年，集成电路产业产值为6857亿元，占园区总产值近70%。台湾半导体晶园厂主要集中在新竹科学工业园区。2006年，新竹科学工业园区内共有31座芯片厂，其中生产8英寸的有19座。台湾七大半导体公司2005年前兴建了21座12英寸芯片厂，其中9座在台湾，总投资1.85万亿元新台币。台湾成为世界第四大集成电路生产地区。园区第二大产业为电脑及配套设备产业，2002年拥有50家企业，营业收入达1245亿元新台币，分别占企业总数的15%与营业总额的17.6%。2006年，该产业企业数达60多家，营业收入有所下降，达1000多亿元。台湾资讯产业硬件产值排名曾排世界第三位，2000年，台湾在此方面被祖国大陆超过，但仍居第四位。新竹科学工业园区在快速发展过程中，呈现为高投入产出比和高劳动生产率。园区劳动生产率是台湾制造业劳动生产率的2.7倍，人均获利超过3倍。企业成功率高达80%，远高于美国硅谷20%的企业成功率。

新竹科学工业园区之所以能取得如此大的成功，原因主要在于决策及时与正确、吸引人才政策恰当、技术集中、资金充足与政府大力扶持等方面。

首先，为推动新竹科学园区的建设，台湾当局对在园区投资、生产的厂商提供许多优惠条件，例如，可连续5年免征其营利事业所得税，免征4年厂商增资扩展部分的营利事业所得税，免征进口自用的机器设备、原料、燃料及半成品的进口税及货物税，外销产品免征货物税、营业税，免征厂房、建筑物的契税。截至2006年，台湾的减免税法律已达80多个，其中《奖励投资条例》与《产业升级条例》减免税范围最大。这极大地降低了企业的生产成本，提高了产品竞争力。据台湾中华经济研究院研究，台湾制造业的营利事业所得税实质有效税率为15.6%，其中新竹科学园区的高科技厂商营业税的实质有效税率为10%左右，因关税、货物税与营业收入免征等，其整体实际有效税率只有1.6%。台湾制造业前100大企业的平均税率为15.3%，几乎是新竹科学园区厂商所缴税额的10倍，而一般中小企业传统产业的营业所得税实质有效税率达20%，是高科技产业的13倍。

其次是重视R&D，提高产品的附加价值。到1990年代初，新竹科学园区内企业R&D投入占总产值的比率高达5.4%，远高于台湾整体约2%的R&D投入比例。2006年，园区企业每个从业人员年创造的价值达8万美元，产品附加价值率达55%—60%。例如，台联电的年R&D经费投资在1998年前不超过2亿元新台币，2001年近9亿元新台币，占营业收入的比重一般在7%以上，2001年达13.3%。台积电公司的R&D经费投资1995年前不超过1亿元新台币，2001年近11亿元，占营业收入的比重上升到8.5%。

第三是大力吸引高科技人才及加强人才的培训。为吸引海内外高科技人才到园区创业，园区为创业者及其家属提供良好的生活福利设施与条件。为配合园区技术人员的需求，提高从业人员素质，园区管理局与台湾工业研究院、清华大学、交通大学等学术研究机构合作，办理园区从业人员在职进修及专业技术人才训练。同时，企业通过员工配股、高薪等吸引人才与留住人才。截至2006年，园区博士超过1000人，硕士超过1万人。园区企业负责人，博士、硕士与学士约各占1/3。

第四，海外留学人员在科学园区发展中扮演着重要角色。园区当初设立的一个重要宗旨就是希望提供海外学者施展才华的工作与生活环境，吸引他们返台创业。园区为此特别设立了“科学工业园区实验高中”及附设初中、小学与幼儿园等。20世纪80年代以来，台湾留学人员改变了过去的外留不归现象，纷纷回台创业，且大多进入科学园区。如今园区大多数企业的负责人或高级管理人员都是从海外归来的留学人员，他们学有专长，且有丰富的技术与市场经验，对园区的发展有着重大推动作用。海外学者在园区创立的企业近200家，占企业总数的45%左右。在园区的高科技企业中，大多数与美国有密切联系，且美国企业本身也占有相当大的比例。有不少企业采取“在美国进行基础研究及市场拓展，在园区从事产业发展、产品工程设计与生产”的经营模式，这也是台湾成为西方跨国公司电子信息产品代工基地的原因之一。

第五，台湾当局除了给予税收优惠外，主要提供政策引导、扶持与资金支持。台湾当局对产业研发提供的金融协助方案包括提供“补助款”、“补助款加配合款”、“低利贷款”与“政府投资”等10多个。其中“国科会”专门制定了“科学工业园区创新技术研究发展计划”，直接提供补助款。“国科会”与“行政院”开发基金制定了“科学工业园区研究开发关键零组件及产品计划”，提供“配合款与补助款”。“行政院”开发基金参与投资了许多高科技企业，对台湾高科技产业发展贡献甚大，如台积电、宏达科技、台湾慧智、力晶半导体、世界先进、太景生物科技等企业都有台湾当局参与投资。与此同时，台湾高校、研究机构与企业的有效合作特别是工业技术研究院对企业的技术转移以及创投基金的设立也发挥了重要作用。

第六，台湾赶上了信息产业迅速发展的国际大环境，很好的定位于大力发展电脑及配套设备、半导体等产业，从而使台湾高科技产业获得迅速发展。另外，大陆市场对园区产品出口提供了巨大市场，成为支撑园区持续发展的重要背景。早期，园区产品出口主要靠美日市场带动。2002年，香港取代日本和美国，高居园区最大出口地区，大陆成为园区第四大出口地区，占出口额的10%。到2005年，大陆已跃居园区最大出口地，与香港合计占园区出口总额的44%。

尽管新竹科学工业园在过去的20多年间取得了巨大成功，但也面临一系列挑战和发展问题。一是电力供应问题。台湾的工业企业80%集中在北部地区县市，而且人口集中，对电力需求大。南部地区工业企业比例偏低，人口少，而电力供应过剩，形成“南电北输”的电力供应结构。这种“南电北输”的风险较大。由于经常停电，导致企业利益受损，许多企业不得不自备发电设备，增加了生产成本；二是土地不足问题。新竹科学园区已开发了四期，开发面积达1100公顷，但工业用地仍不能满足厂商投资与扩厂的需求，而在台湾要取得土地是相当复杂与不易的；三是缺水问题。台湾水资源不足，位居世界缺水地区第18位。100年来，台湾消失了35%的森林面积。台湾大片山坡地被垦为果园、游乐场或高尔夫球场。1990年代以后，台湾不断发生重大缺水现象，1991年发生严重枯水，1993年出现44年罕见的枯水年，1995年9月，台北、台中与基隆被台湾当局列为干旱或特旱地区。1996年以后经常实施限制用水措施。近年来，台湾北部地区经常出现干旱，缺水严重。2001年春，由于天旱，新竹科学工业园区面临严重水荒，各企业大量租用运水车应急，运水费用上涨，企业生产成本增加。当局不得不采取水田休耕与加强工业用水的“南水北调”措施才解决了水危机。目前园区每天缺水仍达3000吨；四是科技人才与企业外流问题。由于台湾政治与经济环境的变化，台湾科技企业继传统产业之后，纷纷到大陆投资发展，现在园区大多数知名高科技企业都在大陆开展投资，包括台积电与联电两大晶园代工龙头企业。同时，园区科技人才大多希望到大陆发展；五是环境污染与保护问题。有些高科技产业的发展，在促进经济发展的同时也带来了严重的环境污染问题。尽管这些不利因素会影响新竹科学工业园区的未来发展，但近年来，台湾当局鼓励岛内外企业在台设立研发中心与营运中心，逐渐形成一股新的趋势，因此台湾科学工业园区与高科技产业仍有良好的发展前景。

2. 台湾南部科学工业园区和台湾中部科学工业园区的兴起

为继续发展高科技产业，并实现台湾经济与高科技产业南北均衡发展，台湾当局于1990年开始构思设立第二个科学工业园区。1991年在“六年‘国建’计划”中，台湾当局明确提出设立新的科学工业园区，1995年正式确定为“台南科学工业园区”，1996年元月举行动工典礼。2003年6月，台南科学工业园区正式改为南部科学工业园区。台南科学工业园区包括台南县新市乡与路竹两个基地。台南县新市乡基地面积1038公顷，1997年7月正式营运。路竹基地于2001年7月正式动工。2006年增加高雄生医园区和高雄生技医疗器材专区，与台南科学园区的生物技术走廊形成一个上下游垂直整合的R&D与生产体系。

另外，台南市设立的台南科技工业区有意纳入台南科学工业园区。台南科技工业区于1996年开始开发，到2003年，已批准60多个企业进入。由于台南科技工业区与台南科学园区距离较近，名称类似，于是台南市与“经济部”将台南科技工业区转型为科学园区，并与台南科学园区合并，建立“府城科学园区”。2006年，台南科学工业园区主要产业包括光电、集成电路、生物技术、通讯、精密机械等五大产业。

2001年，台南科学工业园区有企业18家，营业收入493亿元新台币。到2005年，正式营运的厂商已达87家，园区产值达到3500亿元，2006年达5000亿元，2009年突破1万亿元。其中，光电产业最大，营业收入为2000亿元。其次为集成电路产业，营业收入为700亿元。其他产业营业收入增长最快的是生物技术产业与精密机械产业。总体而言，台南科学工业园区以光电与集成电路两大产业为主，占企业总数的一半以上和97%的营业收入。与新竹科学工业园区以集成电路与电脑配套产业相比，台湾大致形成“北IC，南光电”的格局。其中，台南科学园区是TFT－LCD与光电产业垂直整合最完整的基地，截至2006年，此类企业已有47家，产值突破2000亿元。

2000年5月，陈水扁上台执政后，提出在台湾中部地区开发第三个科学工业园区，力图将台湾建设成为“绿色硅岛”。2001年9月，台湾当局选择在台中县市相邻地区及云林县虎尾镇为优先设置中部科学工业园区用地。2002年9月，台湾“行政院”核定“中部科学工业园区筹设计划书”。2003年8月正式设立中部科学园区。

中部科学工业园区台中基地位于台中县大雅乡与台中市西屯区交界处，面积332公顷，云林基地位于虎尾镇，面积96公顷。台中基地的设厂面积达151公顷，地处台中大肚山区，环境优美，建设强调“绿色建筑”，希望建设成为观光型的科学工业园区。园区规划的主要产业包括纳米精密机械、生物技术、通讯、光电、航太、纳米材料应用等六大产业。总投资预计为2000多亿元新台币，约70亿美元。2006年，已有友达光电（TFT－LCD面板）、环隆科技（通讯）、和大（变速器）等280多家企业设厂，其中，友达光电于2003年7月第一个动工，标志着中部科学园区正式启动。

园区在借鉴新竹园区成功经验的基础上，发展迅速，建厂投资金额达1.4万亿元，接近新竹科学工业园区25年建厂投资金额1.6万亿元的总额。中部科学工业园区产值也迅速增加，2005年为600亿元，2006年突破1000亿元。近年来，中部科学工业园区的重大投资项目较多，包括友达光电公司投资1425亿元兴建生产第六代TFT－LCD面板厂，茂德科技公司投资1550亿元兴建12英寸晶园厂，华邦电子公司投资1000亿元兴建12英寸晶园厂，中华映管公司投资2200亿元兴建次世代TFT－LCD厂等。截至2006年，力晶半导体公司在中部科学园区已有4座12英寸晶园厂，茂德科技公司与华邦电子公司各有2座12英寸晶园厂，台积电也将设立2座12英寸晶园区，将使中部科学园区发展成为台湾乃至全球12英寸晶园生产的主要基地之一。

与台湾科学园区发展相比，福建基本上是以多元化为架构，推进产业群聚，主要表现为：①产业多，包括电子信息、光机电一体化、通讯、网络多媒体、生物工程、新材料、纳米技术、软件、现代中药等产业。②园区多，目前在福建各地兴起办的科学园有福州马尾高新技术开发区、厦门火炬高新技术开发区、泉州万安园和石狮园、漳州蓝田园和港尾园、莆田赤港园和智舟园、三明金沙园和尼葛园、南平科技园等10多个。较台湾在产业门类、科学园区的数量与容量上有明显量的优势。

其中，厦门火炬高新技术产业开发区是全国开发面积最小、单位面积产出最高的国家级高新区。2006年，厦门火炬高新区完成工业产值703亿元人民币，以占厦门全市不到3%的工业能耗，8.8‰的土地面积，实现全市规模以上工业总产值的29.7%。同时，以电子信息、光电子、电工三大主导产业为主的高新技术产业实现产值666亿元，占高新区总产值的94.7%，三大主导产业形成完善的产业集群。目前，该园区已初步形成“一区多园”规模，构成了一个孵化基地——留学人员创业园，三个综合园区——火炬园、火炬（翔安）产业区、同集园，三个专业园区——软件园、信息光电园、北大生物园的发展格局，基本形成以高新技术企业为骨干，跨国公司为龙头，电子信息、光电、电工、软件、生物医药等重点产业为支柱的高新技术产业开发区。开发区内已拥有包括 ABB、DELL、GE、IBM、松下、东芝、日立、富士通、阿海珐、施耐德、FedEx 等世界 500 强企业和联想、厦华、麦克奥迪、友达光电、中华映管、东元电机、晶宇光电、明达光电、宸鸿科技等中外知名企业在内的 1100 家企业，形成具有国际竞争力的高科技产业集群和海峡西岸高新技术产业化“重镇”。

厦门火炬高新区出台了一系列鼓励和促进政策，通过设立产业发展基金、重大科技产业配套扶持资金、中小企业创新资金、留学人员创业扶持资金、名牌产品奖励资金、风险投资引导资金等专项资金，引导扶持企业实施创新活动。近年来，厦门火炬高新区成功培育出一大批技术创新水平高、产业化前景好的科技型中小企业，并培育出福建省第一家在海外主板上市的留学人员高新技术企业。厦门火炬高新区坚持推进以企业为主体的自主创新，组织、支持企业开展技术创新，鼓励企业建立各类 R&D 机构和增加科技投入，打造知名品牌，帮助企业建立以企业为核心，以市场为导向、产学研紧密合作的技术创新机制。引导企业与 100 多所大学、科研机构建立了产学研合作关系。北京大学、厦门大学等大专院校、科研院所的许多重要科研成果都已在园区内实现了转化和产业化。

厦门火炬高新区不断完善孵化体系建设，为创业者提供起步的基础。园区内有厦门国家高新技术创业中心、厦门国家留学人员创业园、厦门光电子孵化器、中创海外企业孵化器、厦门软件园孵化基地、厦门台湾科技企业育成中心、火炬东部孵化园等创新孵化平台，形成了总孵化面积超过 40 万平方米的大型现代化科技 R&D 孵化集群。孵化功能向“专业服务”和“分层次服务”推进，由孵化企业向孵化产业发展。截至 2007 年，厦门国家留学人员创业园和厦门软件园在孵企业有 500 多家，在通信技术、半导体照明应用、IT、环保与资源再利用、电子元器件等产业领域形成了明显的产业孵化效应，已经成为厦门火炬高新区创新体系建设的重要基地。

（二）闽台科学园区的衔接与互动机制建构类型

在科学园区的衔接与互动上，福建的科学园区侧重于“内向式”的衔接与互动，其互动与衔接的半径，基本以省内、国内为主。目前已形成以厦门、福州两个国家级高新区为核心园区，其他科学园区相互衔接、相互联结的产业聚集体系。同时，福建科学园区与北京、天津、上海、西安等地的科学园区形成了多元的衔接与互动。新竹科学工业园区则表现出较突出的“外向式”的衔接与互动特点。其中，以“硅谷—新竹”的联系与互动最为突出。作为新竹科学园区的第一批CEO来自硅谷，作为台湾的第一家创业投资公司“Hambrecht&Quist亚太公司”来自加州。而在20世纪80年代，每年约有200名以上的工程师从硅谷到台湾，到20世纪90年代中期，每年大约有1000人回到台湾。新竹科学工业园区的技术团队是在新竹—硅谷联系与互动的基础上形成的。在新竹—硅谷的互动中，主要体现为双向性和制度化的特色。福建有10多个科学园区，它在整体区域经济的布局和园区的组合上，已成为台湾比较理想的园区腹地。同时，在IC技术层面，特别是在“硅”基础技术领域，福建物质结构研究所等科研单位，已拥有一些世界级基础技术。由此，推进闽台科学园区合作，建立两地科学园区之间紧密的、相互依赖的衔接与互动机制，业已成为两地科学园区发展刻不容缓的当务之急。

1．紧密合作型

当今世界科学园区有的以科技创新为主，有的以技术开发为主，有的以产业发展为主，有的以市场开拓为主，有的以带动区域经济为主。闽台科学园区的衔接与互动的本质是一体化。因此，闽台要实现科学园区领域合作的迅速发展和密切化，就应当在科学园区领域的合作方向上围绕带动区域经济和开拓国际市场这一特色的打造，从而强化两地科学园区的衔接与互动。近年来，台湾业界目标在于运筹全球，运筹的核心是物流。因此，闽台拓展国际市场合作既可以提升两地园区与世界科学园区衔接与互动水平，也有利于台湾业界开拓国际市场优势的充分发挥。与此同时，海峡西岸经济区的建设为台湾业界将近闽优势转化为现实收益提供了更广阔的空间，从而使闽台在科学园区的合作成为推动海峡经济区发展的主要驱动力。

2. 优势互补型

近年来，福建科学园区内的跨国公司数量与比例在逐年上升。同时，福建民营科技企业的产品升级发展很快，劳动力市场对廉价劳动力的需求显著减弱。因此，两地科学园区合作越是高值化就越能找到利益的汇合点。而在台湾新竹科学园区与硅谷人力资源的互动上，就沟通渠道和经验而言，都优于福建科学园区。因此，福建—新竹—硅谷形成密切的互动将成为两地科学园区合作的一个衔接点。就现阶段而言，两地园区科技企业界精英，可以联手到硅谷创建诸如闽台合资硅谷公司、技术引进公司、猎头公司等，将两地优势互补推向一个新的发展阶段。

3. 资讯共享型

目前，台湾新竹科技园区的信息化程度相对较高，对产业技术、市场变化的相关信息的采集、加工、应用和传播等方面，已有很成熟的园区资讯共享机制和很高的透明度，而福建科学园区透明度却较低。因此，应采取更积极的互动，把两地相关信息服务衔接起来。与此同时，厦门、福州两个科学园区每年都召集多次学术研讨会、产品推介会，技术交流演示会等。然而，这些会议更多局限于特定的专业协会和特定的商圈。对此，应采取更开放的方式，与台湾专业协会相关领域共同参与，实现资讯共享。

七、小结

以福建省为主的海峡西岸与台湾在教育、研究和企业合作方面拥有各自的区域比较优势，从而存在着巨大的要素资源整合空间。而两岸产学研区域三螺旋合作有助于两岸共同培育区域竞争性企业，提升海峡经济区的区域竞争特质。当前，两岸教育、研究和企业合作平台建设卓有成效，但是实质性、深层次合作还只是初步发育，有待于拓展深化。与此同时，以福建省为主体的海峡西岸在创新外包与创新全球化的新形势下，结合台湾高科技产业"西移"带来新增长空间，与台湾在基于自身比较优势的基础上积极开展R&D创新合作，进一步推动海峡经济区创新能力的整体提升。伴随着海峡两岸教育、研究和企业区域三螺旋合作进程，海峡西岸初步发育形成以台资为主体的电子信息产业集群、机械产业集群、石化产业集群、农业产业集群以及服务于台资的物流业集群。但总体而言，两岸产学研合作形成的产业集群层次较低，尚没有形成具有强辐射和带动能力的支柱产业和龙头企业。由此，为了推动海峡经济区特色产业集群的形成，应积极构建海峡经济区的产业垂直分工体系和水平分工体系，进而逐步孕育形成体现海峡两岸产业分工合作特色的、富有竞争力的环台湾海峡沿海产业集群。

当前，海峡两岸产学研合作的内涵还过于狭窄，产学研互动方式也比较简单，更多是在短期性、交易性层面上的合作，而长期性、创新性、制度性的合作还"微乎其微"。因此，应以融合化为合作方向，以制度化为运作方式，以信息交流和知识服务合作为重点来建构海峡两岸产学研合作良性机制。近年来，海峡两岸已开始推动以福建省为主体的海峡西岸与台湾的科学园区进行衔接与互动，从而更有效地形成两岸教育、研究和企业的区域三螺旋合作空间。基于此，为了推动两岸科学园区的有效衔接与互动，应建立以紧密合作型、优势互补型、资讯共享型等为主导的、紧密的、相互依赖的两岸科学园区衔接与互动机制。

第五章　海峡经济区市政联合

城市联盟是以经济、社会、自然、资源等联系密切的区域为基础单元，以区域经济一体化为目标的特定区域内的城市群。通过加强城市在多层次平台上的协商、对话、沟通、交流、合作和协调，逐步实现特定城市群区域内的生产要素有机结合、各类资源优化配置、城市规划统一实施和基础设施共享共建，从而促使城市和区域共同发展。城市联盟是发展壮大区域中心城市、培育区域经济发展增长极，进而带动区域整体协同发展的重要途径，也是在竞争性区域构建过程中有效协调各参与方利益、推动地方政府横向联合、提升跨边界治理效率的有效途径。

当前，台湾海峡城市群已具有一定规模，台湾西海岸由南北高速公路、纵贯铁路、机场等大动脉组成的西部走廊发展轴，联结着台北、台中、高雄三大都市区的29座大小城镇，构成了台湾经济的重心区，集中了台湾80%以上的人口和GDP。海峡西岸沿海高速公路（已贯通）、机场（3个国际机场和4个国内机场已通航）、沿海铁路（即将贯通）等大动脉组成的中国东南沿海走廊发展轴，联结着海峡西岸中心城市福州、泉州、厦门、温州与汕头及其沿海走廊193座大小城镇，构成了海峡西岸经济的重心区，集中了海峡西岸82%以上的GDP。

海峡经济区就是由海峡西岸沿海五个中心城市经济圈和海峡东岸三大都会区经济圈为核心架构而成的。目前海峡两岸城市发展较快，已具有首位度较高的海峡西岸城市福州、泉州、厦门、温州、汕头和海峡东岸城市台北、高雄、台中等中心城市，形成了沿海城市密集带和城镇密集区，若干个具有较强发展活力的城市经济圈已经出现。基于此，应鼓励与引导海峡东岸的台北、台中、台南和高雄等城市与海峡西岸的温州、福州、泉州、厦门和汕头等城市之间，单独、两个或多个、群体或整体建立城市联盟，发展一对一的紧密的经济与社会交流合作关系，形成对口合作交流的城市协作体，促进城市间的交流，在两岸之间率先实质性地启动两岸直接、双向“三通”，互惠互利，共同发展。鼓励与引导海峡两岸的县乡之间发展对口交流关系，通过合作交流促进县乡经济发展。在较低一级行政级别和基层的区域之间开展交流，以更加直接地联系地方利益，有利于调动地方参与海峡经济区建设的积极性。近年来，海峡西岸分别以福州、厦门、泉州为中心的闽江口、厦门湾、泉州湾三大城市群的发展，以闽南三角地带涌现出的厦泉漳城市联盟为主体的闽西南翼区域协作，以福州市、莆田市、三明市、宁德市、南平市连片发展的闽东北翼区域协作，以及闽西南闽东北两翼协作已成为海峡经济区市政联合的试点，在此基础上积极推进跨海峡城市联盟的形成与发展。

一、海峡西岸城市群的发展

（一）海峡西岸城市群发展的区位优势

1. 依港兴市的优势

港口对经济发展的影响是通过产业和区域两个维度共同推动的。从产业维度看，发挥港口优势，将港口企业和相关机构聚集在港口这一特定区位，通过企业的分工、协作、竞争，推动产业升级、技术进步、资源共享，可降低交易成本，提高竞争力，进而形成特定的规模经济和外部经济。从区域维度看，利用港口区域优势，通过港口、港口城市、港口海陆腹地彼此间相互联系，可促进港口优先发展。通过港口增长极辐射周边地区，可推动港区经济快速发展。良好的港口条件使港口周边工业可以有效地利用水运低价、量大的运输条件，降低运输成本，增加原料来源和产品输入输出的品种、数量，增强产品市场竞争力，使港口区域成为承接新一轮国际产业转移的重要基地。临港产业的发展进一步优化了港口的产业结构。基于此，“港依城建、城以港兴”是许多发达国家与地区经济发展的成功经验。世界经济约60%以上集中在海洋、大江、大河沿岸纵深约100公里范围内的区域，形成了众多经济发达的港口城市，如纽约、鹿特丹、东京、新加坡、香港等，这些港口城市的发展带动了相邻区域的经济高速发展，形成了以港口城市为龙头的经济圈。港口的发展促进了城市群的发展，而区域经济的发展对港口提出了更高的要求，二者相互促进、共生共荣。港口的发展除产生港口自身的经济效益外，更主要的是其所引发的整个社会经济效益。据测算，深圳港每生产1元收入，会给相关产业带来6元的综合收入，社会贡献率达1：7。2004年，上海港航及相关产业实现增加值193.12亿元，占全市GDP的5.8%，若考虑所有的波及影响，则上海港对上海市的经济贡献超过30%。香港港口产业及相关服务业产生的经济贡献占香港GDP的20%。鹿特丹港港口创造的增加值占荷兰全国的2.3%和全市的28%。

海峡西岸经济区主要是通过交通物流产业、临港产业、港口城市带动周边地区经济发展，港口是海峡西岸获取资源、销售产品、连通国际的重要节点。据统计，福建省95%的外贸货物从港口通过海上运输实现。“十五”期间全省港口货物吞吐量年均增长23%，高于地区生产总值10.6%的增速，由此，海峡西岸经济区港口的发展将对中心城市的经济发展发挥重要作用。正在建设中的海峡西岸城市群是以福州、厦门、泉州三大城市为核心，次中心城市有莆田、宁德、漳州等，以福建沿海高速公路为轴心，东南至海滨，西北至内地50公里以内的狭长区域（图5－1）。海峡西岸经济区地处东南沿海，与台湾省隔海相望，具有众多的优良深水港湾，是全国为数不多的港口资源大省，且处于长江三角洲和珠江三角洲之间，港口优势明显。海岸线长达3324公里，居全国第二位，拥有众多优良港湾，可建10万—30万吨级泊位的岸线资源居全国首位。海峡西岸从北到南分布着三沙湾、三都澳、罗源湾、湄洲湾、厦门湾及东山湾等六大天然良港，其中厦门港、福州港已进入全国十大集装箱港行列。随着中国进入重化工业时代，海洋港口的作用日益凸显。近年来，由于国内外资本纷纷在海峡西岸港口投资建设石化、钢铁、汽车、造船等重工业项目，使港口经济开始逐步形成规模，并极具发展潜力。

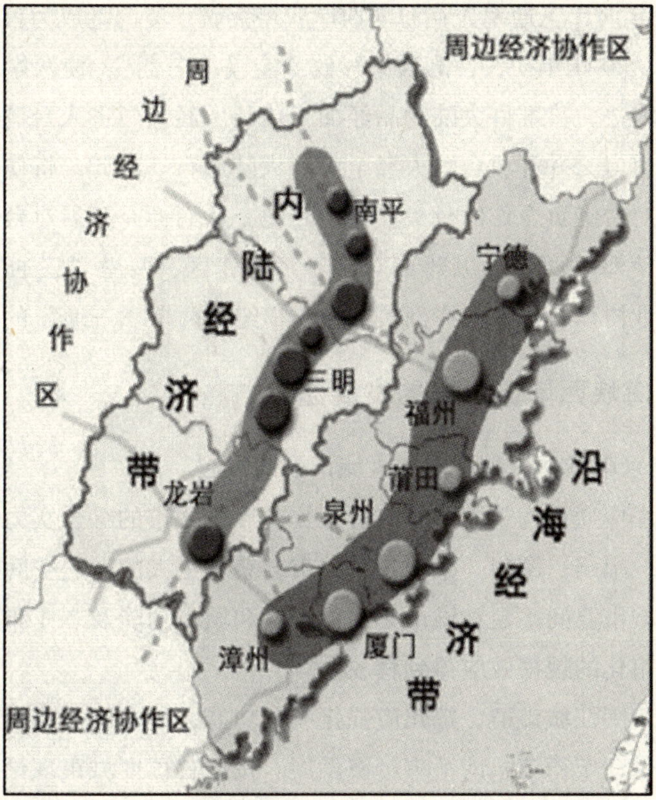

图 5－1　海峡西岸城市群发展区位分布概况

资料来源：陈光耀，《交通引导下的海西沿海城市经济带空间组织》，见《福建工程学院学报》，2008 年第六卷第一期，第 69－73 页。

2. 其他优势

除依港兴市的优势外，海峡西岸还具备水资源优势和对台经贸优势。一方面，海峡西岸的城市本身拥有水量并不多，但流经城市的江河来水较丰富，可以弥补水资源紧缺。海峡西岸属于亚热带海洋性季风气候，依山面海，共有 663 条河流，总长 13569 公里，多发源于本地，独流入海，主要河流有五江一溪，即闽江、九龙江、晋江、汀江、赛江、木兰溪。同时，海峡西岸雨量充沛，水资源比较丰富，多年平均水资源总量为 1196 亿立方米，人均 3500 立方米，为全国平均水平的 1.5 倍，每亩平均水资源量 6387 立方米，为全国平均水平的 3.32 倍。另一方面，改革开放以来，台资大举西进大陆。1997年两岸三通率先在海峡西岸获得突破，厦门港成为首批对台开放通航的港口。2000年初，台湾当局开放“金马小三通”，使两岸小额贸易合法化。未来将进一步准许大陆物品经加工包装后经金门进入台湾，台湾产品经金门进入厦门，并开放台湾人经金门到大陆旅行。由此，将使海峡西岸成为祖国大陆对台经贸合作的桥头堡与中介地，从而拥有开展对台经贸合作的区位优势，使海峡西岸得以建成对台经济合作区、两岸“三通”的重点地区、两岸产业协作带以及两岸商贸的重要枢纽和两岸“三通”的主要口岸。

（二）海峡西岸城市群的发展途径

1. 以港兴市推动海峡西岸三大城市群的崛起

海峡西岸应通过构筑中心城市群来提升区域城市的综合实力。通过实施城市群战略，福州、厦门、泉州三个城市会获得更大的发展空间和经济整合效应，缓解城市空间不足，城市集约化经营和城市功能及产业布局得到进一步完善，城市化的规模效应得到释放。

一是构筑闽江城市群。福州应强化省会功能，建立以福州为中心的闽江口城市群，带动宁德市、南平市经济发展。按照首位度城市理论，把福州建成海峡西岸的高首位度城市。根据福州经济社会发展战略目标和城市功能转换及产业结构调整的要求，设想21世纪福州的城市发展将以“一个中心、两个圈层，三条发展轴线和三个发展重点区域”的空间格局，采取建设“大福州都市圈”的布局模式。目前福州市区总人口约160万人，未来10年将发展成为占全省总人口10%、总人数达350万以上、产业职工达100万人的大型城市。通过产业集聚带动经济发展，在福州城市外围形成新的工业集中地。并在福州产业集群形成发展的基础上，通过东进、南扩、西拓，建立以福州为中心、福清为次中心的福州城市群。

二是构筑泉州湾城市群。建立以泉州为中心的民营经济发达的湄洲湾、泉州湾城市群，成为海峡西岸最具经济活力的区域。由此带动莆田市、三明市的经济发展，以发展非公经济为特色，以重化工、能源工业、旅游业、轻纺工业、建材业为主。按照“两期三步”思路，北承福州，南接厦门，淡出闽东南，建设大泉州。坚持中心城市、次中心城市、山区县城、重点小城镇四层联动，加快推进晋江、洛阳江两岸城市建设，形成以中心城区为核心、以城镇滨海沿江带状连接为拱卫的“半小时”泉州湾城市群。

三是构筑以厦门为中心，漳州为次中心的海湾型城市群。厦门是海峡西岸经济区的龙头，应通过体制上的优势走在海峡西岸经济发展的前沿，以此带动漳州、龙岩的经济发展，向闽西、闽中、粤东、赣南拓展。厦门及厦门湾城市群应以建设现代化国际性港口风景城市为目标，强化中心，明确功能，促使市区由海岛型向海湾型转变升级，最终构建形成以厦门为中心城市的厦门湾区现代城市群。与此同时，城市建设重心移向岛外的海沧、马銮一带和集美、同安之间，加快开发同安—集美经济带，即按照“一环数片、众星拱月”的城市格局和沿环西海域、同集路和环同安湾的开发建设格局，使城市建设逐步由环西海域向环同安湾梯度推进。

2. 发展双轴城市空间结构

以福州、厦门为核心的沿海经济带基于突出的区位优势，经济发展已初具规模。以沿海经济带和内陆经济带，以南平—福州、龙岩—厦门两个轴向共同构成“开”型空间格局（图5－2）。这两个轴向的端点城市均一头临海，一头位居内陆，分别位于福建沿海和内陆的两大地域单元中。现以南平、龙岩为核心的福建内陆地区的重点开发，对于山区的经济发展和福建省的区域协调发展都至关重要。虽然福建内陆纵深在800公里以内，但并不能仅靠沿海城市的带动。因此，强化位居内陆的区域中心城市的规模，对沿海城市经济带提供腹地，具有较强的现实意义。

同时，通过壮大南平、龙岩这两个区域中心城市规模，可以此为桥头堡，进一步增强福建以福州、厦门为端点的港口吸引腹地作用，强化福建对江西等内陆省份的经济辐射影响。随着北部沿海的福州城市群经济圈的发展扩散，莆田市、宁德市、南平市次中心将得到更快发展。厦门城市群经济圈的聚集和扩散会带动漳州市和龙岩市次中心进一步增强。泉州市中心城市地位提升，扩大城市规模，可实现与三明市的重化工业基地对接，带动闽中地区经济发展，为沿海五大港口产业集群提供强有力的腹地支撑，并促进沿海和内陆经济带的协调、可持续发展。

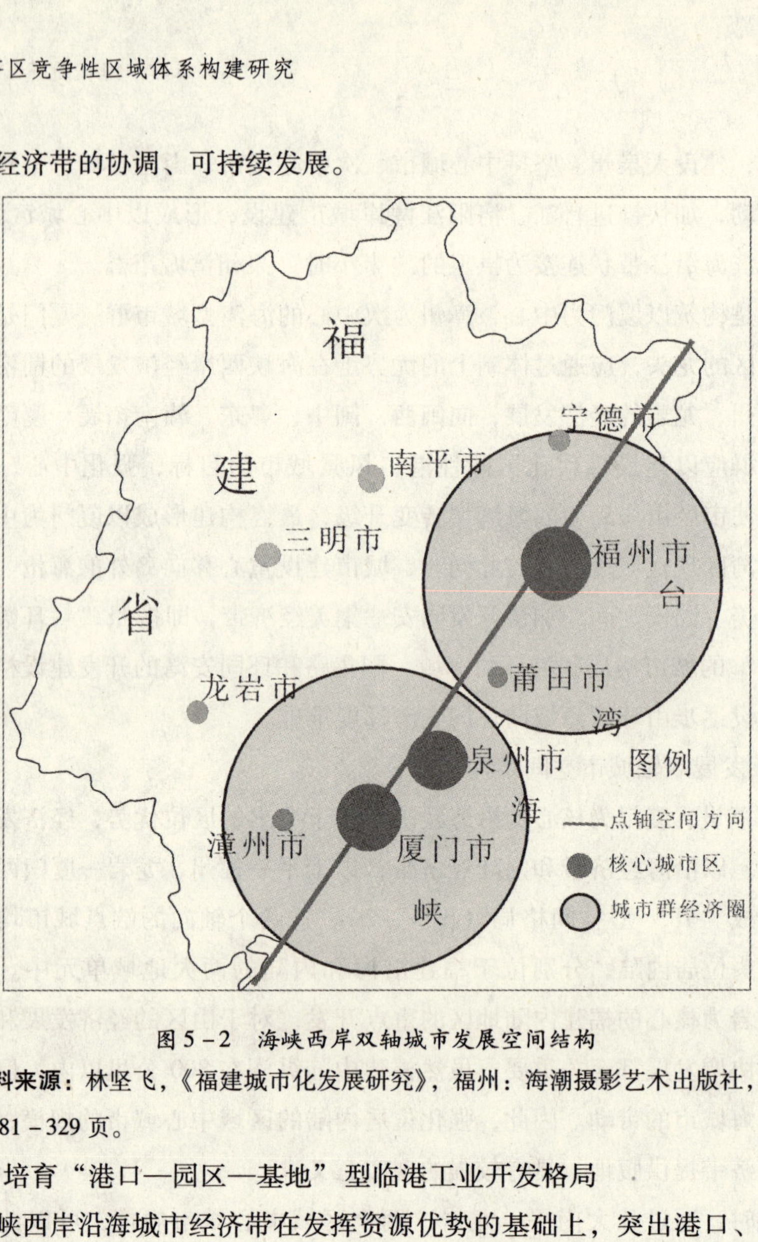

图5－2　海峡西岸双轴城市发展空间结构

资料来源：林坚飞，《福建城市化发展研究》，福州：海潮摄影艺术出版社，2001年版，第281－329页。

3. 培育“港口—园区—基地”型临港工业开发格局

海峡西岸沿海城市经济带在发挥资源优势的基础上，突出港口、园区和城市相互融合发展，培育临港工业产业群，构筑新型产业体系，形成港口物流、临港工业园区和先进制造业基地协调发展的“港口—园区—基地”型开发格局，最终形成产业集群优势明显，产业布局合理，港口区、产业区、城市群有机结合的闽东南临港工业带。具体开发格局体现为：①闽江口产业集群。充分发挥福州作为省会城市的作用，加快港口开发，重点培育和发展机械电子、轻纺等支柱产业及电子信息、生物工程等高新技术产业，建成福建省综合性工业基地、交通中心和商贸信息中心。②环三都澳港口产业增长中心。以环三都澳区域开发为契机，充分利用三都澳深水良港，发展大型临海工业，建设贸易中转基地，形成以港口工业、水产养殖和食品、电机为特色的滨海经济区。③兴化湾产业集群。创造条件发展石化中下游新产品和港口运输业，大力发展旅游业。莆田市为兴化湾区域中心城市，要实施追赶发展战略，贯彻项目带动战略、以港兴市战略、科教兴市战略、产业升级战略、外向拉动战略、坚持以人为本战略、可持续发展战略。④泉州湾产业集群。主要以港口为依托，以石化为龙头，大力发展临海重化工业、电子信息和港口运输业，建成我国东南沿海重要的石化上游产品和部分中下游产品的加工基地。⑤厦门湾产业集群。努力建成以化工、电子、机械、电力能源、特色食品等为重点的外向型工业基地，以及重要外贸港口、区域性国际金融中心和全国重点旅游区。厦门市要进一步发挥经济特区的龙头作用，强化作为海峡西岸中心城市的功能。

4. 南承北接和向西梯度拓展

发展壮大闽东北一翼和闽西南一翼，加快对接长江三角洲和珠江三角洲。闽东北一翼要发挥福州省会城市服务全省的重心和辐射作用，形成以福州为中心，周边卫星城紧密连接、分工有序、规模协调的城市体系，促进闽东北地区加快发展，推动与长江三角洲对接。闽西南一翼要发挥厦门经济特区先行先试的龙头和示范作用，发挥泉州创业型城市经济快速发展的支撑和带动作用，加强产业分工协作和市场融合，推动与珠江三角洲的对接。与此同时，充分挖掘沿海港口、外向带动和对台合作优势，强化福州、厦门、泉州的辐射带动功能，发挥漳州、莆田、宁德拓展一线的骨干作用，突出特色、累积实力，促进海峡西岸的全面繁荣。依托台商投资区、福建海峡两岸农业合作试验区、两岸直航口岸等闽台合作载体平台，不断拓展闽台经济、文化、科技、教育等领域合作。

此外，海峡西岸沿海经济带具有区位条件优越、开放程度高、经济基础好、工业化和城市化水平高等有利条件，但沿海繁荣带因其面积小，需要有一个强大的腹地支撑，同时也面临产业结构升级，向高新产业、优质农业发展的阶段，需要有一个承接劳动密集型产业的地区。为此，实施海峡西岸梯度发展空间布局（图 5－3），积极拓展海峡西岸发展空间，大力发展对内联系，从而协调沿海与内陆经济发展，可提升海峡西岸经济发展水平，促进海峡经济区的最终形成。

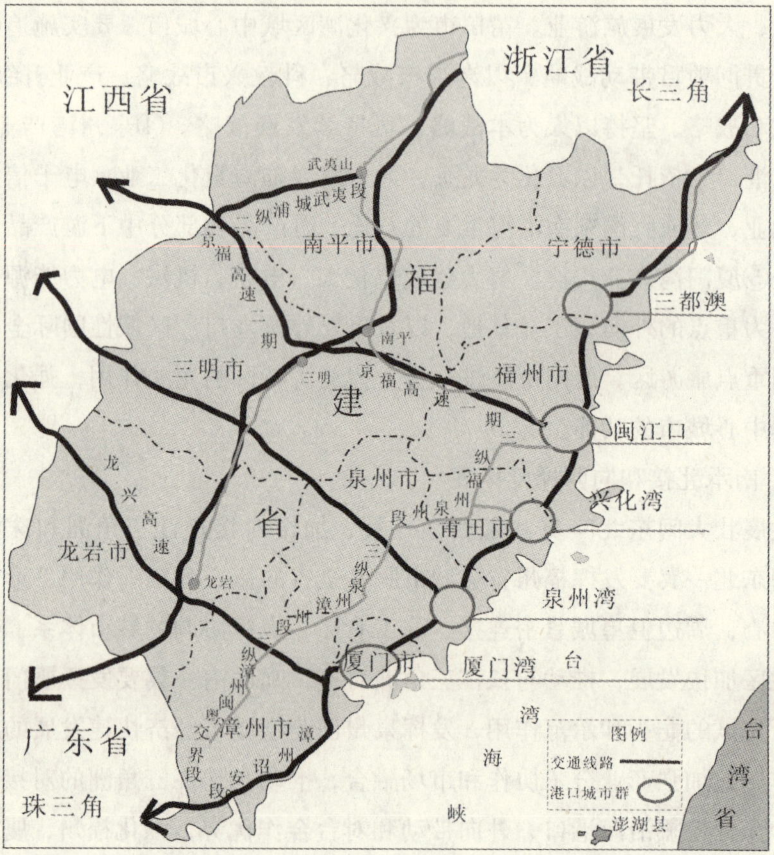

图 5－3　海峡西岸城市梯度发展空间格局

资料来源：林坚飞，《福建城市化发展研究》，福州：海潮摄影艺术出版社，2001 年版，第 281－329 页。

5. 构建海峡西岸点轴交通走廊

海峡西岸交通空间格局将定位为：以大城市和区域中心城市为核心，以水陆交通为纽带，大、中、小城市有机结合，从点到群到带（图 5－4）。其中，由一条沿海经济繁荣带和内陆经济带以及 4 条流动通道组成开放式空间结构。沿海经济带由福州、厦门、泉州三大核心，漳州、泉州、莆田、宁德4个次中心和10余个地方城市组成，城镇人口达1329万左右，占全省城镇总人口的79.2%。内陆经济带三大城市区域经济增长中心为：龙岩区域经济

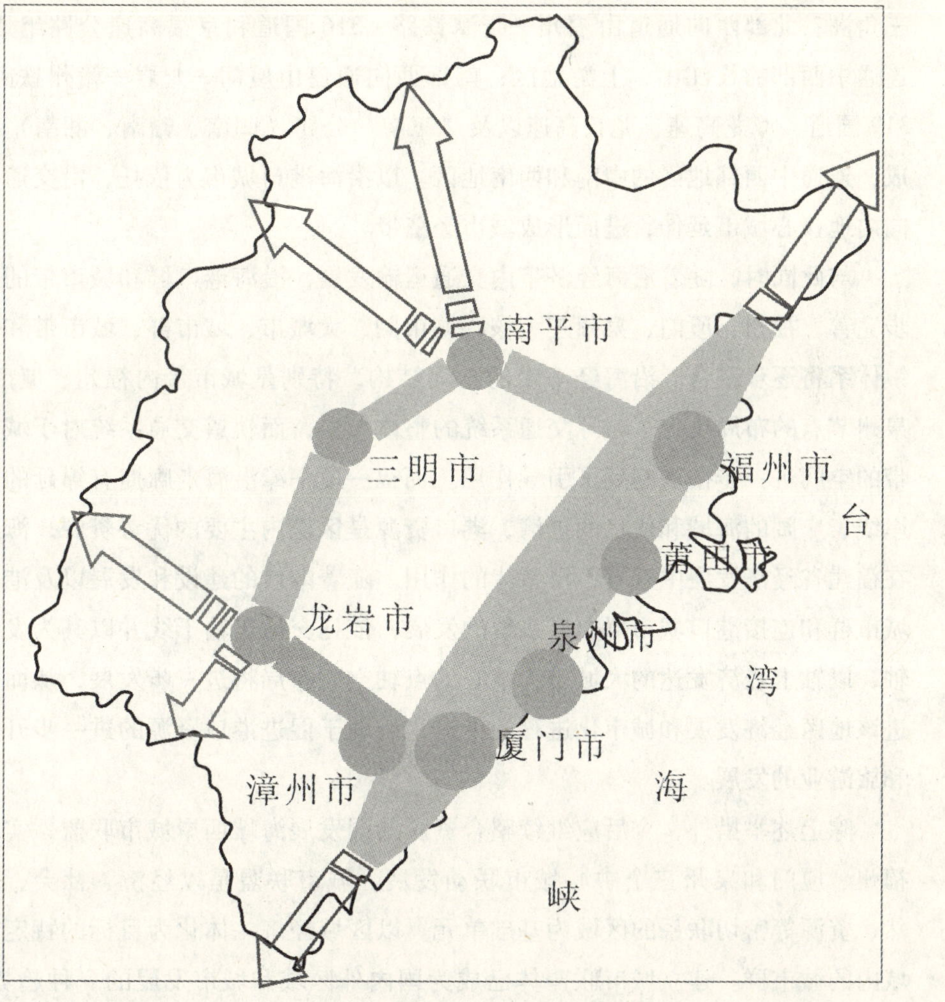

图5-4　海峡西岸城市带点轴发展空间格局

资料来源：林坚飞，《福建城市化发展研究》，福州：海潮摄影艺术出版社，2001年版，第281~329页。

增长中心、三明—永安区域经济增长中心、南平区域经济增长中心。6个方向的4条快速出省通道由沿海高速、国道、在建的温福与厦深铁路及海空航

线组成，连通长江三角洲和珠江三角洲；西部通道由鹰厦铁路南平至漳平段、龙梅铁路、205国道及在建的浦南高速、福建省二纵永安新泉段和蛟洋武平段高速公路组成，充当沿海主轴的辅轴，进一步连通长江三角洲和珠江三角洲；北部西向通道由福州—鹰潭铁路、316国道和京福高速公路组成，连通中西部的长江中、上游地区；南部西向通道由厦门—龙岩—赣州铁路、319国道、漳龙高速、龙长高速以及“三南”公路（闽南、赣南、湘南）组成，连通中西部地区的中南和西南地区。以沿海港口城市为依托，沿交通线向内地核心城市延伸，进而形成城市经济带。

与此同时，随着沿海经济带内交通运输发展，沿海港口群和城市带的逐步完善，福州、厦门、泉州三大核心城市圈、大城市、城市群、城市带和城镇体系将逐步融合。沿海经济带的空间结构，特别是城市带内福州、厦门、泉州节点的布局决定了城际交通系统的整体布局，而轨道交通系统对于城市带的空间进一步拓展起到了引导作用。而福—厦—漳沿海走廊拥有绵延的海岸线、广阔的海域和优良的港湾，港口资源是区域内主要的优势资源，海运在福建省经济发展中有着不可替代的作用。随着港口的建设和发展以及港口城市群和连接港口城市群交通系统的发展，依托交通运输干线并以其为发展轴，以轴上经济发达的大城市为核心的点轴空间布局将进一步发展，从而促进该地区经济发展和城市化进程的推进，有助于促进港口资源的进一步开发和旅游业的发展。

除上述举措外，今后应继续整合资源共同发展海峡西岸城市联盟，实现福州、厦门和泉州三个中心城市联动发展。城市联盟是以经济、社会、自然、资源等密切联系的区域为基础单元。以区域经济一体化为目标的特定区域内的城市群。建立城市联盟体已成为国内外区域和城市发展的一种趋势。海峡西岸城市群的城市规模偏小，中心城市带动力弱，城市之间缺乏必要的联系和沟通，区域整体发展的态势尚未形成。因此，加快城市联盟建设，有利于实施构建三条战略通道、按三个层面、三个阶段同时推进设区市协调发展的决策部署。

同时，要构建服务于海峡西岸城市群的现代立体城市群交通体系等基础设施。国际和国内的城市群都是大力构建立体的现代化交通体系。其中，与福建地形、地貌相似的日本东京—大阪—名古屋城市群即拥有现代化立体交通体系，如城市电气铁道、地铁、单轨、导向轨、路面电车、公共汽车及出租汽车构成日本东三大都市圈庞大的公共交通系统。而中国重视完善城市圈交通体系的城市极少，维系与城市周边地区的交通设施仍然只是公路。而以汽车为主的交通骨骼是不可能支撑起高密度、大规模的城市化社会的经济和生活活动的。

目前，长江三角洲、珠江三角洲、京津唐等地区都没有通勤铁路和高速铁路以及地铁为主的高速轨道交通体系。海峡西岸城市群应尽可能在国家的帮助下，通过资本运营，如上市或者股份制，吸收福州、厦门、泉州等地的民间资本进入，尽快建立覆盖海峡西岸城市群的立体交通体系。此外，还要以信息化促进海峡西岸城市群区域规划和决策的科学化。在人的大规模迁移形成区域聚集、城市的发展步伐加速的情况下，城市以及城市之间的人口管理、地籍管理、交通管理、投资与基础设施建设都必须通过强化城市地理信息系统加以实现。

二、以厦泉漳城市联盟为主体的闽西南翼区域协作

厦门、泉州、漳州、龙岩和三明市在 1994 年 12 月召开第一届党政领导联席会议，通过了《闽西南五地市区域经济合作章程》，共同发起成立闽西南五市经济合作区（图 5－5）。该区土地面积 6.69 万平方公里，人口 1746 万，闽西南五市重点推进基础设施建设、产业合作、招商引资、旅游与环保、农业、科教文卫等方面的协作，其中，厦泉漳城市联盟取得的成效最为显著。

改革开放以来，福建省闽东南沿海城镇密集地区经济社会快速发展，城市化进程明显加快，占全省 45.7% 的土地面积、76.5% 的人口，创造了全省 80% 的 GDP，是全省经济发展的“火车头”。但总体来看，仍存在城市规模

偏小，中心城市带动力弱，城市之间缺乏必要的联系和沟通，区域整体发展态势尚未形成等现象。如果仅凭单个城市自身的发展，难以在短时期内强化中心城市的集聚辐射效应，难以发挥中心城市在区域发展中的重要增长极作用。因此，福建省为了发展壮大中心城市势必要走城市联盟之路，大力发展城市群和城市带，通过城市联盟倍增中心城市的整体功能。而厦泉漳地区是闽东南城镇密集带的重要组成部分。厦泉漳在福建省九地市经济总量中占有绝对优势权重，三地集经济特区、沿海开放城市、台商投资区、海峡两岸农业合作试验区和沿海开放区于一体，是全国对外开放时间最早、开放程度最高、开放层次最多的地区之一，其产业结构梯次相较福建省其他地区为高，

图 5-5　闽东南翼和闽东北翼城市区域协作体系

资料来源：米红，曹晖，庞兰芳，《"海峡西岸经济区"区位分析和城市综合竞争力》，见《经济地理》，2008 年第 28 卷第 3 期，第 372 页。

是福建省经济最具活力的增长极与核心区域，并且日益成为福建省新型生产

中心与制造业基地、先进制度与技术的创新源以及海峡西岸主要的城镇密集带。目前三市的经济发展相当程度上呈现粗放的自我孤立发展模式，还存在产业同构现象，没有按照比较优势实现产业结构的衔接、互动。如能按照“资源共享、设施共建、优势互补、共同发展”的原则建立三市间的城市联盟，使三市各依比较优势实现产业错位发展，无疑将极大提升地区经济资源利用效率，推动地区产业结构的总体提升，最终形成地域分工明显、经济联系紧密、中心城市支撑、市场体系统一、要素流动集聚，具有自身特点和独特优势的地域经济综合体。

与此同时，厦泉漳城市联盟的建立将转化三市的资源互补优势为区域经济发展优势，将提升闽南金三角地区城市集聚经济、产业集群经济、企业聚集经济，促进区域工业化、提升企业配套能力，提高区域城镇化水平、扩张市场规模，并通过基础设施的互联互通有效促进区域腹地扩张，使厦泉漳城市地区成为资源、人才、资本、信息汇聚的平台，从而大大提升其承接台湾经济辐射的能力。

基于此，2004 年 7 月，福建省建设厅和厦泉漳三市政府在厦门举行了城市联盟第一次联席会议。会议发表《厦泉漳城市联盟宣言》，确定近期先从基础设施和社会事业项目开始，突破行政区划，在规划建设、区域交通建设、港口建设和岸线资源分配、区域基础设施建设、生态环境保护、旅游业发展等六个方面加强协调和衔接，加快厦泉漳中心城市和厦泉漳都市圈发展，形成真正意义的“厦泉漳城市地区”。

同年，福建提出重点构建海峡西岸三个层次的城市联盟：①经济联系紧密的闽江口、厦门湾与泉州湾城镇密集区城市联盟；②漳州到宁德的闽东南沿海城镇密集带和沿闽江流域的城市联盟；③闽粤赣和闽浙赣等跨省市城市联盟。其中，厦泉漳城市联盟作为试点已于当年 6 月启动，在之后的两年多时间里，厦泉漳城市联盟重点开展了城市规划、交通、环保、旅游、海洋及省级以上风景区资源共享等方面的合作；签订了《厦泉漳城市联盟宣言》，成立了办事机构，建立了城市联盟市长联席会议制度；举办了《2005 年中国·厦泉漳城市联盟高峰论坛》、海峡西岸金三角人居环境推介会；组织中规院、泉州、漳州规划院编制了《厦泉漳城市走廊发展规划》；开创性地提出打造海峡西岸南翼城市群的新思路；促使龙岩市加入厦泉漳城市联盟。这些举措有助于“闽南新区”的形成，同时为海峡西岸更广泛区域的协同发展（包括跨省协同发展）提供典范。

除了厦泉漳城市联盟外，闽西南区域经济协作还体现在成立闽西南产业发展联席会、联合推进九龙江流域综合整治、推进区域旅游协作以及对口帮扶等方面：①闽西南产业发展联席会。以“9·8”投资贸易洽谈会、漳州海峡两岸花卉博览会、泉州“9·9”商品交易会等各种形式的商贸洽谈会、展销会为平台，相互支持、友好协作、共同参与和增进互动。积极举办产业配套对接活动，引导企业进一步加强投资与合作。厦工集团收购三明重工，金龙汽车、ABB公司等企业在周边地区形成产品协作配套网络，促进了资源和资产合理流动、优化配置，加快了产业结构调整的步伐。②九龙江流域综合整治。厦门与漳州、龙岩市地域相连，江河互通。近年来，厦门市加强与龙岩、漳州两市协作，把整治九龙江流域水污染、生态破坏作为重要协作项目，使九龙江河口湾水质恶化趋势得到遏制，达到国家地面水三类水质标准。③区域旅游协作。厦门、漳州、龙岩三市在《闽西南五市旅游合作发展规划纲要》出台后，彼此签订《云顶旅游宣言》，正式启动厦泉漳龙区域旅游合作模式，共同签订设立无障碍旅游区域合作协议，在构建无障碍旅游经济区、开放旅游市场、整合旅游资源和信息化建设等方面开展全方位合作，初步形成区域联动旅游发展格局。④对口帮扶。厦门市根据山海协作协议要求，积极为山海协作地区提供劳动力培训服务，已为龙岩、三明市免费培训各类技工1300多人，在为山海协作地区解决农村富余劳动力就业的同时，也缓解了厦门市劳动力市场用工不足的问题。

以龙岩为例，在加入闽西南五市合作区以来，龙岩在2006年开工建设永安—武平高速公路、龙岩—厦门铁路两大交通基础设施项目，与厦门、泉州、漳州、三明签订产业对接项目202项，总投资84亿元，合同资金81.8亿元，实际利用资金20.8亿元。同年，龙岩成功举办闽粤赣边境范围内最具影响力的区域经贸合作交流平台——第三届中国龙岩投资项目洽谈会。同时，龙岩正式加入厦泉漳龙城市联盟，利用各种招商平台，开展内联产业招商活动。其中，在第三届泛珠三角区域经贸合作洽谈会上，龙岩市签订内联项目 29 项，总投资 11 亿元，合同利用市外资金 10.65 亿元。在第十届中国国际投资贸易洽谈会上，龙岩市签订内联项目 27 项，总投资 19.34 亿元，合同利用市外资金 18.9 亿元。在第三届中国龙岩投资项目洽谈会上，签订内联项目 99 项，总投资 69.6 亿元，合同利用市外资金 56.7 亿元。总体而言，龙岩市区域经济协作特点体现为：①大型协作项目多。在新签订的项目中，总投资在 4000 万元以上的项目有 112 项，占项目总数的 30.8%。合同利用市外资金 109.7 亿元，占资金总数的 76.6%，其中，投资超亿元的特大项目有 43 项，项目总投资达 71 亿元，占投资总数的 49.7%。在实际到资中，总投资在 1000 万元以上的项目有 203 项，占项目总数的 51.6%。实际到位资金 42.5 亿元，占资金总数的 88.6%。②生产性项目比重大。在新签订的项目中，生产性项目有 326 项，占项目总数的 91.6%。合同利用市外资金 118 亿元，占资金总数的 82.5%。实际到位资金项目中，生产性项目 337 项，占项目总数的 85.8%。实际到位资金 35.3 亿元，占资金总数的 73.5%。③协作区内项目多。在新签订的项目中，闽粤赣 13 市协作区内项目达 223 项，占项目总数的 61.3%。合同利用市外资金 86.9 亿元，占资金总数的 60.7%。在实际到位资金项目中，13 市协作区内项目有 244 项，占项目总数的 62.1%。实际到位资金 24.1 亿元，占资金总数的 50.2%。

今后，龙岩将重点从五方面推进区域经济协作：①推进通道建设。发挥龙岩南承广东梅州、西接江西赣州，在海峡西岸延伸两翼，对接长三角和珠三角，纵深推进，连片发展，共同推进高速公路、铁路和空港的互联互通、共享共建，进一步确立龙岩南接珠三角、西联内陆腹地，东出台湾海峡的重要通道和交通枢纽地位。②推进产业合作。着力培育“10 + 3”产业，立足现有基础，重点加强与兄弟市和沿海地区在工程机械、汽车、环保、石化、电子信息等先进制造业的分工协作，主动承接沿海纺织、服装、制鞋等劳动密集型产业转移，构建物流业协作支撑体系，推进区域间无障碍旅游，促进闽西南一翼产业整体竞争力的提升。③推进城市联盟和山海协作。从规划对接、设施共建和机制保障入手，以城际互动推进协同发展，打造闽西南都市链，推动海峡西岸城市群建设。④推进资源要素优化配置。围绕促进要素合理流动，提高资源配置效率，进一步健全市场体系，加强技术、信息、人才、劳动力等方面的协作，提升"11·18"投资项目洽谈会的影响力，增强闽西南翼对资源要素的吸纳能力。⑤推进生态环境协同保护，共建绿色海峡西岸。

三、闽东北翼五市区域协作

闽东北经济协作区成立于1986年，涵盖福州市、莆田市、三明市、宁德市、南平市5个地市，包括48个县（市、区），面积7.8万平方公里，人口1805万人，占福建省的"半壁江山"。该协作区地处福建省东北部，五市之间区域毗邻，山水相连，习俗相近，具有悠久的历史，人缘、地缘关系和市场、人才、资金、技术和基础设施等方面的优势，产业互补性强，协作潜力大。协作区每年召开一次恳谈会，推进"政府搭台，企业唱戏"，组织开展以企业合作为基础、行业联合为骨架、资金融通为纽带、科技联合为突破的横向经济联合。1991—1995年，闽东北经济协作区进一步推进"政府引导、行业搭台、企业唱戏"，提出以福州中心城市为依托，制订了《协作区章程》、《推动闽东北经济协作区发展若干规定》，促进区域经济协作发展。随着1996—2006年福建省提出建设海峡西岸繁荣地带，构建三条战略通道的思路，为区域经济协作开辟新的道路，闽东北协作区确立了推进山海联动、对接闽东南、拓展闽浙皖的协作方针，逐步由内联为主向外引内联相结合方向发展，突出加大基础设施、基础工业协作力度，促进协作主体多元化。

以宁德为例，在积极参与闽东北区域经济协作中，主要从企业协作、经贸协作、交通协作、旅游协作以及对口帮扶等方面展开：①企业协作。2004—2006年，宁德与闽东北协作区签订协作项目累计达142项，总投资36.22亿元，引进协作资金25.36亿元，已到位资金13.19亿元。协作行业集中于农产品深加工、食品加工、化工产品等。同时，浙江南部地区企业在宁德开展的投资项目有200多家，投资金额达100多亿元，实现产值近60亿元，利税4亿元，行业涉及化工、合成革、泵阀、汽配、竹木加工等。②经贸协作。宁德积极组团参加“5·18”、“6·18”、“9·8”等交易会和投资洽谈会，充分利用招商平台，宣传推广介绍宁德，开展商贸交流和项目洽谈。2007年5月18日组团参加第九届海峡西岸经贸交易会，推出39个推介项目，有15家企业布展推广产品，30多家商贸企业赴会进行商品采购，13个工业企业推出157台套关键性设备进行采购对接，签约周宁商贸大厦等两个投资项目，投资金额达1亿多元。同年6月16日举行“海峡西岸经济区2007年宁德投资洽谈会”，以“临海产业招商和经贸旅游合作”为主题，邀请20多个国家和地区客商参会，仅闽浙赣皖协作区14市之间就签约78项，总投资达62.31亿元。同年6月18日则参加第五届中国·福建项目成果交易会，成功对接科技成果项目435项，总投资51.6亿元。其中，合同项目达145项，总投资17.3亿元。与闽浙赣皖协作区14市对接项目137项，总投资12亿元。③交通协作。宁德市积极与福州、温州市协作，促成温福铁路开工建设通车。与南平市、上饶市协作的宁上高速公路各项工作准备就绪并于2007年底动工。与南平市、江西省有关地市协作的宁衡铁路项目进展顺利。与南平市、福州市协作的“宁武线（杨源）—屏南—古田接京台线”和“建瓯（南雅）—古田—福州（闽侯）”高速公路支线《可行性研究报告》通过省内审查。闽浙两省唯一跨省界二级公路隧道——寿庆隧道顺利贯通，与浙江庆元县坝头至青田二级公路相接，形成新的入闽通道。④旅游协作。宁德与温州和福州签订协议，打造“太姥山——雁荡山——鼓山”精品旅游带和“三山一线”旅游品牌。宁德福鼎与温州平阳签订红色旅游联合发展协议，共同打造浙南闽东红色旅游品牌。⑤宁德的屏南、周宁、寿宁、拓荣四个山区县与福州市马尾、长乐、福清、晋安区开展结队帮扶，2004—2006年签订帮扶和协作项目33个，资金982万元。在高山反季节蔬菜基地、劳务、旅游、交通等项目上紧密协作，在教育、文化、农业、工业以及基础设施等项目上开展协作资助，兴建了一批中小学教学楼、卫生院和农村道路等。

四、闽东北与闽西南两翼协作

通过打破闽东北和闽西南行政区划界限，依据两地区的不同产业基础，优化产业发展布局，加强两地区的优势产业对接，做大做强闽东北和闽西南“两翼”的制造业、物流业、旅游业和农业，从而提升闽东北和闽西南的综合产业竞争力。

（一）构建两翼制造业协作体系

一方面，加强协作项目的前期储备工作，把“9·8”、“5·18”、“6·18”等重大会展活动与经济协作有机结合，形成一批基础设施项目和产业协作配套项目，最终实现项目滚动发展。另一方面，联合招商引资，促进生产要素集聚，协作项目对接，以电子信息、机械制造、冶金、纺织、生物制药、轻工食品等产业为重点，优化产业垂直和水平分工。再者，调整优化两翼产业布局，强化优势产业对接和产业链延伸、配套，建立区域间产业协作平台，鼓励、引导、支持当地企业充分利用各自优势，加强相互协作与联系，培育跨地区产业集群，逐步促进两翼协作区主导产业、支柱产业、基础产业相互配套协作，发展具有较强竞争力的现代产业链体系：①石化产业链。以湄洲湾炼化一体化项目为龙头，加快石化中下游产业向宁德三都澳港区、福州江阴精细化工区、南平、三明等地转移，重点抓好石化中下游产品开发，延伸产业链，提高产业配套能力，带动沿海地区、高速公路、铁路沿线地区石化后加工业的发展，形成具有较强区域竞争优势的石化产业集群。②冶金产业链。以福州、宁德规划布点大型冶金工业项目为重点，积极推动省内钢铁企业联合重组，加快三钢集团公司、宁德三都澳钢铁、福州镍合金、福安矽钢片以及长乐、罗源、马尾等地冶金工业发展，引进国内外特大型钢铁和特殊钢企业联合建设大型钢铁企业、不锈钢企业，发展高附加值的冷轧薄板、冷轧不锈钢、镀锌板、涂镀层板、宽厚板等优质产品和系列深加工。③机械产业链。依托沿海福州、厦门、泉州汽车生产基地，适时开发汽车发动机、变速器和汽车电子产品等重要汽车零部件，促进主机产能和汽车工业总量扩张，促进电机电器、船舶修造、汽摩配件等产业的发展。带动宁德、南平、三明、龙岩等地机械产业发展，建成东南沿海重要的机械产业制造基地。④林产业链。以莆田林浆纸一体化项目为重点，以秀屿国家级木材贸易加工示范区为龙头，整合省内木材资源，带动木材加工，贸易的发展，培育南平、三明等地林化重点企业与拳头产品，提高林产加工水平，促进木材加工产业集群的形成。⑤纺织服装产业链。以沿海地区为重点，加快产业、企业向山区、内陆地区转移，重点培育南平、三明等地纺织服装产业集群，促进山区经济的发展。

（二）构建物流业协作体系

一是要发挥闽东北和闽西南两翼的对台优势和连接内陆地区出海口的重要功能，依托沿海地区深水良港，建设若干个物流节点和一批现代化物流园区、专业物流中心和大型配送中心，构建两翼各市畅通快速便捷的物流进出口通道，扩大沿海经济聚集区向内陆经济发展区、周边经济协作区的辐射能力，带动闽浙、闽赣、闽粤等边贸市场发展。二是要鼓励闽东北和闽西南两翼物流企业与部省、周边地区物流公司合作，引导交通、物流、商贸等现代服务业合作，支持物流企业开展运输、代理、包装、配送等环节的业务分工协作，加强货物通关协作，强化与海关、检验检疫、边防、海事等部门的有效协作，拓展保税仓库和出口监管仓库功能，建立保税物流中心，开展保税区区港联动试点，逐步建立便捷高效的国际物流服务体系，提高口岸信息化应用与管理水平，实现资源共享和通关“一站式”服务，提升物流企业的整体素质，培育和发展区域性的商品物流市场。

（三）构建旅游业协作体系

一方面要整合区域旅游资源。加强闽东北和闽西南两翼旅游资源统筹规划、合理开发，实现旅游资源、产品、市场优势互补。以福州为中心的闽中旅游经济圈，整合福州、莆田、宁德等地旅游资源，打造船政文化、昙石山文化、三坊七巷文化、寿山石文化等四大文化旅游品牌，形成以山海风光为主要特色的旅游经济圈。以武夷山为中心的闽西北旅游经济圈，整合南平、三明等地旅游资源，打造世界遗产、地质奇观、绿色生态等为主要特色，包括武夷山世界双遗产、泰宁世界地质公园等世界级品牌在内的绿色生态旅游区，实现闽东北和闽西南两翼旅游经济圈的主动呼应和联动发展。另一方面要完善旅游协作机制。加强旅游业合作，借助每年举办的各种旅游节庆活动，以整合旅游资源、推出精品线路为重点，积极引导旅游企业合作，联合建立旅游招商引资机制，联合开展旅游宣传、旅游促销，互相推介旅游资源和产品，开辟旅游“绿色通道”，确保旅游车辆往来畅通。加强旅游市场统一管理，建立导游管理制度、旅游市场准入制度、旅游服务价格协调与服务质量投诉制度、旅游车辆管理制度、景区生态环境保护制度，建立旅游资源、网络、信息、市场等共享机制，完善旅游设施，改善旅游服务，实现区域无障碍旅游，促进旅游业的快速发展。与此同时，闽东北和闽西南两翼要加强与长三角、珠三角、闽浙赣皖等周边地区旅游协作，推进闽台、闽港、闽澳双向交流，构建“福厦金马”旅游圈、海峡两岸森林生态休闲观光合作建设，深化武夷山—阿里山、大金湖—日月潭、世界地质公园—台湾野柳地质公园项目合作，扎实推进两岸旅游交流，打造闽东北和闽西南两翼旅游品牌。

（四）构建生产要素交流平台

一是要建立信息资源协作体系。通过建设闽东北和闽西南两翼区域协作信息网，加强区域信息网络互联合作，建立健全信息协作工作机制，推进信息网络平台建设，开展区域信息收集汇总和综合利用工作，推动企业电子商务应用和信息化建设，利用便捷的信息手段为产业发展、物流配送、电子政务、信用体系建设等服务。二是建立招商引资协作体系。借助闽东北和闽西南两翼各类投资洽谈会等经贸活动，推广招商引资和区域协作政策，开展协作项目推介和网上联合招商，扩大对外招商吸引力。通过互相提供展位，联合构建招商合作平台，共同营造高效的引资投资环境。同时，通过相互组团或组织企业参展，扩大区外展销活动的影响力，共同营造高效的招商引资环境。三是建立劳务资源协作体系。通过加强区域劳务协作动态交流，建立两翼劳务合作网站，向协作区发布用工岗位信息，实施劳动力输出地与输入地结对子等方式开展劳务协作。建立劳务协作培训基地，加大输出地劳务人员引导与技能培训，共建劳务培训基地，职业技能鉴定平台，提高协作区劳动力素质和就业能力。四是建立人才资源协作体系。将人才培养和交流纳入闽东北和闽西南两翼各市发展规划，构建人才市场网络合作平台，推进人才资源共享。加快各类专业技术与管理人才培养，发挥各中心城市的高校、科研院所优势，带动人才引进、培养和使用，为协作区其他市县提供人才支持。鼓励与引导沿海地区高校毕业生和专业技术人才到协作区就业和创业。完善科技特派员制度，促进省直部门、高等院校、科研单位专业人才向山区、欠发达地区有序流动。

（五）构建生态和谐协作体系

一方面要联手共同保护区域生态环境。制定环境保护与生态建设行动纲领，共同编制闽东北和闽西南两翼生态环境保护规划，推动生态环境综合整治。严格控制污染物排放总量，在主要流域沿岸乡镇建设污水集中处理设施、垃圾综合处理站，加大规模化畜禽养殖污染防治。提高环境预警能力，对流域内发生环境污染事故、环境污染转移以及涉及影响生态环境的产业项目布局，建立联席会议审查制度，对环境评估、协商、决策等重大事项进行审查，提供决策咨询，确保区域生态安全。建立海洋综合管理协调机制，联合开展海洋环境保护、海洋工程监督合作，加强海洋生态环境建设，实现区域经济可持续发展。

另一方面是建立生态保护补偿机制。设立流域整治专项资金，综合运用市场经济手段，协调流域上游与下游地区经济利益关系，按照属地管理原则和部门职能分工，实行主要流域水环境综合整治县（市、区）政府和市直有关部门主要领导负责制，省、市、县（区）相应设立流域整治资金，专项用于流域重点环境项目整治。统筹安排使用专项资金，提高资金的使用效益。建立流域生态补偿机制。建立主要流域水环境保护补偿机制，加大区域财政转移支付力度，让受益地区、受益者向水环境保护区、流域上游提供经济补偿。鼓励上游地区发展不污染或少污染产业，支持企业加强污染防治，实行清洁生产。

五、积极推进跨海峡城市联盟

尽管在海峡西岸城市群发展、闽西南翼区域协作、闽东北翼区域协作以及闽西南闽东北两翼区域协作试点带动下，海峡西岸经济区协同发展态势良好，但就成效而言，海峡西岸城市联盟还仅限于基础设施共建层面，区际的商品与生产要素的自由流动、优化组合不够顺畅，缺乏统一的规划协调，产业布局缺乏层次和递补，合作多在传统项目，重点项目合作不足，在产业链延伸对接、现代物流业交融与发展方面也有待进一步加强和提升。闽东北、闽西南经济协作区内经济结构呈现相似性，沿海地区产业转移的趋势不明显，导致产业协作基础不牢固。闽东北、闽西南两翼中心城市经济实力亟待增强，城市集聚扩散功能尚待加强，协作支撑力还有待进一步发挥。资源短缺日益突出，环境压力加大，影响协作的障碍尚未完全消除。同时，协作区内各地市均缺乏强有力的协作部门和协作整体规划，对拓展内陆腹地发展空间重视不够。内陆山区对借助沿海资金、技术、信息优势，加快观念更新、产业对接、机制创新的认识不到位。协作区内各级政府、部门对发挥政府引导、市场推动、企业主体作用认识不足，对区域协作缺乏规划指导。另外，受“西进”通道建设滞后的影响，沿海港口优势尚未充分发挥，江西、湖南等内陆地区尚难以成为福建省沿海港口物流的广阔腹地。而且从海峡经济区整体角度而言，推动跨海峡城市联盟发展对于促进海峡两岸经济区块对接、培育区域整体竞争性特质具有重要意义，不但海西城市联盟发展亟待提升至高层次，跨海峡城市联盟也应积极突进。

因此，要以两岸沿海中心城市为主轴，发挥台北、高雄、台中、基隆、宜兰等东岸城市与西岸福州、泉州、厦门、漳州等城市交流和联盟中所产生的集聚、辐射作用，依托海峡东岸台北、台中、高雄三大都市区和海峡西岸沿海福州、厦门、泉州、温州、汕头五大中心城市及其所形成的城市经济圈，形成两岸两大城市带、八大中心城市经济圈，推进扩大至山区次中心城市，分别辐射带动台湾东部山区、闽东、闽北、闽西、闽中和赣东南、赣东北、赣南、浙西南、粤东等地区，构筑地域分工明显、市场体系统一、经济联系紧密、全面繁荣进步的海峡经济区。在海峡城市群内部，多个增长极构成网状系统，聚集效应和扩散效应使各个中心城市和城市之间地区都将得到发展，从而使海峡城市群本身也得到发展。海峡城市群具有枢纽和“孵化器”功能，由于多种要素在城市空间上的聚集，必然产生高强度的相互作用，导致各种新思想、新技术的涌现，从而形成对其他地区具有试验和导向意义的孵化器功能。海峡城市群辐射既包括各中心城市对群体内其他城市的辐射，也包括海峡城市群整体对祖国大陆其他地区的辐射，进而带动其他地区的经济发展。由于海峡城市群经济发展水平较高，形成区域增长极，可通过辐射效应带动其他地区的经济发展。海峡城市群内部的其他城市和区域内部的其他地区由于受地理位置、传导机制、接受能力和回流等作用因素的影响，接受中心城市和城市群不同程度的经济辐射，从而带动海峡城市群内该城市和区域内其他地区的发展，使海峡经济区经济整体都得到发展。而且海峡东、西岸具有位处世界航运繁忙的黄金水道的开放优势，未来海峡城市群（海峡西岸福州、泉州、厦门、温州、汕头和海峡东岸台北、高雄、台中等中心城市及基隆、宜兰等东岸城市与漳州、莆田、宁德、揭阳、潮州等西岸城市构成），有可能比肩长江三角洲城市群而成为世界有影响的大城市群之一。因此，海峡城市群将成为海峡经济区内经济增长速度最快、最具活力、潜力最大的地区，也将成为中国经济最发达的地区之一。

六、小结

海峡经济区市政联合是发展壮大海峡经济区中心城市、培育海峡经济区经济发展增长极，进而带动海峡经济区整体协同发展的重要途径，也是在海峡经济区竞争性区域构建过程中，有效协调各参与方利益、推动地方横向联合、提升跨边界治理效率的有效途径。当前，通过发挥临港优势和对台经贸区位优势等，海峡西岸已崛起形成福州、厦门、泉州三大城市群。同时，逐步发展形成以南平—福州、龙岩—厦门为双轴的城市空间结构。此外，海峡西岸沿海城市在发挥资源优势的基础上，突出港口、园区和城市相互融合发展，培育形成港口物流、临港工业园区和先进制造业基地协调发展的“港口—园区—基地”型开发格局。在此基础上，通过南承北接和向西梯度拓展，海峡西岸将逐步构建出点轴城市发展交通走廊。当前，海峡经济区内部的市政联合还主要集中于海峡西岸，集中体现为以厦泉漳城市联盟为主体的闽西南翼区域协作、闽东北翼五市区域协作以及闽东北与闽西南两翼协作等方面。今后将以两岸沿海中心城市为主轴推动形成跨海峡城市联盟，同时通过辐射效应带动海峡经济区其他地区的经济发展，进而使海峡经济区经济整体都得到发展。

第六章　海峡经济区地方分权与财政转移

海峡经济区一方面存在显著的区域经济发展差异性和不同的制度背景，另一方面却拥有基于“五缘”优势而形成的紧密的民间经济文化合作交流，其中，位于两岸治理边界的局部区域，相互之间的联系和合作尤为频繁。因此，积极创建厦—金特区、创设厦门湾对台合作新区和闽江口对台合作新区、开展“两马”先行以推进榕台及两岸经贸合作有助于实现海峡经济区的地方分权和财政转移，为两岸交流合作提供现实的样板。

一、厦—金特区创建

厦门与金门之间区位紧密相连、民间来往频繁、地理条件特殊，并已实现了“小三通”。因此，通过特殊设计的制度安排，在厦门与金门县之间划出一个如翔安区的地方，可创建厦金经济紧密合作区。对这个经济合作区赋予类似准自由港定位，赋予更大的开放度，使其发展成为推进与固化两岸经济合作与交流的重要孔道。厦—金特区或自由贸易区的创建已成为以局部、渐进的方式启动海峡经济区制度性经济一体化的现实途径。

（一）厦—金特区创建的自然人文环境

厦门是海峡西岸的代表性城市，与金门有着地理位置接近、语言相通、文化相似的优势，地位类似于金门在台湾的角色。厦门市地处福建省东南沿海九龙江入海处，背靠漳州、泉州平原，濒临台湾海峡，面对金门诸岛，与台湾本岛和澎湖列岛遥遥相对，因古代常有白鹭在此栖息而亦别称为“鹭岛”。厦门岛面积为 132 平方公里，整个厦门市划分为思明、湖里、海沧、集美、翔安、同安等 6 个行政区，涵盖厦门岛、鼓浪屿与众多小岛屿。陆地面积约 1500 平方公里，全市户籍人口为 167 万人，常住人口为 243 万余人。

全市人口中以汉族居多，另有回、满、壮、苗等20多个少数民族。其地理环境和历史背景与金门相似，拥有众多的归侨、侨眷及侨胞。

厦门的对外交通很便捷，航空方面主要以厦门高崎国际机场为主，其距离厦门市区仅10公里，是中国大陆的第四大出入境航空港。海运则为厦门港，它是海峡性港口，海岸线蜿蜒曲折，港阔水深，终年不会结冻，历史上就是中国东南沿海对外贸易的重要口岸。陆上运输有跨海长堤与大陆连接，铁路可直抵厦门市区，公路运输系统通过高集海堤和厦门大桥与全福建省公路汇集，形成以厦门、福州及漳州主要干道为交通动脉的运输网。

厦门的人文特色与金门非常相近，是个充满闽南文化的城市，岛、礁、岩、寺、花、木相互映衬，侨乡风情、闽台习俗、海滨美食及异国风格的建筑融为一体。厦门和金门一样，是福建籍华侨出入境的主要门户，也是福建的主要侨乡。厦门最早的远洋航运、铁路、连接闽南各县的内河航运和水陆联运，大多是华侨投资创办的。华侨对厦门近代资本主义民族工业的兴起和发展，有着极大的贡献。努力兴学、创办知名的“集美学村”的爱国华侨领袖陈嘉庚的故乡就在厦门的集美，这里也是著名的侨乡之一。

此外，厦门拥有世界上独一无二的“华侨历史博物馆”，是由陈嘉庚主持创办，并由侨胞和归侨捐款筹建。除特殊的风俗民情外，著名的观光景点一向是厦门吸引大量游客的卖点，包括鼓浪屿、南普陀寺、集美学村、狐尾山、万石植物园及胡里山炮台等，其中尤以厦门外海的鼓浪屿，更是前往厦门旅游必去的景点。鼓浪屿是厦门西南方的一座小岛，隔着一条500米宽的海峡与厦门市区隔海相望，素有“海上花园”的美称。岛屿四面环海，西南部有一岩洞，随着潮汐起伏及浪涛的撞击，发出如鼓声响，故而得名“鼓浪屿”。岛上完好地保留着许多融合中外各式各样建筑风格的建筑，有中国传统的飞檐翘角的庙宇、闽南风俗的院落平房、中西合璧的八卦楼、小巧玲珑的日本屋舍，还有19世纪欧陆风格的西方国家领事馆，故而素有“万国建筑博览会”的美誉。

金门县总面积约150平方公里，现住人口仅8.3万余人。两岸军事紧张时期，金门是台湾军防的最前线，一直实行戒严措施。1992年，金门废除戒严，解除军事管制。金门全岛现在拥有森林总面积5000多公顷，占全岛总面积的40%，森林蓄积量达30多万立方米。由于长期的管制和禁建，金门保留有丰富的自然生态景观，包括湖泊、湿地和丰富的鸟类生态。多处海域还有奇特的猫江石。1995年成立首座位于离岛的金门国家公园，用来维护历史文化资源、战役纪念等，兼具自然资源保育功能。金门拥有大量的战地景观，诸如战史馆、军事碉堡、地下工事、纪念碑、战争史迹等各式的战地特色文化。同时，金门保留有丰富的人文遗产，包括闽南文化、河洛文化、侨乡文化。

金门全县的人文古迹共有21处，包括国家二级古迹琼林蔡氏祠堂、文台宝塔、水头黄氏酉堂别业、虚江啸卧群谒等四处，以及三级古迹邱良功墓园、汉影云根谒、振威第、琼林一门三节坊、海印寺石门关、水尾塔、蔡攀龙墓等七处。从清同治年间，留下大量的闽南古厝，连厝成村。这些传统聚落，总计有二落大厝十六栋、三落乡塾及三落宗祠各一栋。古厝群除了依山傍海，棋盘式整齐排列，全景优美壮观，各建筑物上还有泉州白砌墙、交趾陶壁饰、斗拱雕琢、横向隘门等。基于此，金门大力推广"自然生态"、"海岸游憩"、"闽南文化"、"战役史迹"等主题旅游，从而实现"观光立县、文化金门"的目标。

（二）厦—金特区创建的经济发展基础

2007年，厦门GDP为1375.26亿元人民币，较2006年增长16.1%，约200亿美元，是金门县地区生产总值的30倍左右。厦门全市财政总收入为348.44亿元人民币，较2006年提高1.7%。其中，地方财政收入为186.58亿元人民币，主要来源为税收收入，包括营业税、企业所得税、契税、增值税、土地增值税等。全年财政支出198.66亿元人民币，其中城乡小区事务支出23.91亿元人民币，教育支出27.04亿元人民币，科技支出6.50亿元人民币，交通运输支出7.37亿元人民币，医疗卫生支出9.22亿元人民币，社会保障和就业支出14.49亿元人民币。

厦门以高新技术产业为重点发展产业，主要集中于1990年由国家科委和厦门市政府共同创办的厦门火炬高技术产业开发区。该区以“一区多园”为发展策略，拥有一个孵化基地：厦门留学人员创业园，三个综合园区：火炬园、翔安火炬产业区、同集园，四个专业园区：软件园、信息光电园、富士康海沧火炬工业园、北大生物园，形成以光电、电力电器、电子信息三大支柱产业和生物医药、新材料、精密制造等特色产业为主的产业集群，集群内有包括戴尔计算机、松下电器及东芝等16家世界500强在内的1400多家企业。

目前，海沧投资区的交通、通讯、供水、供电、码头等基础设施和土地开发配套齐全，规划面积达100平方公里，主要以兴办资金密集型和技术密集型的石油化工、中下游产品加工、机械、建材等行业为主，成为厦门新的经济发展重点区域。投资区规划为四个分区：①海沧新市区。主要发展商业贸易、金融、房地产、旅游及娱乐休闲业等。②海沧港区。主要发展港口、能源工业、保税工厂及仓储保税业等。③南部工业区。主要发展石油化工中下游产品加工等工业。④新阳工业区。以发展机械、电子、化工、建材等工业为主。除工业外，厦门的服务业发展也相当蓬勃，其中，在金融业方面，厦门共有11家中资商业银行及中外合资银行“厦门国际银行”。14家外资银行在厦门设有总行、分行或办事处，以及600多个中资及外（合）资金融分支机构。同时，中国银行、建设银行、工商银行及商业银行均在高新区内设有支行，为企业提供各种优质、便捷的金融服务。

2006年，根据金门县政府统计，全县地区生产总值达209.87亿元新台币，约为6.56亿美元。人均地区生产总值为新台币36万余元，约为11197美元。与台湾整体人均生产总值16494美元相比，尚有较大的落差。金门的经济发展由于受主客观环境因素的影响，民间并无大型企业出现，主要集中于金城、山外、沙美及东林。金门的工商业发展很有限，截至2008年7月底，金门共拥有批发及零售业9522家，营造业285家，住宿及餐饮业211家，制造业170家。其次为运输业及金融保险业等。在金融机构方面，台湾银行、台湾土地银行均在金门设有分行，民营金融机构元大银行（前复华银行）也于2004年12月来金门设立分行。另外，邮局和金门县信用合作社等也办理存贷款业务，截至 2008 年 7 月底，存款总额为 656. 89 亿元新台币，贷款总额为新台币 68. 32 亿元。

金门全县种植高粱、大小麦，通过政府保证收购及酒厂生产线的扩增、酿酒技术不断 R&D，金门逐渐发展成为全台湾的“高粱酒专业区”。金酒公司产销盈余稳定增长，2007 年达 112 亿元新台币。2004—2007 年间，金酒公司缴纳各项税收金额总计达 168. 9 亿元新台币。尽管如此，由于金门总体经济状况不佳，除了金酒公司上缴的税收，金门县的各项税收相当有限。就 2007 年金门县总预算而言，全县财政收入主要以捐献和赠与收入为主，约占全县财政收入的 31. 9%，其次为补助和协助收入，约占 27. 33%。财政支出方面以经济发展支出为首，占 34. 59%，其次为教育科学文化支出，占 20. 52%。由此，金门全县重大建设经费长期依赖于台湾当局的拨补。近年来，由于社会安全福利措施逐渐受到重视，其支出比重也逐年增加。2007 年，金门总预算财政收入为 81. 89 亿元新台币，财政支出 90. 90 亿元新台币，财政收入与财政支出短缺部分都是移用以前年度财政收入的剩余弥平。

厦—金特区的推进将使厦门与金门成为台湾与祖国大陆经济联结的桥梁。同时，厦门与金门分别拥有独特而丰富的人文及自然景观，可以发展成为厦—金特区创办成功的最佳保障，并可以其独特的景观成为吸引全世界游客的旅游焦点。

（三）厦—金特区创建的内涵

由于厦门与金门两地的地缘与人文关系最为接近且最具同构型，“小三通”已开通数年，同时，“大三通”业已实现，厦门与金门之间的互动与交流最具经验与互信基础，且彼此的生活机能依赖度最高，双方居民对彼此的法律也最熟悉。此外，厦门经济特区是祖国大陆最早实施市场经济的地区之一，是海峡西岸最具代表性的城市，由此，厦金特区的建立目的在于首先塑造一个得以使两岸商品、资金以及人员等生产要素流动自由化的试点窗口。在经贸往来和政策考虑优势下，将厦门和金门作为两岸共同市场的先行试点。为此，祖国大陆方面的厦门经济特区可在现有的发展基础上转型为一个遵循 WTO 无歧视原则的、境内关外的，集研发制造、国际贸易、物流分拨、仓储展示、过境转运、国际金融、休闲旅游等多项功能于一身的综合型世界自由经济区，台湾方面可把金门地区规划建设成为一个自由经济区，并在特区内给予作为 WTO 成员的大陆方面应有的待遇。如此，两岸各自的经济特区可在 WTO 无歧视原则基础上实现对接。进而，两岸可以在“大三通”现实基础上，共建开放性的多功能综合型厦—金自由贸易区，整合并充分发挥厦、金两地乃至两岸四地的海港、空港优势以及其他经济发展资源与条件，使之成为海峡两岸的国际贸易中心、物流分拨中心和以高科技产品为主导的加工制造中心，成为海峡两岸与国际物流链的重要环节，并在厦、金两地特区之间率先实质性地启动两岸经济一体化进程。在此基础上，进一步建立开放性的厦—金自由经济区，实现生产要素的自由流动、优化配置，成为国际化的区域性资金流、物流和信息流的汇集区，最终发展成为国际化区域经济中心。

（四）厦—金特区创建的意义

其一，可以形成海峡西岸和东岸参与经济全球化进程的一个新起点与新平台，进一步发挥经贸自由化与便利化试验田与先行区作用。在“大三通”现实基础条件上，建立一个遵循 WTO 无歧视原则的、境内关外的、多功能综合型的开放性次区域自由贸易区，可以整合并充分利用厦、金两地乃至两岸四地的区位优势与条件。在特区率先实现商品与要素的自由流动、优化配置，形成海峡西岸和东岸参与经济全球化进程的一个新起点与新平台，在贸易自由化、金融全球化、投资全球化、生产要素流动全球化等方面进一步率先发展，从而可以顺应全球化深化发展趋势与要求，在更高层次上和更大范围内参与全球化进程。此外，开放性的厦—金自由贸易区还可以作为两岸经济体对 WTO 承诺的对外开放义务的率先试验区，进一步发挥经贸自由化与便利化试验田与先行区作用；其二，可以作为实现两岸经贸关系再发展的突破口与切入点，成为两岸制度性合作与一体化的一个先行区和试验区。当前，两岸若能借鉴国际上次区域经济合作的典型形式——“增长三角”，在具有“大三通”现实基础条件的局部地区之间共建开放性厦—金自由贸易区，实现这一小范围的、低协调水平的、开放性的经济合作与一体化形式，以之作为实现两岸经贸关系再发展的突破口与切入点，以及制度性合作与一体化的一个先行区与试验区，就可顺应两岸经济功能性一体化深化发展趋势与要求，在一定程度上舒缓世界经济区域化带来的竞争与边缘化压力，并可为海峡经济区将来更大范围、更高层次的制度性经济一体化奠定基础；其三，可以促进海峡西岸内部、大陆各经济区之间乃至海峡经济区与中华经济区内部的分工、合作与协调发展，更好地发挥区域经济的增长极与辐射源作用。开放性厦—金自由贸易区的建立，不仅可以整合厦、金两地的海港、空港优势以及其他经济发展资源与条件，从而在克服厦、金两地自身经济发展面临的各种瓶颈约束的同时，促进海峡经济区内部、大陆各经济区之间的分工、合作与协调发展，并使厦—金自由贸易区成为两岸人员往来、货物中转、经贸交流的重要枢纽，而且有助于整合两岸四地彼此的经济互补性优势特别是港口区位优势与运输能力，在促进海峡经济区深化发展的同时，有利于加强中华经济区内部的承接与合作，从而在更大范围、更高层次上发挥区域经济的增长极与辐射源作用；其四，可以形成海峡经济区内部交流与合作的一个重要连接点乃至全面整合的一个先行试验区，更好地发挥厦、金两地在海峡经济区内部交流、合作与整合中的优势和作用。

（五）厦—金特区发展的方向

1. 双方筹资兴建交通建设

厦门与金门目前主要通过“小三通”往来两地，船班有限且两地港口间非最短距离，增加时间成本。由此，为了促进两岸产业及旅游业发展，两地合资兴建跨海大桥是必然之举。当前，厦门已拥有完善的环海公路系统，金门若可一并建造连接大小嶝岛的金嶝大桥，结合两地的跨海大桥，将可形成完整的金、厦环形桥梁网络。同时辅之以金门国际机场的兴建，海陆空设施完善，将有助于相关产业的发展。

2. 促进双方产业整合

目前，厦门相对于金门已拥有庞大的高新技术产业集群。可通过厦金特区成立零关税贸易区，搭配相应基础设施建设，必将吸引在厦门投资的台资、外资企业到金门投资，并与厦门形成关键产业链。同时，随着两岸金融往来政策的松绑，试点开办人民币与新台币的兑换已在厦门和金门两地分别进行。然而目前祖国大陆的银行并未在金门设立办事处，且在金门设立分行的台湾相关银行并未能与祖国大陆的银行进行人民币或新台币的通汇业务，这些限制不利于吸引台资、外资企业进入金门。因此，可将厦金特区作为金融特区，比照香港特别行政区与祖国内地的金融往来规定，通过两岸协商建立两岸货币清算机制，在厦金特区内，祖国大陆和台湾的银行可以相互拆借人民币和新台币，互相通汇。甚至可以允许银行发行厦金特区通行货币，免除多种币值兑换风险及兑换手续费用等问题，这将进一步激励两岸金融业的发展。

3. 推动厦金两地人才和教育的交流与合作

目前，祖国大陆单方面接受台湾学生进入各级学校学习，台湾地区则受限于祖国大陆学生可能抢占台湾学生名额，以及对祖国大陆学历参差不齐的种种顾忌，还未开放祖国大陆学生入台以及确认祖国大陆学历和相关证照。由此，可先通过厦金特区吸引两岸知名大学前来设立分校，相互承认各项专业证照，搭配大学城的建立，使两岸的学生可以自由选择学校就读，彼此的专业人才可以在两岸自由执业。

此外，对于厦金特区内的人民生活模式，可以实行两岸人民互相尊重和互惠的做法，在厦门，适用祖国大陆的法律，在金门仍然使用台湾现有的“法律”。两地可互设必要的行政服务机构，服务于两地的人民。行政文件上可简繁体并列。买卖价格中可并存人民币和新台币价格。在厦金特区内的人民往来，不需旅游证明文件，以方便两岸人民前往或居住在特区内生活。商业金融机构以特区内的人民自动自发设立，有市场机制加以引导。

二、厦门湾对台合作新区和闽江口对台合作新区创设

厦门湾对台合作新区包括厦门市、漳州龙海市在内的区域，面积 2697 平方公里，2007 年末总人口为 246.87 万人，GDP 总量为 1597.69 亿元人民币。闽江口对台合作新区包括福州市区、罗源县、连江县、长乐市、福清市、平潭县在内的区域（图 6－1），面积 6268 平方公里，2007 年末总人口为 500.37 万人，GDP 约 1750.86 亿元人民币（表 6－1）。

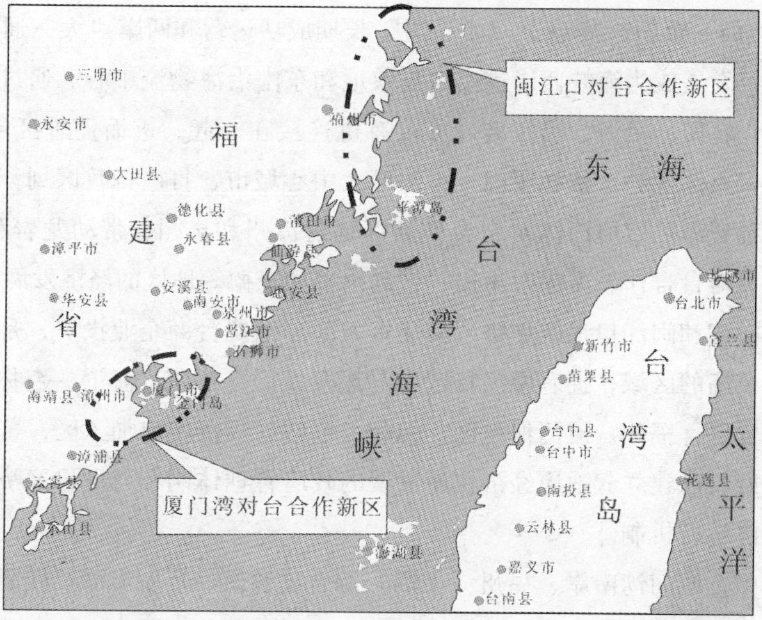

6－1　厦门湾对台合作新区与闽江口对台合作新区地理位置分布概况

资料来源：罗海成，王秉安，《关于创建海西对台合作新区方案的设想》，见《福建政法管理干部学院学报》，2008 年第 3 期，第 92～99 页。

（一）区域优势

厦门湾和闽江口地区经济发展具有很高的开放性，已经广泛而深入地融入到国际经济大循环之中，与台湾形成了良性互补、互动的双向关系。而厦

门和福州是福建省综合竞争力最强的两大中心。厦门湾对台合作新区与闽江口对台合作新区将构筑成为海峡西岸经济区的新增长极，对海西战略实施构成实质性的推动作用，将成为海峡经济区形成的重要基础。其中，厦门湾对台合作新区包括厦门港、漳州港、泉州港等港口群，闽江口对台合作新区包括罗源湾、松下港、马尾港等港口群，都具有发展临港工业的优越条件。福建和江西、湖南等中部省份都是其可以充分利用的物流腹地。同时，高雄港、基隆港、台中港与祖国大陆东南沿海港口群之间距离较短，可以通过整合联动，形成两岸互动海运物流，甚至成为东南亚和全球物流的港口海运物流联运枢纽。厦门湾和闽江口对台合作新区在“两马”（马尾—马祖）、“两门”（厦门—金门）等海上“小三通”长期成功运营和两岸“大三通”的基础上，将发展成为海峡西岸进出口集散地和东南沿海物流中心。通过这两个对台合作新区，沿海、沿江港口可以有机连接在一起，进而促进区港联动，形成港口整体优势。依托厦门、福州两大中心城市，打破行政区划，有助于整合多种资源。以厦门湾对台合作新区辐射漳州和泉州，带动龙岩和三明。以闽江口对台合作新区辐射莆田，带动南平和宁德等地区的经济发展。

厦门湾和闽江口地区集中了福建省大部分港澳台商企业投资，是福建省开放度最高的区域，拥有厦门特区和马尾开发区，福州、海沧、杏林、集美台商投资区，福州、厦门保税区，福州、厦门、福清出口加工区，普遍运行发展良好，已建立起适应经济快速发展的政府管理体制和与世界经济接轨的市场经济运行机制。

其中，厦门湾南岸、福州（平潭）综合实验区、环罗源湾、江阴半岛等已成为福建省加快发展的重点区域和海峡西岸新的经济增长点。福州（平潭）综合实验区将在2020年前建设成为海峡西岸对台经济特区。罗源湾是福州的深水外港，是全省主要的大型干散货港区和煤炭中转储运基地，已建成一批大型多用途和干散货泊位码头，交通条件便利。环罗源湾区域规划面积44平方公里，目前已初步形成以能源、冶金、修造船、石化为重点的产业发展格局。今后，环罗源湾将加快建设矿石、煤炭等大型深水散货泊位，规划建设环罗源湾疏港高速公路、调水工程。在完善环罗源湾区域产业布局规划的基础上，加快建设以燃煤为主的港口型电力工业，形成福建省的重要能源基地。江阴半岛区域位于福清境内，规划面积67．5平方公里。江阴港区是福州已初具规模的深水外港，是全省主要的大型集装箱港区和保税物流园区。之后，江阴半岛将重点推进东南电化搬迁、福州耀隆搬迁、中国化工集团CPP等项目前期工作，大力发展机械、化工、医药、能源等临港产业，建设具有滨海特色、以临港重化工业为主的现代化港口工业区。

基于此，厦门湾、闽江口对台合作新区将建设成为依托海西、连接东岸、促进和平、服务两岸、带动海峡、辐射华东和华南、面向东南亚的海峡区域经济合作的核心区、新增长区和示范区，具有以下功能：两岸贸易的自由港区和紧密经贸合作基地，东南亚贸易中心和海运物流通道枢纽，两岸现代制造业合作对接基地，两岸现代农业合作基地，两岸现代服务业全面对接区，两岸区域性金融服务中心，两岸社会文化交流合作中心，两岸教育交流合作中心，以及两岸人员往来的重要通道和两岸生态和谐社区。

表6－1　厦门湾对台合作新区与闽江口对台合作新区概况（2007年）

内容 / 分区	区域范围	面积（平方公里）	人口（万人）	地区生产总值（亿元人民币）
厦门湾对台合作新区	厦门市	1569	167.24	1387.85
	漳州龙海市	1128	79.63	209.84
	合计	2697	246.87	1597.69
闽江口对台合作新区	福州市区	1043	185.92	957.13
	罗源县	1031	25.41	58.66
	连江县	1168	61.34	116.96
	长乐市	723.6	66.50	213.15
	福清市	1932.4	123.13	352.40
	平潭县	370	38.07	52.56
	合计	6268	500.37	1750.86

资料来源：王秉安，李闽榕，《环海峡经济区发展报告》，北京：社会科学文献出版社，2009年版第124页。

（二）政策扶持

一是应争取中央给予厦门湾和闽江口地区以财政税收专项支持政策。由中央财政在3—5年内，向厦门湾和闽江口对台合作新区开发建设给予一定的专项补助。在建设发展过程中，厦门湾和闽江口对台合作新区上缴中央财政的增加部分，实行先征后返。同时，给予厦门湾和闽江口对台合作新区建设以及新区中企业银行贷款额度与政策的支持。二是应赋予厦门湾和闽江口对台合作新区以更灵活的金融试验政策。在这些地区制定率先推进金融市场改革，推出金融产品的政策。赋予地方政府发行债券权，支持基础设施类企业自主发展。探索设立产业投资基金，支持符合条件的企业发行企业债券。支持这些地区中的企业上市融资。三是要拓展保税港区自由贸易的功能。拓展海沧保税港区功能，延伸至漳州港。在适当时机批准在福州设立保税港区。拓展出口加工区保税物流功能，赋予福州、厦门两港“境内关外”自由贸易港区政策。四是要制定更灵活的土地政策。应申请中央扩大土地审批权限，在整体规划的前提下，允许在福建省区县之间调整用地指标，实现耕地的占补平衡。五是应制定产业合作支持政策。为了打造两岸产业对接示范基地，实现闽台产业互补，互动发展，向中央政府有关部委申请指导制订并批准“海峡西岸台商投资产业指导目录”和相关优惠与扶持政策。在重大项目布局及项目审批、核准、备案等方面给予必要的支持。六是要赋予厦门湾和闽江口地区“三通”优先政策，将金马澎海上直接往来作为两岸人货中转的重要通道。七是赋予次区域合作支持政策。推动海西地区与台湾、长三角、珠三角以及中西部内陆省市之间的次区域合作，加强交通运输、海洋产业、农林渔业、能源开发、跨境旅游、生态环保等重点合作领域规划编制，加快实施合作项目，逐渐实现对台合作新区建设与全国发展的对接。八是赋予厦门湾和闽江口地区开放性人员往来政策。在这两个地区授予两岸人员往来审批权限，设立台湾同胞往来的绿色通道，试行以“一卡通”的电子通关方式，方便台湾同胞往来福建和祖国大陆。放宽两岸教育合作办学限制，授权审批两岸文化、教育合作与交流活动。九是建立相关的协调机制和组织机制。建议成立国务院"对台合作新区办公室"，负责厦门湾和闽江口对台合作新区建设的指导与协调。同时，成立相应的管理委员会，打破行政区域，由福建省统一领导，完善规划，并严格按照规划确定的功能定位、空间布局和发展重点，选择和安排建设项目。

（三）厦门湾南岸的崛起

厦门湾南岸即招商局漳州开发区，与厦门经济特区一水之隔，位于上海、高雄、香港三大港口之间，拥有13公里8—29米深水岸线，可规划建设33个万吨级以上泊位，有条件发展成为国际货物中转港。1992年12月，招商局集团联合福建省交通运输（控股）有限公司、漳州市人民政府、龙海市人民政府等联合开发招商局漳州开发区，规划面积56平方公里。截至2010年2月，招商局漳州开发区累计投入基础建设与配套资金100亿元，完成移山填海土石方量8000多万立方米，造地10.23平方公里，开发规模达19.42平方公里。目前，以发展港口为特色的招商局漳州开发区，临港工业规模已达200多亿元，港口年吞吐能力3000万吨以上。2009年，尽管受国际金融危机的影响，该区经济社会仍呈现快速发展态势，港口吞吐量1778万吨，比上年增长32%；合同引资5.38亿美元，同比增长68.6%；实际到位资金2.42亿美元，同比增长7%；固定资产投入27.9亿元，同比增长22.4%；地方级财政收入4.63亿元，同比增长21.4%。如今，招商局漳州开发区整体投资环境优越，已成为海峡西岸投资的热点。其中，区内基础设施日趋完善，机场、铁路均在1小时交通圈内。快艇往返厦门实现公交化，与厦门仅15分钟航程。区内疏港公路连接纵贯全国南北的324、319国道及沿海高速公路。国家一类开放口岸、对台直航口岸的招银港区已建成投入使用的码头泊位有13个，其中万吨级以上泊位8个，两个15万吨级集装箱泊位是福建省最大的集装箱泊位。目前已开通至美国、日本、韩国等外贸货运航线和香港、台湾、上海、大连、青岛、深圳等集装箱航线20多条。

港口的发展开拓了粮食、木材、钢材三大市场，使招商局漳州开发区成为东南沿海木材进口业务的重要集散地，同时，招商局漳州开发区粮食装卸量也为福建港口之最。漳州开发区已经形成城市化高标准要求建设的供水、供电、通信和道路系统。区内公交车、商务酒店、公寓、海滨度假村、银行、医院、文体馆等配备齐全。区内有幼儿园、实验小学和厦大附属实验中学，可满足区内企业员工子女学习教育的需要。更重要的是漳州开发区具有人才优势，海内外知名的厦门大学漳州校区落户于此，学生达 2 万多人，为入区企业在产业发展及科技创新等方面提供了强有力的人才、智力保障。目前该区积极培育交通机械设备制造业、金属制品业、粮油食品业三个百亿元产业集群，已有来自美国、德国、荷兰等国和我国香港、台湾地区的 400 多家中外企业落户，总投资达 30 多亿美元。

当前招商局漳州开发区正以国务院颁布《关于支持福建省加快建设海峡西岸经济区的若干意见》为契机，积极建设和即将动工几项重点工程：①投资百亿元建设第四区深水码头。开工以来已经完成 2000 多万立方米的土石方量，形成的陆域面积约 2000 亩，将建大型散杂货中转基地和石油液化气中转基地，港口建设计划投资总额将超过 120 亿元。项目建成后，招银港区年吞吐能力达亿吨以上，将改善厦门港口功能，满足湖南、赣南、闽东南、潮汕等地区的货物集疏运。②全面启动厦漳跨海大桥项目。该项目总投资 52 亿元，招商局持股 40%，计划 2012 年底建成试通车。建成后，厦门湾港口的陆路形成了快速的通道，厦门湾南北两岸将融为一体，行车仅需 25 分钟，经贸往来更加密集，形成半个小时生活圈。③漳州港尾铁路。该项目由招商局漳州开发区出资 23%，2009 年 12 月 31 日开工。该项目线路全长约 45．5 公里，总投资 22 亿元，建设工期 3 年。它的建设是构筑海峡西岸经济区重要经济增长点、保障出海通道、发展闽南金三角地区的重要举措。同时，对加强闽台两岸“三通”与合作具有重要意义。④招银疏港高速公路。该条公路全长 22．08 公里，2009 年 12 月 13 日开工建设。道路主线采用六车道高速公路标准，总投资约 23 亿元，预计 2012 年底完工。建成后将有效缓解港区快速集疏运问题。⑤推进连接厦门岛和招商局漳州开发区的厦门南通道海底隧道建设。该项目已列入海西建设规划。隧道长 6 公里，双向 4 车道，高 5 米，行车速度为每小时 80 公里，总投资约 29 亿元。此外，国务院批准的中国首个离岸式生态型人工岛，面积达2．2平方公里，现已完成海上施工栈桥架设，将于2月4日开工建设，三年完成造岛工程。这种模式对周边海域影响最小，最贴合自然，又极富厦门湾特色。它将成为未来海西的新地标，是集自然生态、人文科技景观为一体，旅游度假、体育休闲、文化娱乐和生态居住的圣地。与此同时，区内工业企业大项目也加快建设投产。

2010年，随着投资总额为6亿元的马来西亚棕油精加工项目、投资总额达16．74亿元的福建凯西钢铁新型高耐蚀节能复合板材项目、豪氏威马公司三期扩建项目、年产值1亿元的新型环保菱镁制品等项目的相继建设投产，全区将迅速形成三个百亿元产业集群。而且，招商局漳州开发区还大手笔规划，高标准建设，加大教育事业投入和优化环境配套，营造优越的投资和生活环境。其中，厦门大学漳州校区已成为全国第一所跨海而建、学风浓郁的大学，占地2800亩。2004年招生以来，已培养出大批出类拔萃的学子，为该区的发展及科技创新提供了有力的人才保障。同时，还投资3亿多元建起厦门大学附属实验中学，2008年正式开学。该所中学是由招商局漳州开发区与厦门大学共同创办的高标准、现代化的寄宿制公办完全中学，占地面积280亩，设计规模为84个班级，其中海外部24个班级，在校生达3700人。目前，该区已形成从幼儿园、小学、中学到大学的完整教育体系，可满足区内员工子女就读。2010年，厦门大学附属实验小学也将动工建设。目前，招商局漳州开发区把社区环境拟划定为“三海八园”，即以海滨、海防、海洋为主格调，建设山地生态园、滨海文化园。同时，以港口为中心，以城市为载体，以交通运输为动脉，以港口及相关产业为支撑，到2015年，将实现全区工业总产值500亿元，财政收入20亿元。最终必将使该区成为厦门湾经济圈的重要组成部分和海峡西岸的新亮点。

（四）福州（平潭）综合实验区开发

平潭简称“岚”，位于福建省东部海域，福州市东南部海，东濒台湾海峡，西临海坛海峡，南近南日岛，北望白犬列岛，由126个岛屿和702座岩礁组成，距台湾新竹仅68海里，是祖国大陆距台湾最近处。全岛陆域面积

392．92平方公里，海域面积6064平方公里，总人口40万人。主岛（海坛岛）面积324．13平方公里，为全国第五大岛、福建第一大岛，面积相当于香港岛的四倍、厦门岛的两倍、新加坡的一半（图6－2）。

平潭岛将建设成为探索两岸合作新模式的示范区和海峡西岸科学发展的先行区之一。根据福州（平潭）综合实验区总体规划，平潭将承接台湾产业转移，建设先进制造业基地，发展电子信息、海洋生物、清洁能源等现代产业体系，打造低碳经济岛，并建成台商投资集中区，推进对台直接航运，为台湾人士在平潭就业、居住和自由往来提供便利。平潭将建4个5万吨至15万吨的深水泊位以及“平潭－台湾新竹”的客货滚装直航捷运码头。吸引台湾高水平大学联合办学，同时依托闽台文化资源，发展创意、动漫等文化产业，创立两岸特色文化园。设立占地1．5平方公里的台湾产品免税区，两岸合作发展2万亩特色高效农业区，以优质的海滩资源，吸引台商合作建设滨海旅游区。

平潭实验区的近期发展目标是重点建设产业发展区、国际旅游发展区、商贸合作区、现代物流港区、科技文化产业区和城市发展区等六大区域。①产业发展区。位于海坛岛北部中楼、芦洋、平原，东部流水湾和西南部火烧港区域，突出两岸产业对接，承接台湾制造业转移，坚持集约布局，主要发展特色无污染节水型的电子信息、海洋生物、清洁能源等新兴产业。②国际旅游发展区以海坛岛东南部海湾为主体，串连环岛主要旅游景点，整合岛内旅游资源，构建滨海休闲区、度假酒店、免税商品贸易中心、海上丝绸之路水下文物博物馆和海上运动基地等旅游功能区，着力打造“海峡旅游”品牌，建设世界级的国际休闲度假旅游重点区。③商贸合作区。在海坛岛实行海关特殊监管区政策的基础上，先期规划在海坛岛东部澳前区域，设立免税商品贸易中心，促进商务办公、信息服务、服务外包和中介服务等现代服务业发展。④现代物流港区。以海坛岛流水湾为备选点，规划建设深水码头和客货滚装码头，完善现代仓储、配送、运输等功能，促进国际贸易和现代物流业发展。⑤科技文化产业区。位于海坛岛南部北厝、敖东区域，创办科技文化产业园和两岸教育合作园区，发展文化创意、文娱演艺、影视动漫、体育休闲等产业，建设海西重要的科技文化产业基地。⑥城市发展区则在提升现有城区功能和层次的基础上，以西部海坛海峡临岸为主轴带，规划建设沿西海岸布局的滨海新城区，为岛内人员提供具有一流水准的优质生活环境。与此同时，平潭将推动 5 个五星级和 4 个四星级酒店项目合作洽谈取得进展，加强旅游景点、景区和路网等配套设施建设，规划海岛风景旅游区，提升旅游服务功能。

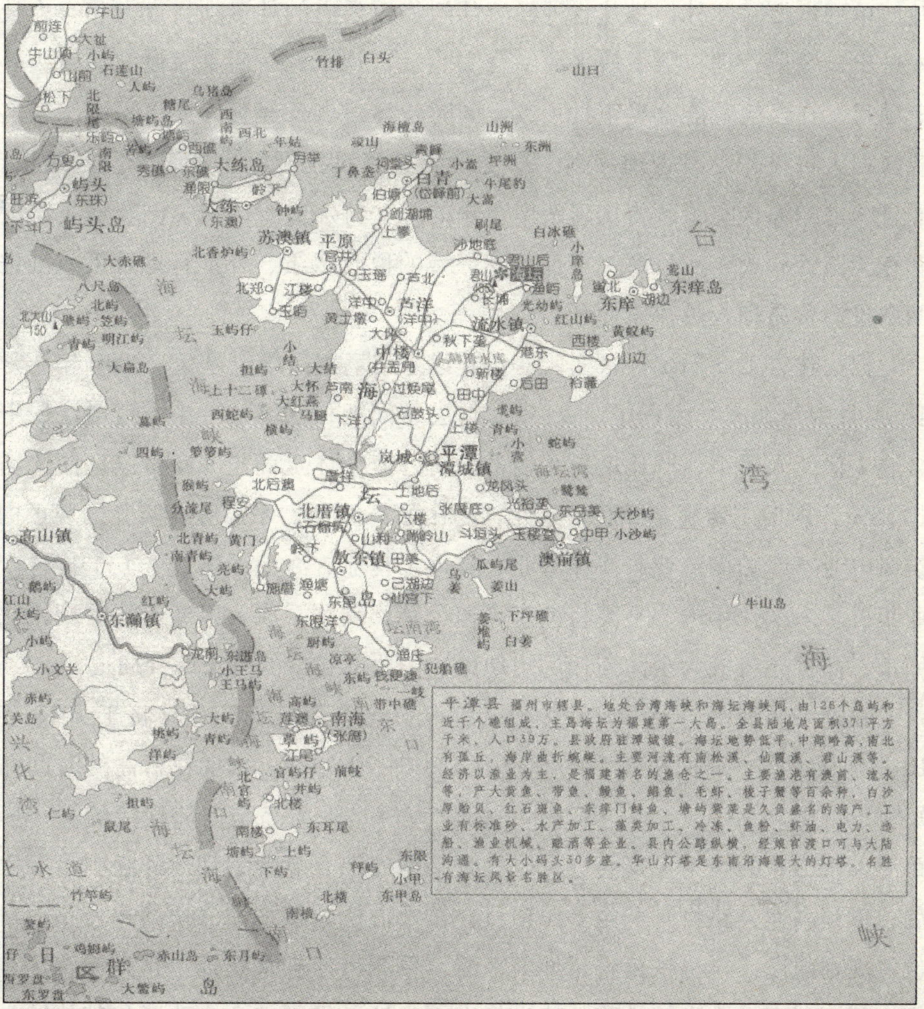

图 6－2　福州（平潭）综合实验区地理位置概况

作为两岸合作的先行先试区，平潭实验区获得福建省多项政策扶持。首先，福建省政府已专题研究并赋予平潭设区市及部分省级经济管理权限，而未来10年内，省财政对平潭实行地方级财政收入全留的财政体制。从2009年7月1日起，平潭的电价平均下降38．25%。平潭现已筹集20亿元贷款进行环岛路等基础设施建设。同时，福建省政府还免除了平潭2008年底前用于公益性建设项目债务的省级部分，而平潭实验区的建设用地则由福建省政府单列审批。此外，福建省外经贸部门将权限内的外资项目审批和自由技术进出口登记管理权限下放平潭综合实验区，意味着今后平潭设立的省级外资项目，在当地就能办妥审批手续。同时，福建省外经贸厅还将平潭综合实验区列入省级开发区管理序列，享受台商投资科技园区、省级开发区政策。而且，平潭综合实验区将构建两岸合作的海关特殊监管区域，创新通关制度和查验监管模式，实行海关特殊监管区域的税收政策、外汇管理政策，推进两岸投资贸易和人员往来便利。

据福建省工商局统计，实验区设立以来市场主体增势迅猛，2009年9月到11月中旬新成立内资企业36家，与去年同期相比增加一半，新增注册资金逾2亿元人民币，同比增长9倍多；新开业个体工商户300多家，同比增长35%，新增固定资金560多万元，同比增长33%。平潭综合实验区现正构筑风电业、船舶修造业、海洋渔业、隧道工程业、海上运输业等五个特色产业集群。未来几年内，平潭将拥有高速公路、铁路，成为四通八达的现代化城市，而且还将成为台湾连接周边地区、中西部省份的物流综合通道。

在这一进程中，平潭海峡大桥和渔平高速公路建设，预计将于2010年10月建成通车，届时福州到平潭仅需1小时20分钟，比现在所需的时间缩短将近一半。其中，全长4976米的海峡大桥是平潭岛与内陆连接的第一座跨海大桥，它的竣工无疑会进一步提升平潭的综合竞争力和对外吸引力。之后，京福高速公路将延伸至平潭项目，长乐古槐连接平潭二桥高速公路项目也将规划建设，合福铁路将延伸至平潭，平潭将在未来实现一路高铁直达首都，而福州至平潭高速铁路的建设将进一步拉近平潭综合实验区与其他城市的时空距离。此外，实验区还将构建两岸直接往来新的便捷通道，开辟两岸海上客货滚装航线，发展中转贸易和国际航线。其中，平潭机场的前期工作正在积极推进之中。2010 年 2 月 11 日，投资 50 亿元的平潭环岛公路开工。本次开工建设的是环岛公路一期工程，总里程 40. 436 公里，预计 300 天后即可完工。而整个平潭环岛公路将是厦门环岛公路的三倍长。这条环岛公路将聚集平潭的热点旅游景区。与此同时，平潭岛综合试验区正加快供水工程建设，扩建自来水厂、筹建第二水厂等，争取年内岛内日供水规模达 4 万吨，目前扩建工程已动工。此外，台北红十字会已初步拟定在平潭投资兴办一所国际护理技术学院，面向大陆和港澳台招生，同时创办一个国际养生村。香港太平洋国际旅游公司也已与平潭签约，计划投资 6 亿多元港币在平潭建设旅游设施与酒店。

平潭岛综合试验区自 2009 年 7 月成立以来，业已成为台商投资的新热点。据统计，平潭综合实验区设立半年多以来，已经有几百批客商赴平潭岛投资考察，其中一半是台商。日前，来考察的 200 多家台湾、新加坡等地的企业初步达成投资意向项目 40 多项，总投资 360 多亿元，涉及旅游开发、房地产、高新技术、物流配送等十多个行业和领域。其中，作为实验区两岸商贸合作区水产品工业园的启动项目，总投资 2 亿元人民币的福建锦荣实业有限公司正式启动，这是实验区成立后第一个落地平潭的台资企业，建成后水产品年加工能力将达 2000 吨以上，冷冻能力将达 1500 吨。

三、“两马”先行推进榕台及两岸经贸合作

2001 年 1 月 28 日，福州马尾经济文化交流中心与台湾马祖地区代表在“一个中国”原则下签订了“两马协议”，这标志着两岸民间文化交流取得了突破性的进展。基于此，进一步发展“两马”经贸合作，使马祖民众切身体会到两岸关系发展为马祖、台湾人民带来的益处。与此同时，以“两马”先行为契机，充分发挥福州独特的地理区位优势，“先谋启动，先试后行”，不断探索建立“两马”经贸合作的有效机制，把福州建成海峡两岸经济合作示范区。

（一）以“两马”先行为契机，构建两岸货物集散中心

马尾港是国家指定的两岸直航试点口岸，应进一步加大港口建设力度，拓展对台货物运输规模，构建两岸货物集散中心。同时，大力发展港口经济，推动福州真正成为两岸贸易流动的重要通道和对台航运基地。为此，要进一步加快马尾港口的基础设施建设，提高运输能力，同时，加快与港口配套的省内铁路、公路网络的建设，扩大港口腹地，增加货源，为把福州建成国家集装箱运输主要枢纽打下基础。

在两岸“大三通”直航的基础上，成立“两岸船务中心”，开展揽货、承运、接驳以及各种单证处理业务，将原在香港转运的部分业务转移到马尾，大力开展港务、运输、维修、仓储等港口经济，加快马尾港口经济产业化进程。通过“两马”往来，促使台湾当局放开对两岸货物直航运输的限制，允许两岸货物运输在马祖和金门中转换单后，经抵台湾本岛和福建相关口岸，实现两岸货物“换单直航”。利用试点直航企业华荣海运公司，于2001年5月份获得“两岸三地”经营权的契机，发展以台湾本岛为目的地的货物运输，实现两岸货物“转单直航”。尽快建立起高效的港口联检服务体系，落实马尾各口岸旅检单位、公安办证单位的人员编制，建立联检大楼，并在马尾口岸直接设立特派员或办事机构，简化通关手续，提高港口对船舶公司、货主的吸引力。本着互利互惠的原则，使马尾和马祖两岸航运界保持经常性联系、磋商，使之制度化，要积极贯彻落实福建省政府《关于加强外商、台商投资软环境建设的若干规定》，切实保障航商合法权益。建立健全试点直航涉台法律咨询服务机构，并争取与台湾相应的“法律咨询服务机构”建立业务委托关系，及时处理海事、商事纠纷。

（二）以“两马”先行为契机，吸引台湾高新技术产业来榕投资

加入WTO后，作为台湾支柱产业的电子资讯产业外移已成为不可阻挡的趋势。福州应抓住台湾电子资讯投资大陆这一热潮，以“两马”先行为契机，实现货物“转单直航”，开展马祖“中转”业务，降低台商在福州的经

营成本。要加强投资软硬环境建设，特别是产业链建设，创造条件，大力吸引台湾高新技术产业来榕投资，实现福州信息产业跳跃式发展，以马尾开发区为先导，福州开放城市为依托，构筑闽江金三角经济圈。为此，福州首先必须在软环境建设上花大力气：①建立起与国际接轨的贸易运行机制，构建一个按国际惯例办事的软环境，增强台商对福州投资的信心度和满意度。②充分发挥福州保税区功能优势，加快保税区海峡经贸广场建设步伐，开辟进出货柜拼装、商品展示陈列、洽谈交易、刷贴商标、分级包装业务，使福州保税区成为两岸商品的汇聚点、展示点和交易点，积极寻求两岸间贸易结算方式的突破，为两岸经贸的开展扫除障碍。③抓住两岸签署 MOU 的契机，争取实现福州地方控股的金融机构与台资企业合作，在福州设闽台合资银行或台资银行的分支机构，并以此吸引更多的台商来福州投资。其次，福州要积极促进台湾岛内电子资讯龙头企业来榕投资，以提高利用台资项目的资金和技术含量，实现“大企业带着中小企业走”；同时，要以中华映管等高新技术台资龙头企业为依托，进行上下游配套项目的招商，延长产业链。此外，做好台湾中小型电子信息产业项目的引进，加快“百亿电子信息城”的建设步伐，使马尾成为全国重要电子产业基地之一。

（三）以“两马”先行为契机，进一步拓展榕台经贸合作

以“两马”民间经济文化合作与交流为载体，拓展两岸经贸合作。分批分期组织省市商会团组、口岸协会团组、旅游协会团组、音协室内合唱团等赴马祖交流考察，将对台小额贸易从“海上”引到“陆上”。在马尾紧邻台轮停泊点的海峡贸易市场兴建“马祖商城”，开辟对台贸易的交易市场，参照国家现行的免税商场管理办法实施全封闭的管理，对其进出口商品实行相应的免、退税政策。适当放宽对“两马”直接贸易的进出口许可证管理，除国家禁止进出口或实行被动配额管理的商品外，其他商品暂不实行许可证管理。对从事“两马”贸易活动的船舶吨位放宽至 3000 吨以下，每航次贸易额放宽为 30 万美元以内。要实行落地办证。积极争取公安部授予马尾口岸办理台胞五年证的落地办证权，同意马祖乡亲持五年多次有效“台湾居民往

来大陆通行证”往来“两马”，以方便马祖民众通过直航的渠道来榕，并积极探索试行启动马尾—马祖客运定期班轮。发展“中转”、“弯靠”业务，积极争取交通部尽快推动货运个案直航，按个案报批的方式允许我方船舶运载建材、农副产品和生活用品直航马祖进行直接贸易。

基于此，2008 年福州开发区对台经贸交流合作取得新突破，体现为："两马”邮政业务试点成功，全国水陆路邮件经马尾直达台湾，两岸货运直航专用码头建成投入使用，“华航 3 号”等 4 艘货轮成功直航，“两马”客运航线延伸拓展至台湾本岛；建成大陆首家台湾商品超市，目前经营态势良好，初具台湾商品集散地规模；同年闽台“两马”航线客流、船舶量均迅猛增长，创历史新高，“两马”进出境人员达 7. 61 万人次，同比增长 45%，“两马”客运航线开通 7 年来，客流量以年均 79% 的涨幅大幅攀升，尤其在每年春节、清明、中秋等中国传统节日和“台交会”“海交会”“9·8”投洽会等重大经贸活动期间，“两马”航线的出入境台胞人数都会成倍增长；对台小额贸易额达 1700 万美元，同比增长 68%。为了应对客流量的大幅增加，“两马”航线的航次也不断调整增加。目前的固定航班已由最初的每周 3 个航次增至现在的天天对开航班。马尾海关、边检部门在旅检现场增派人手，设立便捷通道和台胞咨询台，简化通关手续，缩短通关时间。

随着两岸关系的日益密切，通过“两马”往返的旅客范围也随之扩大，从普通居民到商政名人，从各社会团体到旅游团队，每天通过“两马”航线往来探亲、祭祖、旅游、交流的台湾同胞络绎不绝。“两马”航线名副其实地成为连接两岸的重要桥梁。如今，“两马”航线已成为在榕台商返乡距离最近、时间最省的一条路线。台胞上午 10 时从福州马尾港登船，一个半小时即可到达马祖，当日下午乘坐在南竿机场等待的航班，最快的当天下午 2 时就可到达台湾本岛的家。截至 2008 年，通过“两马”航线往来海峡两岸的旅客已突破 17 万人次，船只 2900 多艘次。“两马”航线作为闽台往来便捷通道的地位日益显著，马尾 - 马祖客运航线已成为两岸同胞交流的便捷通道。

在对台经贸交流方面，马尾实现了多项突破。2007 年 10 月 11 日，马尾

"安麒"号客轮在福州港客运码头首航马祖，实现"两马"航线双向对开；随后，千吨级台湾货轮"新华"轮由基隆港直航至福州马尾港，实现大吨位对台小额贸易船舶首次直航大陆；2008 年 3 月 17 日，香港籍"建华"轮运载 16000 多吨天然砂驶往台湾基隆，停运一年多的两岸砂石海上运输正式恢复。

（四）以"两马"先行为契机，将福州开辟为闽台双向旅游的试验点和辐射两地旅游的中转站

福州是一座有 2200 多年历史的文化名城，被评为"中国优秀旅游城市"，但旅游业尚未在福州国民经济中占有应有的重要位置。马祖作为两岸对峙时期的军事前沿，带有神秘的战地色彩，诱人的离岛风情和密集的战地设施构成了马祖独特的人文景观。马祖岛是列岛中最大的岛，位于中国福建省东部、闽江口外，与福建省连江县面对，与中国大陆只有一水之隔，为海运要冲。主要由南竿、北竿、高登、亮岛、大丘、小丘、东莒、西莒、东引、西引及其附属小岛共计三十六个岛屿、礁屿组成。它距离台湾本岛 114 海里，离金门 152 海里，离澎湖 180 海里，与闽江口相距约 54 海里，离福建沿海约 10 多海里。列岛的陆域面积为 29．52 平方公里，全县各岛海岸线总长为 133 公里，属山地岛屿，多丘陵，沿岸平地不多，港湾曲折。沿海海产有海带、紫菜、黄鱼、鲳鱼等。在马祖除了战地震撼的阳刚风光之外，在自然人文上主要是承袭闽东的风俗民情，地理主要以花岗岩地形为主，多山峦起伏、陡峭的峰壁；"地无三里平"正是马祖的最佳写照。1998 年底马祖被台湾当局辟为"国家"级风景区。随着马祖大量裁减移防，马祖居民收入急剧减少，马祖民众要求开放大陆公民赴马祖旅游的呼声日益高涨。台湾当局也宣布了 2001 年 6 月开放大陆人士赴台旅游经商，并在试办通航办法中规定，每天开放大陆居民 200 名到马祖观光旅游。在此情形下，2002 年 9 月，福州马尾经贸考察团直航马祖进行交流考察，与马祖经贸文化交流联谊会、马祖行业协会及马祖商界人士进行了洽谈，签约 5 个合作项目：①福建三木集团与马祖八闽旅行社有限公司拟在马祖合作开发总投资 500 万美元的三星

级马祖旅游接待宾馆。②台湾协涌实业有限公司与马尾开发区职业中专将联合办学，计划5年内将马尾开发区职专办成拥有3000人以上规模的示范性重点职专。③马尾经济文化交流合作中心与马祖经贸文化交流联谊会拟在马尾筹建占地10亩、建筑面积达10000平方米、总投资2000万元人民币的“马祖商城”。④福州轻工进出口有限公司与马祖商会拟于2003年合作在马祖举办闽台（马祖）名优商品展销会。⑤福州市马尾华荣海运公司与马祖船务代理公司就代理在马祖的有关业务及手续办理、费用结算等方面签订了协议。与此同时，马尾考察团还实地考察了马祖对砂石等建材及日用品的需求情况和港口装卸条件，为即将启动的“两马”货运直航和“两马”直接贸易作准备。目前，两岸业已实现“大三通”，通过开放双向旅游，让台湾游客经马祖到福州，实现与福建省重点景区和外省重点景区旅游线路的联网，把每年约60万台湾游客的旅游线路延伸到福州，将有利于促进“两马”的经济繁荣。

为此，争取报请国家旅游局批准特许由福州市组织大陆公民由马尾赴马祖旅游，把福州开辟为闽台双向旅游的试点和辐射两地旅游的中转站，带动两岸经贸合作的发展。针对马祖地区政治敏感景点多的情况，马尾文化交流中心应与马祖方面进行协商，提出适当的调整和修改的要求，建议争取国家旅游局和有关部门制定相应的管理措施，采取确定出游限额，确定出游线路，确定政治信誉好的旅行社组团，严格政审，团进团出，旅游、公安、台办共同组织管理。目前，在两岸文化交流领域，马尾区纵深发展“两马”区域文化特色，连续六年开展“两马闹元宵”活动，并为“两马”闹花灯民俗节申请“国家非物质文化遗产”。2007年9月，马尾方面组织福州闽剧团一行90多人通过“两马”航线赴马祖演出；同年，马尾组团赴马祖进行了体育交流。2008年2月举办的“两马”同春闹元宵活动中，马祖方面组织庞大阵容来到马尾。演员参与面实现从马祖向台湾岛内延伸，盛况空前。在开放旅游市场准入方面，福州市要引导台商参与规划、投资旅游基础配套设施与旅游娱乐设施，建设对台旅游合作基地。

四、小结

海峡两岸通过公共融资向各级地方进行财政转移，从而确保各级地方执行某项公共服务职能。具体表现为：海峡两岸各级地方通过补偿一定程度超越管辖区的外溢收益，来按比例划拨专项资金，或者按照地域人口和地理特征划拨专项资金来用于某种地方公共服务。目前，海峡经济区内部地方分权和财政转移已逐步展开，主要体现为厦门湾对台合作新区和闽江口对台合作新区的创设以及通过开展“两马”先行来推进榕台及两岸经贸合作等方面。其中，隶属于厦门湾对台合作新区的厦门湾南岸已成为海峡西岸的新亮点。而隶属于闽江口对台合作新区的福州（平潭）综合实验区则更成为近期中央和福建省建设海峡西岸经济区的财政转移和地方分权的重点，力求将其建设成为对台经贸合作特区。而今后厦—金特区的创建则是最为现实的实现海峡经济区地方分权和财政转移的样板。

第七章　海峡经济区合同式发展

随着海峡经济区内产业与基础设施衔接的加速，亟须相互间经济机制的衔接。通过移植借用台湾“合同法”、“投资法”、“专利法”、“仲裁法”等经济与法律制度，为台资企业在福建发展提供法律保障。同时，厦门、福州保税区可借鉴台湾出口加工区和高雄境外航运管理中心的管理经验，加快“两区”对接步伐。在口岸管理上借鉴台湾体制，加强协调，使通关更为快捷、高效和经济。与此同时，通过市场交易的方式，整体收购或兼并技术含量高的研究机构、技术项目或生产企业、引进一流的核心技术和人才；通过各种灵活协议方式吸引台湾高科技人员来海峡西岸工作，实现技术成果的共享与开发；建立科技协同机制，在学术研究、科学普及、科技人才资源开发和流动、维护科研人员合法权益等方面展开合作；进一步完善知识产权保护法，推动建立区域科技共同标准。此外，通过共同建立 R&D 机构、就某科技项目进行共同 R&D 等，促进民间科技合作与交流向更高层次和领域发展。由此，在培育形成海峡经济区一体化运行机制的基础上，搭建两岸共同市场，发展海峡经济区企业战略联盟，促进闽台风险投资业的合作与发展，梯度推进海峡经济区联合产权交易市场，有助于推动海峡经济区逐步实现合同式发展。

一、培育海峡经济区经济一体化运行机制

（一）动力与激励机制

动力机制强调市场本身的力量，通过创造公平的竞争环境，放宽市场准入，强化契约制度、信用制度、裁判制度等市场交易规则，使得“逐利”的

市场主体在自动追逐自身经济利益的同时，可以在客观上促进海峡经济区的一体化进程。在此进程中，最重要的是维护市场主体的经济利益，通过一些明确的制度、协议条款和一些约定俗成的规则，使市场竞争主体的努力得到相应的回报，并保证他们的既得利益受到公平的保护；激励机制是强调地方政府、行政官员在推行区域经济一体化进程中的动力与积极性。政府不但是制度的供给者，政策的制定者，还掌握公共资源，起着重要的发展导向作用，因此政府的推动对于区域一体化的发展至关重要，要求制定、改革有关的人事制度、政绩评价体系、财税制度等，激励行政官员有动力去推动海峡经济区一体化进程的发展。

（二）约束机制

福建与台湾在经济、社会、文化等发展水平上差距较大，且台湾目前政治上相对独立。基于此，应遵循公平、协同、共赢的原则，制定反映各方共同愿望的制度、规则，根据实际情况逐步推进。应制定区域产业发展准则，确定市场准入、行业开放、要素流动等事项的领域、范围和进展安排时间表，拆除各种地方保护主义壁垒。在引资、贸易、人才、技术、信息等方面营造无特别差异的政策环境，促进要素自由流动，提高经济效益。建立协调裁决制度，加强行政协调，联手构建统一的制度架构和实施细则，以此协调各地区的政策行为。建立协调的基础设施网络，统一开发利用自然资源，统一整治和保护环境等。

（三）管理机制

要推动海峡经济区的正常运转，必须建立区域内共同事务管理机制，协调各方利益，以维护正常的经济秩序。从海峡经济区的实际情况来看，区域管理组织可以采取委员会制，即区域管理协调委员会，由中央有关部门牵头协调，海峡西岸各城市和台湾共同组成，采取席位制，对区域共同事务平等协商、集中决策。根据实际需要，可在专业、精简、高效的原则下设立各种专业的职能管理机构，如区域规划与产业协调委员会、基础设施开发管理委员会、环境保护与治理委员会、旅游资源合作开发委员会等。在区域管理委员会下设常务性办公机构，负责区域内各方共同制定的各项制度、规则、协议的执行、落实和监督，以及处理具体日常性事务。

（四）对话交流机制

官方层面可以建立行政领导定期会议制度，围绕各方共同关心的，或影响重大的事宜进行沟通和协商。另外应充分发挥不同层次的民间组织作用，一方面可以组建有关专家学者、民主党派、企业界人士广泛参加的圆桌会议，如类似“博鳌论坛”的“马祖论坛”、“武夷论坛”、“鼓浪屿论坛”、“船政论坛”等，就区域内部共同关心的具体问题进行讨论。另一方面是建立常态的以学者、企业家等为主体的发展咨询委员会、经济协调联合会、区域合作促进会等组织，这些组织形式既可以为政府决策提供咨询参谋，又可以促进企业界的直接交流与合作。第三方面是充分发挥行业组织、市场中介组织在区域经济一体化中的积极作用。

（五）利益共享与补偿机制

区域经济一体化的核心问题是利益分配问题。因此，区域合作的形成与有效运作，需要有与之相适应的区域利益共享与补偿机制，即区域内部各方在平等、互利、协作的前提下通过规范的制度建设在各方之间进行利益转移，从而实现整体利益在地区间的合理分配。在海峡经济区区域分工合作框架下，政府可对初级产品价格进行市场调节或指导定价，不同分工的行业组织通过协商来分配利润，类似农工商一体化形式的利润协议分成，使优势产业产生的税收向弱势产业地区进行合理转移补偿。

二、搭建两岸共同市场

（一）两岸共同市场范畴及区域经济效应

“两岸共同市场”概念是2000年由“台湾两岸共同市场基金会”董事长、台湾政治大学教授萧万长提出的。“两岸共同市场”是一个包括自由贸易协定、关税同盟以及劳动力和资本等生产要素能够自由流动的市场。其核心的概念是：一个大中华市场、两岸双赢、三步到位。

建立两岸共同市场是一个长期愿景，可分作三步进行：首先，实现“三通”直航和两岸经贸正常化。在试点直航和金马直航的基础上，两岸已实现包括周末包机和海运直航在内的“大三通”，使台湾与大陆沿海省份逐步形成一日生活圈，台商在大陆产业布局拥有更大的弹性空间，从而推动两岸加强经济合作和建立共同市场。其次，签订类似FTA或CEPA的经贸互惠协定。最后，建立关税同盟与货币同盟。未来15年，以两岸“关税同盟”为突破口，通过建立更紧密的经贸联系机制，实现货物贸易、服务贸易的自由化及投资的便利化。在实现两岸贸易和投资正常化的基础上，两岸可协商把相互之间贸易关税逐渐减让，直至取消彼此之间的关税及其他贸易壁垒，并对区外采取统一的关税税率，建立关税同盟，从而真正实现货物贸易自由化、服务贸易开放化、金融投资便利化。其中，在货物贸易自由化方面，可先取消两岸间的关税壁垒，实现在货物贸易方面的共同普惠关税。具体确定关税税率减少或逐步取消的贸易自由化进程时间表，对双方商定的商品，只要符合原产地规则，可享受比WTO规定更加优惠的关税或零关税。之后，逐步解除非关税壁垒。简化商品过境手续，双方互不对贸易货物实施限制性法规，不再引入和制定新的贸易壁垒；在服务贸易开放化方面，银行、保险、证券、零售、运输、物流、旅游、影视、展览、房地产、咨询、会计、律师、医疗等行业，可进入对方市场，并相应降低准入门槛。目前，大陆在旅游、影视、会计师、律师、医师等许多领域都对台湾开放，只有台湾对大陆实行单方面限制。

当前，台湾当局对大陆政策已逐步松绑，包括大陆企业赴台投资、两岸货运、海运直航及开放大陆学生赴台就学等，全面加强两岸经济、金融、交通、文教交流与关系；在金融投资便利化方面，两岸加强投资促进、通关便利化、商品检验检疫、电子商务、法律和政策透明度、中小企业合作、重要产业合作等，推动投资便利化。台湾当局在两岸相关松绑政策中，主要包括开放陆资赴台投资生产事业，开放台湾的投信、银行、证券、期货业到大陆投资。另外，两岸已签订金融监理合作备忘录（MOU）。这为两岸企业的发展提供了更广阔的空间。在关税同盟实现的基础上，未来40年内，两岸以货币统一为突破口，通过建立制度性经济一体化机制，建成共同市场。其一是要统一货币。统一货币是统一市场进一步发展和统一市场真正形成的标志。因此，两岸要建立完全意义上的共同市场，必须统一货币。中国货币一体化的关键是选择何种货币为法定流通货币，可以人民币作为唯一的法币或由新组建的中央银行发行新货币。其二是要统一对外贸易政策。两岸可以分步骤修改各自的法律制度，逐步统一各自的对外贸易政策，如对外歧视政策，进出口数量限制等，使两岸的对外贸易和投资法律趋于统一，从而充分发挥整体优势，提升两岸在国际市场上的竞争力；其三是要统一经济发展制度。这涉及两岸各自制度法规调整的问题，除了经济法规外，还涉及环境、社会福利与劳工政策协调一致。

由此，两岸确立的经济关系最重要的是以商品、人员、资金、服务、资讯等生产资源移动全面自由化为目的所进行的一系列政策与制度的调整。这些制度与法规的调整，不只是经济性的，还涉及环境、社会福利与劳工政策。主要体现为：投资与贸易保障，两岸金融合作与接轨，争议排解与仲裁制度的建立，智慧财产权的保障与专利认证规范的整合，就产品规格化、标准检测认证等规范进行协商，提供台湾民众国民待遇以及研商共同投资开发计划。两岸共同市场的建立可以改变两岸目前间接、单向的贸易现状，把分散、相互隔离的小市场凝结成统一的大市场，使两岸企业在激烈的国际竞争中获得相对稳定的市场，在物质、资金、技术和人员的自由流动中带来企业的规模报酬递增效益。从根本上使两岸企业摆脱现有市场规模的限制，实现更大的规模经济效益。由此，两岸之间的企业可以通过行业内的协议与合作模式来相互提供资源和市场，从而共同分享规模经济效益；两岸共同市场的建立意味着在两岸范围内某些行业垄断将逐步被打破，大陆企业和台资企业势必将在同一大市场内展开激烈竞争，同时也将面临其他成员国企业在两岸市场的强大竞争。建立两岸大市场可以把那些被地方保护主义分割的小市场融入到有序的大市场中。通过大市场的合作与竞争机制，实现小批量生产者的利益。此外，两岸共同市场的建成还能带来机器设备等资源的充分利用，通过专业化的大批量生产实现生产成本和销售价格的最大限度降低；两岸在农业、生物科技等产业方面具有突出的互补性，特别是CEPA实施后，两岸金融合作的需求更加迫切，尤其是台湾银行透过香港与大陆内地的合作，除了为双方企业的融资提供服务外，还发挥了有利于提高双方国际信用、增强各自对外资吸引力的作用。若将两岸作为整体开放的一个区域对待，其区域内产业开放的效应不但有利于增进两岸间的有序竞争，而且还可以推动区域内产业结构升级，促进与区域外国家和地区的投资、贸易和技术合作。

（二）闽台经贸合作推动福建建立两岸共同市场试点

两岸共同市场的推动可先在局部区域、局部领域、局部产业中进行初步的试点，通过试行取得经验，在条件成熟时再逐步扩大到其他区域。福建地处东南沿海，是云南、四川、重庆、江西、广西、贵州等西南部地区的出海口，市场辐射面广、覆盖面大，其所处的区位优势构成了率先推行两岸共同市场构想的独特条件。福建已拥有相当的两岸经济整合机制和经贸合作基础，拥有全国规模最大的台商投资区，通过“小三通”与金马澎直接往来，“大三通”后两岸直航港口达8个。此外，海峡两岸（福建）农业合作试验区、海峡两岸（三明）林业合作试验区、对台小额贸易、对台渔工劳务合作、保税区（包括港区联动运作机制）以及每年在福、厦、漳、泉举办的各类海峡两岸商交投洽会等，都是福建在两岸经济整合中可以先行作为的基础。闽台经贸合作开展20余年来已取得明显成效，台湾成为福建吸收外资和台资的第二大来源，是福建的第三大贸易伙伴和第一大进口来源地，台商到福建投资的热度仍在增长（表7-1、7-2、7-3）。此外，闽台农业合作目前居大陆各省市首位。特别是2005年7月，国台办、商务部、农业部正式批复海峡两岸农业合作实验区由福州、漳州扩大到全省，设立海峡两岸（福建）农业合作试验区后，福建省对台资金、良种、技术、设备、管理经验的引进与合作进一步加强，台湾对福建省的农业产业转移力度也进一步加大，这些都为福建作为两岸共同市场的试点提供了广阔的空间。

表7-1　台商对祖国大陆投资的区域分布概况

单位：百万美元；%

年份	福建			广东			江苏		
	累计件数比重	累计金额比重	平均每件金额	累计件数比重	累计金额比重	平均每件金额	累计件数比重	累计金额比重	平均每件金额
1995	15.94	13.78	0.86	32.34	29.88	0.92	22.34	29.74	1.33
2000	13.49	9.76	0.72	35.54	35.29	0.99	23.13	34.44	1.49
2001	12.98	9.00	0.57	35.10	34.31	0.80	24.53	36.77	1.23
2002	13.46	9.55	0.69	34.30	31.78	0.90	26.15	39.40	1.46
2003	13.46	8.84	0.72	33.98	30.64	0.99	27.57	41.36	1.65
2004	14.43	8.45	0.73	33.32	28.89	1.08	27.83	43.28	1.93
2005	14.34	8.22	0.79	32.97	27.80	1.16	28.33	44.90	2.17
2006	14.34	8.02	0.86	32.79	26.70	1.26	15.01	31.07	3.19
2007	14.26	7.39	0.92	32.49	26.65	1.40	15.37	32.22	3.72

资料来源：台湾"陆委会"，2008，两岸经济统计月报。

建立两岸共同市场不可能一蹴而就，需要从简便易行、较低层次的经济整合形式入手，而后逐步扩大功能和渐进发展。根据两岸政治经济环境的现实及福建已有的经济整合经验，从ECFA（两岸经济合作框架协议）起步是较为可行与稳妥的。与台湾一水相连的福建在两岸经济整合、商谈实施两岸ECFA与共同市场中亦具有其他省份无法替代的地位和优势，完全可能先行作为。就现有的闽台经贸关系而言，可以继续发挥民间主导、市场推进的模式，加大投资和贸易往来的幅度和强度。

表 7－2　福建对台湾的贸易依存度年度比较

单位：亿美元、%

年份	福建对台湾的出口		福建自台湾的进口	
	金额	占福建总出口比例	金额	占福建总进口比例
2000	4.04	3.13	24.21	29.12
2001	3.65	2.62	24.89	28.60
2002	4.33	2.49	29.18	26.46
2003	5.19	2.46	30.49	21.48
2004	6.76	2.33	36.80	20.30
2005	7.87	2.25	40.93	20.91
2006	9.50	2.30	46.57	21.76

资料来源：2007 年《中国统计年鉴》、《福建统计年鉴》。

表 7－3　台湾对祖国大陆进出口贸易结构地区分布概况

单位：%

年份	福建		广东		江苏	
	进口	出口	进口	出口	进口	出口
1995	7.82	5.65	46.15	60.89	10.22	1.95
2000	8.02	9.50	34.75	59.34	10.67	10.41
2001	7.30	9.10	34.56	56.05	12.46	11.76
2002	6.57	7.67	32.63	52.19	16.14	15.86
2003	5.76	6.18	28.03	46.66	20.76	22.71
2004	4.99	5.68	20.62	42.31	24.18	27.57
2005	4.76	5.48	21.38	41.33	29.40	28.31
2006	4.58	5.35	21.10	40.22	27.07	28.68

资料来源：2007 年《中国对外经济贸易统计年鉴》、《福建统计年鉴》、《广东统计年鉴》、《江苏统计年鉴》。

基于此，可以首先以闽台共同市场作为最终建立两岸共同市场的试验区。闽台共同市场是一个地方性经济范畴，它要求区域内市场的双向开放和生产要素的双向流动，主要包括：资本、技术、人员、信息、商品的自由流动，经济政策的协调，相关法规的协调，统一的协调机构和经济发展的磋商机制。为推动闽台共同市场建立，首先要请求中央赋予福建省地方特别立法权，协调与台湾的经济社会“立法”，使其逐步趋于一致。同时，请求中央赋予福建省特别经济社会发展决策权，在中央授权范围内自主与台湾协调经济社会发展政策；其次分阶段逐步降低乃至取消闽台间所有货物往来的关税和其他壁垒，实现闽台共同市场内部商品、劳务、技术和资本的自由流通，使贸易投资便利化，逐步建立统一的税收和贸易政策。合理布局产业，发展农业、工业、服务业共同市场。再者，设立海峡投资银行，建立共同的投资政策体系，特别是开发福建山区和台湾东部经济落后地区。另外，要制定相关法规与准则，并成立规范、权威的协调机构，如闽台共同市场理事会，负责协调闽台双方经济政策，并拥有管理共同市场的最终决定权。执行委员会，负责执行共同市场的相关政策和协议。争端解决机构，负责协调和解决闽台在执行各项法律法规中发生的各种争端。与此同时，闽台共同市场的建立需要一定政策机制的辅助。其中，对于闽台之间投资者权益保障、贸易纠纷调解及仲裁、知识产权保护、产品市场准入以及反倾销等经贸问题，可先进行沟通和协调，待达成共识后，形成协议；在台商投资项目的审批方面，非国家宏观调控的项目由福建主管部门自行审批，涉及国家宏观调控的项目，采取个案审批，但给予优先安排；放宽台湾商业零售企业、贸易公司、旅行社、信息咨询服务企业、医疗机构及其他工商服务企业的准入条件和进入范围。推广闽台农业实验区的政策，加强闽台农业交流与合作；允许在福建试办对台离岸业务，批准福建指定一家或几家商业银行作为两岸货币清算的我方指定银行，推动人民币在闽台两地的使用和结算。适当放宽台资银行、保险、证券机构进入条件，允许台资参股地方股份制金融机构，允许台资银行开办人民币业务和台币兑换业务，增加台资企业融资渠道。

三、发展海峡经济区企业战略联盟

企业是区域经济运行的最基本的微观单元，区域本质上是一系列生产性和服务性企业的集合体。企业和关联企业建立良好合作伙伴关系，并形成战略联盟，可以使企业更加专注其核心竞争力的提高，降低交易成本，在激烈的市场竞争中获取竞争优势。经过20多年的发展，海峡经济区业已形成以台商在福建的投资为主推进两岸产业对接的基本格局。而海峡经济区的产业连接是区域内企业一体化发展的综合体现。

由于福建和台湾都是以中小企业为主，两岸在加入WTO后和全球经济一体化的背景下，两岸企业规模不足和竞争优势不足的问题更加突出，因此，实现两岸企业之间的一体化，不仅是企业生存的需要，更是企业发展的需要。而要实现企业间一体化，“战略联盟”是一种广为采用的模式。战略联盟是两个或两个以上有着对等经营实力的企业，为达到共同拥有市场和使用资源，通过合同而结成的优势相长、风险共担、要素双向流动的松散型网络组织。企业间战略联盟包括产品联盟和知识联盟两类，其中，产品联盟以产品的制造为主轴，知识联盟则以学习和创造知识为主轴。在知识联盟中，联盟各方的合作关系更加紧密，各企业要学习、创造和加强专业能力，必须在一起进行紧密的合作。知识联盟的参与者包括制造商、供应商、经销商、技术团队等。知识联盟有利于企业创新能力的提升和打造新的产业链。通过建立策略联盟，合作双方企业可扩大企业可支配的资源范围，综合运用双方的比较优势，提高企业的竞争力。由此，以福建省为主体的海峡西岸的企业应积极发展与台湾企业的策略联盟，主要以产品联盟为“连接点”，以知识联盟为生长点，从而有利于推进海峡经济区产业结构的一体化和高级化。

（一）企业战略联盟推动企业竞争优势提升

企业是一个综合设计、生产、销售、运送和管理等活动的集合体，其创造价值的过程可分解为一系列互不相同但又相互关联的增值活动，总和即构成“价值系统”。价值链中的价值活动可分成基本活动和辅助活动两大类。其中，基本活动是指涉及产品的物质创造及其销售、转移给买方和售后服务的各种活动。辅助活动则是指辅助基本活动并通过提供外购投入、技术、人力资源以及各种公司事务职能以相互支持。企业的辅助活动并不与特定的基本活动相联系，而是作用于整个价值链，并影响价值创造。

在企业的R&D、生产制造、销售及服务管理等价值活动中，并不是每一环节都创造价值。企业所创造的价值往往来自某一个或几个特定链节的活动，这些特定的链节就是企业价值的“战略环节”。企业在竞争中的优势，特别是能长期保持的优势，也就是企业在这些特定战略环节上的优势。因此，各自拥有核心能力的跨国企业要实现各环节对价值链增值的最大贡献，就必须在各自的优势环节上展开合作，以达到整体利益的最大化。任何企业都只能在“价值链”的某些环节上拥有优势，而不可能拥有全部的优势。在某些价值增值环节上，本企业拥有优势，在其余的环节上，其他企业可能拥有优势。为达到“双赢”的协同效应，企业会通过建立战略联盟来获得更大的竞争优势。企业战略联盟是两个或多个企业通过在价值链某项或几项活动的协调共享，达到扩展价值链和增强竞争力为目的的组织。价值链中的企业通过建立联盟伙伴关系，在对相关业务活动共享的过程中相互合作并密切配合，从而大幅度降低其中的协调成本。联盟伙伴间的战略协同使双方在更多的领域保持较强的一致性，从而有效地减少共享价值活动中的妥协成本。同时，联盟组织的松散性使联盟企业在履行“共享价值活动”的义务和职责时仍保持较强的灵活性和应变能力，进而有效避免共享过程中僵化成本的生产。总体而言，企业战略联盟是在保持双方核心竞争力相对独立的基础上，实现优势互补、资源共享和双赢。

（二）企业战略联盟有助于两岸企业互动双赢

台湾在1960年代后走上出口导向型工业化发展道路，其资本运作、营销理念，新技术开发创新能力比较适应现代企业潮流，在国际市场上有较大发展空间和竞争实力。台商到海峡西岸投资兴办企业，将原有的生产设备、市场网络、营销渠道、资讯信息、技术 R&D、信用关系也带到海峡西岸，推动了海峡西岸出口创汇型企业的发展，并使海峡西岸经济参与国际分工的范围和深度进一步得到拓展，相关产品企业的发展和整体经营水平得到提高。

近年来，一些大型台资企业利用祖国大陆加快改造国营企业的契机，采取与海峡西岸国营企业合作的方式进行投资，在有效利用国有企业既有的原料与市场资源的同时，台资企业逐步改变传统的营运方式和购销渠道，在本地采购原材料、机器设备和零部件，半成品的比例已超过 50%。与此同时，台湾在经过 20 多年由劳动密集型出口工业带动增长后，1970 年代末已面临成本上涨和产业升级的压力，而海峡西岸适时的开放为台资企业带来了大量廉价劳力，使其产业升级的压力和技术创新的动力同步减弱。由此，台湾向海峡西岸迁移的企业与本岛原有企业的增长方式仍都主要以来扩大资本和劳动力的投入，而不是依靠技术进步提高综合生产率来取得，在国际市场上主要依靠低价格进行竞争。为了进一步保持产品竞争力，台资企业必须深化与内资企业的合作层次。而作为后发展型的海峡西岸企业要想赶超台资企业，就应该积极发展与台湾企业的战略联盟。

目前，台商在福建的投资以中小企业居多，企业投资规模普遍偏小，平均单项投资规模约 100 万美元，“三来一补”占较大比重。而祖国大陆加入 WTO 后，跨国公司纷纷“抢滩”海峡西岸，这对以中小企业为主体的台湾企业造成巨大竞争压力。同时海峡西岸本土企业正迅速崛起，使台商面临前所未有的竞争压力。

与此同时，祖国大陆及海峡西岸对台商原有的特殊优惠政策在入世后正逐渐缩小或消失。例如，从 2008 年 1 月 1 日起，祖国大陆正式实施《企业所得税法》，取消了现行的一些优惠政策：①取消生产性外资企业的“两免三减半”税收优惠政策。②取消产品主要面向出口的外资企业减半征税优惠政策。③取消外资企业再投资退税政策。此外，随着海峡西岸经济市场化程度不断提高，经济法制化逐步完善以及科技水平的迅速提升，台商必须面对法制环境完善后的公平竞争的经营环境，必须采取本地化战略，充分利用海峡西岸的科技、人才、原料等本地资源优势。在跨国公司大举抢滩祖国大陆市场的情形下，台商可利用其在祖国大陆拥有的社会、文化和语言优势与先入市场优势加强与欧美跨国公司合作。如今，一些台资企业已成为在华跨国公司产业链的一部分。同时，台资企业应积极与海峡西岸的内资企业组成战略联盟来与跨国公司相抗衡。近年来，台资企业在海峡西岸投资呈现为组织联盟化，同一产业产品的上、中、下游，或以核心企业带动关联企业，形成集团化、联盟化及专业化。例如，华映光电、冠捷电子、漳州灿坤等大型电子信息台资企业，带动了一大批上下游配套台资企业在福建省落户。机械行业以东南汽车为龙头，形成了320家配套企业群落，成为拥有完整的冲压、焊接、涂装、总装四大工艺，前后工序完整的专业汽车生产基地。但是，台资企业与福建同行企业、上下游企业的互动较少，产业关联效应弱，由此导致其企业聚群整体竞争力的下降。由此，台资企业必须在新形势下主动与国际市场、跨国公司合作，与大陆市场、内资企业组成企业联盟，充分利用大陆原材料加工出口创汇，与内资企业配套，才能降低生产成本，提升竞争力。

随着两岸关系发展和福建投资环境的改善，尤其是海峡西岸经济区的建设，将为台资企业提供更广阔的投资发展和企业竞争力提升空间。

由此，两岸企业缔结战略联盟彼此可获得相应的优势：①形成协同效应下的竞争优势。竞争力的高低直接取决于企业所能控制和使用的资源数量和质量。不同的企业在自身发展过程中形成了不同的优势资源，这些资源在提供产品和服务、满足消费者需求的过程中呈现为较强的互补性。企业战略联盟能以资源共享的方式将不同企业的资源整合利用，有利于发挥各种资源的优势，带来新的产出，进而提升企业竞争力。内资企业更了解大陆消费者的需求，拥有发达的销售网络和庞大的销售队伍。台资企业掌握着技术、产品开发、生产等环节的关键性资源，拥有独特的管理制度和管理方法。若将内资企业的市场资源同台资企业的技术和管理资源进行整合，就可以产生协同效应，即企业联盟会实现知识、信息共享，战略资源互补，保持持续的竞争优势。②降低成本和风险以提升企业竞争力。战略联盟是通过与其他企业合作，提高营销和经营效率，降低成本，创造低成本竞争优势。战略联盟可以使企业资源运筹范围从企业内部扩大到企业外部，通过资源共享与互补，有效地提高资源的综合利用效率，降低单位生产成本。通过战略联盟可使企业在目标市场上拥有更强的市场竞争力，在更大的市场范围实现规模经济。例如，台湾传源公司与生产打印机的知名厂商福建实达公司建立市场联盟关系，借助实达公司对市场行情的熟悉，双方共同对市场进行分析、预测、制订合理的市场战略，并利用实达公司遍布全国的销售网络，共同开拓市场，从而使传源公司的产品在祖国大陆打开了销路，拓宽了新的市场领域；厦门法拉公司与台湾华榕公司结合各自的资源和优势组建技术联盟，共同开发电容器专用设备制造技术。通过合作缩短了R&D时间，降低了开发成本，并使双方获取共生利润，该技术联盟方式有利于两岸企业提升技术水平和增强企业核心竞争力。③发挥组织学习效应以强化企业竞争优势。企业战略联盟具有通过员工相互切磋激发组织学习提高企业竞争力的效能。其中，来自不同企业的人员必须相互配合和工作，呈现为“干中学”。来自不同企业的员工、新吸纳的人员可以在联盟中相互交流经验。参与者可以在共同开发新产品、经营新业务的过程中不断磋商、探讨和交流，从而全面提升各自的技能和知识水平，双方的生产效率和管理效率均得以提升，由此推动企业向竞争性合作迈进。海峡两岸在发挥各自比较优势的基础上缔结企业战略联盟，可在经济领域的更高层次上实现合作与互动发展。

（三）两岸企业战略联盟的选择路径

企业战略联盟经历了传统企业联盟（价格联盟）、现代企业联盟（产品联盟）和新兴企业战略联盟（知识联盟）三个阶段。

其中，现代企业联盟发展成为企业间以新产品合作研究与开发、市场开拓与发展为基础的联盟形态。通过企业战略联盟的协同作用实现企业间价值链动态及全方位的连结，为联盟中企业提供了产品成本竞争优势，同时为企业提供了产品R&D、市场开拓等规模竞争优势。知识联盟则体现为：①学习和创造知识是知识联盟的中心目标。②知识联盟企业内部的知识由联盟成员共享。③知识联盟参与者范围较广。包括制造商、供应商、经销商、技术团队等。④知识联盟具有更大的战略潜能，有利于创造新的核心竞争力和打造新的产业链。

当前，海峡两岸企业战略联盟层次不高，联盟的形式主要停留于产品合作阶段，较高层次的强强技术联盟较少。而且，企业战略联盟合作双方的经营能力不对等，知识多为单向流动。海峡西岸企业多为技术和资金的吸纳者，处于被动和配角地位，分享的利益十分有限。随着科学技术的迅猛发展，现代技术的综合性、复杂性使跨国公司 R&D 的难度越来越大。联盟企业所获得的竞争优势已逐渐由产品的成本优势发展到产品的创新优势、企业的组织优势和技术领先优势。由此，海峡两岸企业战略联盟应以知识联盟为“生长点”，通过企业战略联盟，两岸企业间的知识资源将进行双向或多向流动，创造新价值和产生新知识，最终有利于两岸企业提升彼此的核心竞争力。

海峡两岸企业战略联盟的选择路径主要包括确定战略联盟目标、筛选适当联盟伙伴、实施联盟内部管理以及建立有效的学习机制等四方面。

在确定企业战略联盟目标方面，主要从价格协议、行业标准、品牌营销等外围的功能向资源互补、R&D、供求合作、市场进入、风险共担等演进。在此基础上，推动企业战略联盟从传统的功能型组织向学习型组织转变，并将其与自身的核心能力融合连接，提高企业适应环境变化的能力。

在筛选适当联盟伙伴方面，主要侧重：①优势互补性。即双方在知识、资源和能力上的互补性，包括对方在某方面可供自己利用的诸如技术、市场、品牌及管理经验与能力等优势。②互惠性或双赢性。即联盟能给双方都带来长期的互惠利益。③实力相当性。在战略联盟发展过程中，强强联盟已成为现代战略联盟的主要方式，由两个实力相当的企业结成的战略联盟要比实力强弱悬殊的企业结成的联盟更稳定。在企业联盟的伙伴选择中必须充分考虑硬指标和软指标。其中，硬指标是有关伙伴个体的指标，主要包括市场状况、互补性技巧和财务状况等。软指标是有关伙伴关系的指标，主要包括承诺、融洽性和信任等主观因素。

在实施联盟内部管理方面，要为联盟确定共同的信念。同时，在联盟伙伴间建立高度相容的文化体系。让具有不同文化背景的联盟企业间、管理人员间相互理解、相互尊重对方的文化。此外，还要构建联盟企业有效的信息沟通渠道。

在建立有效的学习机制方面，战略联盟内的成员企业应首先把学习与创新作为一项战略任务。通过学习最大限度地尽快将联盟的成果转化为竞争优势。应注重创造有利于学习知识的环境，创造有利于信息和知识自由交换的学习环境。同时，企业应积极主动地获取联盟知识。另外，要建立联盟内部的动态学习机制。采取人员交流、技术分享、访问参观联盟设施、加强与联盟组织的战略联系等办法，使联盟知识在企业内部有效扩散。

四、促进闽台风险投资业的合作与发展

风险投资（venture capital），亦称为创业投资。台湾地区于1980年代初从美国引进风险投资事业，在岛内形成了一个使新公司能够不为债务所累、茁壮成长的金融体系，在风险投资国际评比中排名第三。随着海峡西岸经济区的建设、市场潜力与人力资源的吸引，台湾高科技企业竞相投资大陆。为此，福建省应当按照“由政府投入引导，以市场行为运作，按经济规律办事，向国际惯例靠拢”的思路，稳步推进福建省风险投资的发展，积极吸引台湾风险投资进入海峡西岸经济区，促进闽台风险投资业的共同发展。

（一）闽台风险投资合作的现实基础

1. 福建省风险投资业发展的现状及制约因素

截至2007年，福建省各类风险投资及相关机构约12家，居全国第14位。其中，最大的福建华兴风险投资有限公司，注册资本仅为1.01亿元，同高新技术产业发展的实际需求差距较大。总体而言，福建省风险投资主要存在以下问题：

一是风险投资资本规模小，整体实力弱，投资主体单一，融资渠道狭窄。发展风险投资是解决高新技术产业发展资金短缺的重要途径，而福建省

风险投资资本规模明显偏小，资金来源严重不足。福建省政府对创业资本3年投入1亿元，而且还分两家公司投入，只能投资一些短平快、投资少、风险低的“安全”项目。风险投资企业资本构成单一是福建风险投资资本规模小的直接原因。政府创办的风险投资企业以政府资金投入为主，风险投资无法形成良性循环，由民间创办的风险投资企业得不到政府资金的支持。由此，福建还没有形成“政府出资引导、民间资本为主体、境内外投资相结合”的多元化的风险资本来源体系。同时，民间资本本应成为风险投资的最重要来源，但福建省的风险投资仍由政府主导，绝大部分来源于政府财政，因此，福建省风险投资、融资渠道窄，很难引进境外的风险投资资本，而且社会上的民间资本也缺乏流入途径。由于缺少通畅的进入机制和保障机制，福建省相对充裕的民间资本难以跟进，影响了多元化的风险投资主体形成。

二是风险投资的管理方式落后，运行机制不完善，运作模式保守、封闭。福建省对风险投资的管理没有实行市场化取向，而是沿袭传统的国有企业管理模式，政府的行政角色尚未彻底淡出。政府对官办风险投资公司的干预仍在，没有将风险投资公司交给成熟的专业管理公司去运营，没有按《公司法》建立起有效的公司制法人治理结构，也没有按市场取向建立起适合风险投资运行的激励与约束机制，出资人、投资人的责、权、利不匹配，各方积极性难以充分发挥，普遍存在资本流失、效率低下、监督弱化的通病。风险投资的运行机制存在明显的缺陷。在风险投资中缺少投资项目的专家咨询评价机制，对项目的筛选随意性大，缺乏严肃性、科学性，而在风险规避方面也没有建立起风险投资的风险内控机制。最为关键的是风险投资缺乏退出机制，风险投资难以变现取得回报。福建省资本市场发育严重滞后，产业资本证券化程度低、推动企业改制上市的力度弱，产权和技术交易不活跃，企业股权流动性差，造成风险投资退出机制的阻塞，影响了风险投资的收益兑现，无法吸引更多的风险资本投入。

三是创业环境不够理想，风险投资的政府扶持力度和社会中介力量比较薄弱。政策环境是风险投资事业发展的根本保证。福建省关于风险投资的政策和法规还较少，促进本省风险投资发展的地方性法规条例尚未出台，优惠政策也较少，使得风险投资企业及个人无法可依、无章可循。这也导致全国各风险投资机构对福建的政策和法规环境评价不高，进而限制了福建风险投资业的发展。从《中国风险投资发展报告2004》的风险投资机构对不同地区的政策评价中看，福建在20个省、市中仅名列第17位。企业环境是风险投资事业发展的物质基础。福建省宏观经济基础相对较差，科研力量弱小，真正有条件、有能力创业的企业如凤毛麟角，而高等院校、科研院所也不够集中，无法形成风险投资的区域集聚效应。而成长型创新企业是风险投资的载体，没有一个具有活力的中小型创业企业群体，没有可提供给风险投资机构精挑细选的创业项目，风险投资就失去了发展。因此，福建省可供风险投资进行投资选择的创新型企业十分有限。

2. 台湾风险投资业发展的特色

与海峡西岸的福建省相比，台湾的风险投资借鉴美国硅谷模式，自1980年代开始在曲折中找到了符合台湾岛情的市场定位，求得了持续快速发展的良好势头。

第一，在台湾地区经济蓬勃发展的过程中，台湾当局为风险投资的发展创造了良好的政策环境。台湾鼓励风险投资事业的两个主要工具是租税减免和资金融通。在租税减免方面，除颁布了《风险投资事业管理规则》之外，每年还根据台湾产业的发展情况出台《风险投资事业适用标准》，对70%以上资产投资于此的创业投资基金予以税收减免。在资金融通方面，台湾当局提供专项贷款和补助金。然而，出于对风险投资业与其他投资行业之间租税公平的考虑，台湾于2000年取消了风险投资业的投资抵消减免税收优惠政策，意味着消除了风险投资公司与一般性投资公司的区别，导致风险投资公司因资金来源匮乏而萎缩，进而危及台湾的科技产业发展及整体经济成长。

第二，台湾当局推出灵活的适应台湾中小企业经营的风险资本退出机制。退出战略是经营风险资本的银行或公司经营战略的一个十分重要的组成部分。股票上市交易，即经营风险资本的金融公司或银行通过发行股票的方式进行退出是最理想的方式。为此，台湾采取了一系列措施来促进科技型企业的股权流动，既巩固了创业资本的投资成果，又为创业资本今后的发展指明了方向。与美国等发达国家不同的是，除了公开上市以及并购之外，台湾还有发达的“店头市场”、非上市股票的“灰市交易”（gray market）以及在合同中订有“强制赎回”条款。“店头市场”① 的发展使得风险基金所扶持和支持的企业可以随时通过场外交易实现股权流通。由于台湾企业中的大多数是中小企业，“店头市场”实际上起着为广大中小企业筹集资金的作用，同时也促进了中小企业场外交易数量的迅速增加。

第三，台湾风险投资对象原来主要是科技事业，1993 年 3 月放宽投资范围，规定风险投资可以在 30% 的实收资本额内投资一般制造业。由此，台湾风险投资所包含的科技事业的范围主要涵盖通讯、半导体、航天、高级材料、特用化学品与制药、医疗保健、资源开发及高级感测等领域（图 7－1）。

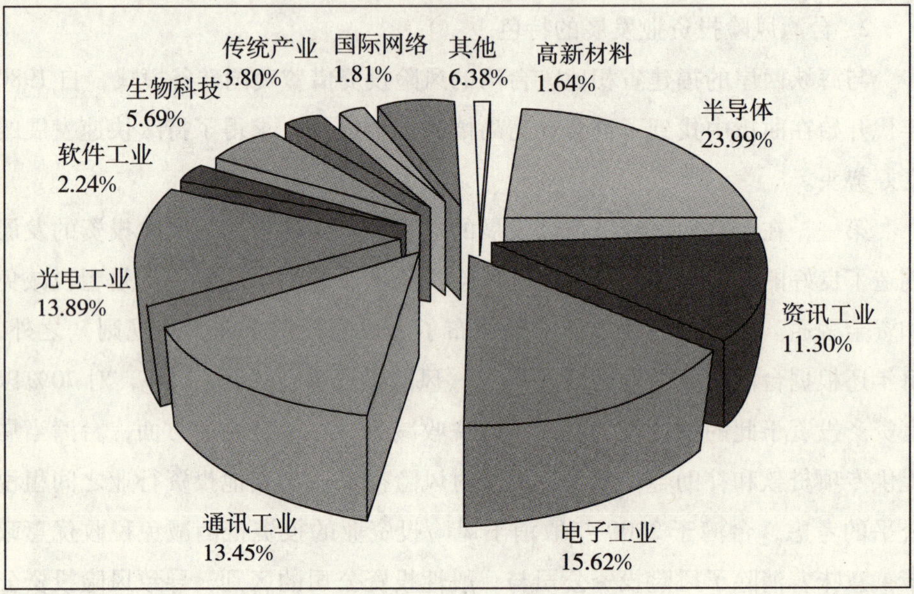

图 7－1　台湾风险资本投资领域概况

资料来源：台湾创业投资公会，2004 年。

---

① 即柜台市场（Over－the－Counter），包括柜台买卖中心和兴柜股票市场。柜台买卖中心是台湾柜台市场体系的高级形态，其进入门槛较高，交易方式是以竞价交易为主，以做市商制度为辅。而兴柜股票市场是台湾柜台市场体系的低级形态，进入门槛较低，系由台湾柜台买卖中心代管，交易方式以在证券公司营业处实行议价买卖为主。

第四，台湾风险投资的资金来源为岛内法人（77.43%）、岛内个人（15.56%）、岛外法人（6.65%）和岛外个人（0.37%），岛内法人机构所占比例有逐渐增加之势（图7-2）。从构成看，台湾的风险投资资金主要来自产业界。随着风险投资在台湾发育日渐成熟，台湾当局投资比重开始逐渐下降。从1994年起，台湾当局在风险投资领域开始向保险公司、民间银行开放。与国外风险投资资金的主要来源相比，台湾风险投资缺乏长期资金注入。在资金融通方面，台湾当局提供专项贷款和补助金，扩大了风险投资事业的资金来源。

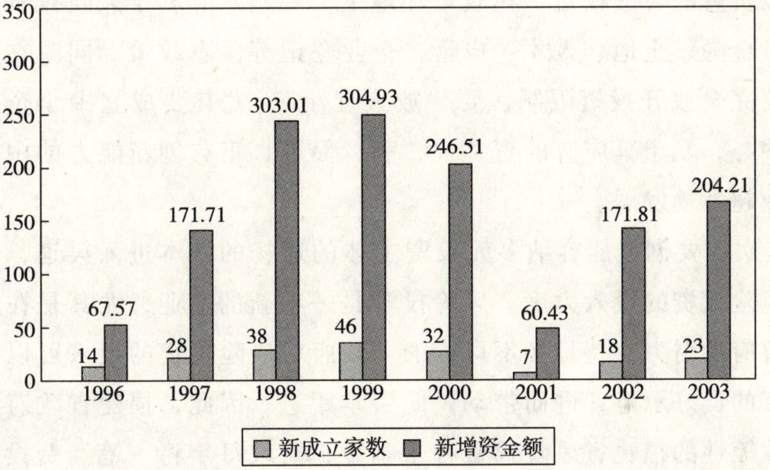

图7-2　台湾风险投资企业发展及资金来源（1996-2003年）

资料来源：台湾创业投资公会，2004年。

第五，台湾风险投资都是以投资公司形式设立和运作，风险投资基金都是以私募方式募集。私人风险投资公司是创业基金运作的主要载体。风险投资公司的模式主要包括三类：①自设经营团队，自行管理投资。②不设经营团队，委托一家管理顾问公司管理投资。③不设经营团队，委托另外一家拥有经营团队的风险投资公司管理投资。这样，在充分发挥基金管理人的“专家管理优势”的基础上，又辅之以董事会的必要监督，就能更好地发挥风险投资基金的功效。

（二）促进闽台风险投资业共同发展的途径

首先要营造适合于风险投资发展的宽松外部环境。发展风险投资并非只是简单的筹集资金过程，而应建立优化资金有效配置的机制，集中精力创造一个适合创业资本立足、生长的环境，从而建立吸引创业资本的优势。政府部门要为风险投资的发展提供宽松的宏观环境。在法律环境上，福建省要尽快出台有关的政策法规，将风险投资事业纳入法律保障之下。同时不断规范风险投资的投资行为，切实保护创新者、创业及风险投资者的合法权益。在政策环境上，要制定有利于风险投资发展的财税、金融、土地、人才、户籍、企业登记等优惠政策。同时在产业政策上要完全放开投资限制，要“放大促小”，尤其要成立中小企业创业促进中心，赋予其应有的责、权、利，促进真正有创新能力的中小型高新企业超常规发展。

其次，要创造能容纳多元投资主体的通畅的资本进入渠道，加大政府对风险投资的投入力度。风险投资是一项新的事业，尤其是在创业初期，政府的财力支持是必不可少的。政府对风险投资的投入可以形成风险投资的良好示范，进而带动民间资本跟进。因此，福建省政府应尽快成立政策性的福建省风险投资种子基金，财政每年将一笔经费投入到种子基金，力争在3—5年间使之能达到3亿元的规模。种子基金重点要建立起创新企业的孵化器功能，为创业企业提供资本支持与管理咨询，侧重进行风险投资的前期投入。同时，改组纯国有性质的各种投资公司，对改革开放以来福建省组建的投资公司进行重组，剥离不良资产，盘活存量，并吸收民间资本参与，在此基础上组建新的投资公司进而改组为风险投资基金。淡化政府行政色彩，按照市场化的方式进行运作。

再者，要打造足够承载风险投资发展的坚实企业基础，为台湾风险投资进入创造条件。风险投资对创新企业与项目的投资体现为投资人与被投资人的关系，项目是风险投资的载体，风险投资是项目的支撑，因此，风险投资的发展离不开创新企业群体。必须立足于发挥福建省中小企业多的优势，加快建立产权明晰的现代企业制度，对现存的高科技企业实行以现代企业制度为目标模式的产权改造。深化科技教育体制改革，坚决将一些仍属于事业编制范畴的专业技术研究所等单位或者组织推向市场，要将这些科研组织建设在大公司、大企业内，真正实现由企业来支撑科研的投入，并由企业来享受新技术、新工艺所带来的丰厚利润的机制。要积极鼓励公众的创新行为，鼓励有专长的科技人员、高等院校师生开展发明创造活动。通过创业企业和风险投资公司基于未来的合作共谋发展，用市场机制和市场原则来筛选高科技企业，最大限度地优化资本市场的资源配置，为台湾风险投资进入创造条件；另外，还应优化台商风险投资的税收政策，增加对风险投资者的优惠，对现行高新技术产业的优惠进行整合，加大建立统一的鼓励风险投资发展的税收政策。

最后，要促进产业集聚，增强中心城市的经济实力和辐射带动力，加快风险投资业的发展。产业集聚是中心城市规模扩大、功能完善的根本物质基础，是中心城市发展壮大的最关键驱动力。促进中心城市产业集聚，必须以工业化推动城市化，以城市化带动产业集聚和产业发展。必须坚持以工业为主导，大力发展以制造业为主体的工业经济，加快先进制造业基地建设，形成强劲的产业支撑，提高城市经济实力。中心城市要根据自身的要素秉赋以及发展现状，明确城市的产业功能定位，并以此为指导，合理确定产业的发展重点，形成各有特色的稳固的产业基础。福州、厦门、泉州三大中心城市更要坚持工业立市、制造业与服务业并重，综合利用港口优势和对台合作交流优势，吸引台湾的风险投资，建设产业实力雄厚的经济中心城市。

五、梯度推进海峡经济区联合产权交易市场

（一）发展产权交易市场推动形成海峡经济区良性金融生态

福建省产权交易市场经过10多年的发展，已经成为海峡西岸专业化、市

场化的产权流转和投融资平台，在促进资源的优化配置，不断提高国资监管效能和保值增值等方面发挥了重要作用。

2007 年年底海峡西岸联合产权交易市场成立后，福建省产权交易中心与全省各地的产权交易机构签订了联合协议，搭建了“海峡西岸联合产权交易市场挂牌报价系统”，通过“两个联合”（联合信息发布、联合组织交易），提升“两个发现”（发现竞买人、发现价格），加强内部市场的建设，促进了产权的顺畅流转，初步形成了全省统一的产权交易平台。但是，随着海峡西岸经济区建设的全面推进，福建省原有的产权交易格局已不适应新形势发展的需要。目前，海峡西岸联合产权交易市场结算、交易、股权托管、信息四个平台的功能未能充分发挥，内部市场的整合也面临突破。

国务院《意见》颁布后，闽浙赣粤四省区交易机构反应迅速，马上达成开展区域协作的意向，这对海峡西岸产权市场的发展是一个难得的机遇。要贯彻《意见》精神，统筹区域内协调发展，推动跨省区域合作，就必须充分发挥闽浙赣粤四省区较强的经济联系与互补优势，以及台资企业聚集的优势，从构建 4 省区 20 个城市的区域资本共同市场起步，再进一步扩展为闽浙赣粤台共同合作的区域性资本市场，从而为海峡两岸合作与交流提供充满活力的市场化平台。

这一方面有利于促进 4 省区间横向产权市场的对接，突破地区间的行政壁垒，在更大的空间范围内促进产权顺畅流转和资本集聚，拓展海西区的集聚与辐射效应，发挥先行先试优势，在推动两岸金融合作中取得实质性的突破。另一方面，也有利于促进海峡西岸联合产权市场内部全省产权交易机构的纵向整合，促进资本市场与实体经济的有效对接，为区域经济发展提供有力的资本支撑。

当前福建省资本市场体系还是以全国性资本市场为主，地方产权交易市场建设相对滞后。资本市场发育滞后对福建省的经济发展造成严重负面影响：一方面，近年来福建省民间资本大量增加，2007 年全省城乡居民存款余额达 4711 亿元，但由于民间资本投资欲望不强，民营经济增长乏力，造成大量资本沉淀，畸形消费。另一方面，由于缺乏社会资金集中平台，资金短缺已成为福建企业特别是中小企业发展瓶颈，而且也成为民间标会、地下高利贷融资等非法融资屡禁不止的诱因，严重扰乱社会金融秩序。因此，促进海峡两岸金融开放与合作的同时，推进产权交易市场平台建设势在必行。

1. 发展区域产权市场有利于扩大海峡西岸资本市场的深度和广度

金融生态环境直接影响海峡西岸经济运行环境和投资环境，制约着区域经济和金融业的持续快速健康发展，而且决定海峡西岸对金融资源的吸引力和地区间金融资源的差异，进而决定本地区金融核心作用的大小。发展区域产权市场，一方面有利于创新金融产品，优化区域金融市场结构，加强金融市场与金融机构的联系，完善区域资本市场，改善海峡西岸整体金融环境。另一方面，产权市场交易品种的多样性和庞大的投资人信息库、企业信息库，有利于中小企业拓宽直接融资渠道，提升中小企业价值，促进产权资源的优化配置，实现资本市场与实体经济的有效对接。同时，发展区域产权交易市场，引导非上市公司的产权进入市场交易，可以提高企业直接融资的比例，优化企业的融资结构，增强企业的核心竞争力，降低企业对民间借贷的依赖，防范部分地区因地下私募产生的金融风险和金融诈骗。

2. 发展区域产权市场有利于提升海峡西岸资本市场效率

加快海峡西岸产权市场建设，一方面可以推进福建省经济布局和结构的战略性调整，通过资源配置，规范国有产权转让，降低福建省国有产权转让成本，发现买主，挖掘市场价值，提高保值增值能力，进而完善服务体系，优化投资环境。另一方面，可以通过各种优质的产权交易项目吸引民间资本和外资投入，有利于企业引进战略投资者，为成长型企业和高科技类中小企业股权融资提供通道，完善创业投资企业的投资退出通道。在金融全球化背景下，收购兼并是跨国公司和大财团资本流动的重要手段之一，产权市场能够为这些并购行为提供有序、规范和高效的运作平台，同时也能适时有效进行监控，防止恶意并购发生，促进海峡经济区在改革开放新阶段，构建更高层次、更大范围、更宽领域的对外开放新格局。近期，为应对国际金融危机的冲击，支持企业并购重组，福建省产权交易中心与四家商业银行签订了并购贷款、股权质押融资业务的合作协议，银行将授信100亿元贷款额度，支持福建省的优质企业并购及规模扩张，发挥了区域资本市场平台在促进产业结构调整、促进地方经济发展中的支撑作用。

3. 发展区域产权市场有利于营造促进台资企业在海峡西岸发展的金融环境

台湾资本市场发育时间较早，目前已经形成上市、上柜与兴柜等多层次的资本市场体系，为不同类型和不同规模的企业与不同偏好的投资人相互对接提供了投、融资平台。而在福建的台资企业近1万家，却只有闽灿坤在B股市场上市。因此培育地方资本市场，探索设立台资企业柜台交易市场，有利于突破海峡西岸地方资本市场发展瓶颈，便于台资企业的资本筹措和资本流通，培育和完善台资企业的投融资环境，营造台资企业进入、发育、成长的小生境，促进台资企业由东岸向西岸转移。同时也有利于激励台资企业股份制改造，促进台资企业增资扩股和存量资本重组整合，做强做大台资企业，并吸引其他台资来闽投资创业且吸引台湾区域性金融机构来闽支持台资的发展。

（二）海峡经济区联合产权交易市场的发展及模式

首先要加快海峡西岸联合产权市场的内部整合与构建区域联合产权交易共同市场。一方面将福建省现有产权市场资源（或厦门单列）整合成一个唯一从事国有资产产权交易的中心，中心下设多个分支机构。建设以统一的产权交易市场平台机构下形成各类经济机构提供市场服务的模式，即基本模式是“股份制+会员制”。福建省产权交易中心作为产权交易市场的平台，全省8家地市产权中心全部改造为经纪机构。由福建省产权交易中心提供交易所和资源信息、评估、审计、鉴证等服务，并进场交易。通过一整套严格规范的制度规定，保证各方行为的公正性和各方利益的合理性，充分发挥产权交易市场的结算、交易、股权托管、信息四个平台的功能。另一方面构建紧密型的海峡西岸区域联合产权交易共同市场，合作主体以闽浙赣粤4省级产权机构为主，其他20个城市产权机构作为终端逐步连接，共同市场注册地设在福州，以福建省为主监管。通过联合组织项目进场、联合组织信息发布、联合组织竞价交易，实现信息、项目、资本、技术与市场的对接。

其次，积极争取在福建进行面向台资企业的柜台交易试点，成为吸引台资企业、台商来福建投资的重要金融支撑。柜台交易市场即场外交易市场OTC，在区域资本市场体系中居于核心地位。通过国家发改委、国家证监会和国台办等渠道，上报国务院批准在福建省设立台资企业股权转让的地方柜台交易市场，并授予福建省有关部门对上柜公司核准权力。在中央批准海峡西岸设立台资企业柜台交易区域性市场后，开展台资企业柜台交易。台资股份公司股份的柜台交易可以参照B股（即人民币特种股票）做法。上柜台资公司的注册地和上柜地在中国境内，它的投资人限于外国的自然人、法人和其他组织，香港、澳门、台湾地区的自然人、法人和其他组织以及定居在国外的中国公民等。它以人民币标明面值并以人民币进行认购与买卖，而不是以外币认购和买卖。柜台交易以电子竞价制度为主，以市商制度为辅。逐步吸引省外台资企业来闽上柜交易，成为专为台资服务的专业资本市场。

再者，整合福建周边省份的产权交易机构，吸收成为经纪机构，并逐步吸收台资作为会员投资入股，最终形成统一的覆盖两岸的海峡经济区联合产权交易市场。与此同时，海峡联合产权交易市场实现交易品种多样化，既可以为标准化的股权流转服务，也可以为半标准化和非标准化的产权服务，以满足各类企业在不同发展阶段的融资需求，逐步形成以柜台交易为核心，产权交易、债券交易、资产转让以及知识产权转让同时并存，具有产权流转和资本集聚功能的多层次、多形式的区域资本市场体系。

海峡经济区联合产权交易市场发展的基本模式主要根据国内外成熟经验，以统一的产权交易市场平台机构下形成各类经济机构提供市场服务的模式，即“股份制＋会员制”。以福建省产权交易中心作为产权交易市场的平台，九地市产权中心全部改造为经纪机构。由福建省产权交易中心提供交易所和资源信息、评估、审计、鉴证等服务，并进场交易。在确保福建省（含九地市交易所）相对控股的前提下，联合台湾相关机构和浙、赣、粤、沪产权交易所及国内外券商共同参与投资，设立海峡联合经济区股权交易所，严格市场监管，提升区域产权市场功能，促进海峡经济区的繁荣与发展。

六、小结

海峡经济区合同式发展主要体现在经济一体化运行机制培育、两岸共同市场搭建、发展海峡经济区企业战略联盟、促进闽台风险投资业的合作与发展以及联合产权交易市场的推进等方面。其中，海峡经济区经济一体化运行机制培育侧重于从动力与激励机制、约束机制、管理机制、对话交流机制、利益共享与补偿机制等方面加以落实；两岸共同市场搭建近期以福建作为试点；发展海峡经济区企业战略联盟主要通过以福建省为主体的海峡西岸的企业积极发展与台湾企业的策略联盟，主要以产品联盟为“连接点”，以知识联盟为生长点，推进海峡经济区产业结构的一体化和高级化；促进闽台风险投资业的合作与发展，主要从营造适合于风险投资发展的宽松外部环境、创造能容纳多元投资主体的通畅的资本进入渠道、打造足够承载风险投资发展的坚实企业基础以及促进产业集聚等方面入手；联合产权交易市场则主要采取“股份制+会员制”的基本模式加以梯度推进。

第八章　海峡经济区内部公私合营

随着两岸经济交流的深化，相互之间的矛盾与冲突也将随之增多。为了保证经济合作顺利，有效地推进、加强彼此之间的沟通和协调，两岸正在逐步建立经贸合作论坛以及各种地方政府支持的民间交流与合作机制。在这一进程中，行业协会作为一种重要的非营利性组织，在推动两岸信息沟通和协调方面具有无可比拟的优势。大力培育和规范发展行业协会，充分发挥行业协会在促进两岸科技、企业顺利对接的桥梁和平台作用，从而有效推进海峡经济区的建设与发展。由此，福建省可通过向行业协会授权，使行业协会拥有更多的自主权而更具“民间性”、“事务性”和“功能性”，使行业协会真正成为企业的代言人，以民间性、事务性、功能性在两岸经济合作协商领域发挥作用，由此进一步扩大两地行业协会与民间组织及地方政府的交流、沟通，建立起民间、行业中介组织与官方的协调机构，推动两地政策与管理的协调，促进两岸经济的协调与发展。其中，以闽台农业经济合作组织为典型代表的行业协会对接将有助于海峡两岸农业合作与发展。与此同时，通过台资企业与海峡西岸职业教育机构的合作，培育市场需求的高素质人力资源，进一步推动两岸产业的深度对接。此外，两岸通过鼓励地方企业之间开展合作可进一步提升彼此的经济依存度。

一、行业协会推动海峡两岸开展区域合作

（一）行业协会在海峡两岸区域合作中的“中间人”角色

1. 行业协会与政府沟通协调以争取有利政策环境

行业协会是具有同一、相似或相近市场地位的特殊部门的经济行为人组

织起来的，界定和促进本部门公共利益的集体性组织。借助于它与同行企业相互联合，将权力授予一个中心组织，以增进共同利益，管制行业内的行为，并使产业内成员之间的关系有序化①。

行业协会的主要收入是会费，所以其宗旨是为会员企业服务。行业协会的会员企业主要是同行业的企业，即通常指的是以生产同类产品（或提供同类服务）为标准来划分的行业。由于会员企业提供的产品是相同或相近的，所以他们之间既有相同的利益要求，又相互竞争。行业协会协调他们的内部关系，以促进行业的健康发展。与此同时，还存在一种垂直型的行业协会，即成员虽来自同一行业，但处于生产和流通的不同阶段。如日本的汽车零部件商通常组成行业协会。行业协会不以利润最大化为目的，其主要收入是会费收入，主要支出是为会员企业提供服务的花费。行业协会作为一种重要的非营利性组织，不仅是市场、政府与企业进行协调、沟通的桥梁，也是企业与企业进行交流、合作的重要平台。行业协会不仅是沟通行业企业与政府的中介，也是联系行业中一个企业与其他企业的中介，还是处于市场和单个企业之间的一个中介。行业协会对内可通过行业自律，规范企业行为，维护行业利益的最大化；对外可代表企业向政府表达利益诉求影响公共政策的制定，并帮助政府有效实施。

福建作为海峡经济区建设的先行区，在政策制定和执行上还有一些不尽如人意的地方，与引资大省浙江、江苏、广东相比税费环境还有一定的差距，个别地方特别是落后地方，预征税、税外费等问题还比较严重，人为地增加了投资成本，造成台资的大量外流。在管理体制上还存在着重审批、轻管理，政府管理部门职能不清、办事效能较低、官僚作风、乱摊派等问题，台商普遍反映的问题如“办事难”、“关卡多”、“吃拿卡要”等现象仍难杜绝。因此，行业协会通过积极地与政府进行沟通和游说政府，从而推动政府进行税费改革，改善税费环境以及降低投资成本。另外，行业协会通过充分发挥在协调、沟通和信息方面的优势，可督促政府公正廉洁，改善管理体

① 余晖等，《行业协会及其在中国的发展：理论与案例》，经济管理出版社，2002年版。

制，提高行政效率，从而从政府手中获得更多的权利、承接更多的职能。在台湾方面，由于政治方面的原因，对于祖国大陆在台湾的投资、出口等方面还有一定程度上的限制，两岸行业协会作为民间组织进行充分的沟通与互动，一方面有利于避开政治敏感性，另一方面有利于两岸企业充分了解对方的诉求，双方本着“合作、共赢”的理念，在互信、互利的基础上，进一步放开两岸在经贸合作与交流方面的限制，为海峡经济区的建设与发展扫清障碍。

2. 行业协会推动实现海峡两岸的科技与企业顺利对接

首先，行业协会可为海峡经济区的建设和发展构建高效的信息平台。其一，行业协会可以为两岸企业提供更具针对性、及时性的数据统计信息。由于行业协会的主要成员是由所在行业的各个企业组成的，其宗旨不是为公众服务而是为该行业的企业服务，因此，行业协会在为企业提供行业统计数据时能够比政府更具针对性。同时，行业协会还能根据市场的变化，随时要求成员企业提供有关信息，而成员企业因处于该行业，往往也容易理解行业协会的做法，所以很愿意配合行业协会的要求，按时提交有关数据，因而它能够更全面和迅速地将有关的市场供求变化情况告知成员企业，进而引导两岸企业更快和更准确地进行投资方向和商业计划的调整。其二，行业协会可以为两岸企业提供最新的技术、产品等信息。两岸行业协会可以通过出版期刊，组织研讨会或建立专业性网站，着手信息发布，为两岸企业提供与本行业相关的新产品、新技术、新工艺开发应用状况、技术专利、技术设备水平现状与未来的发展趋势以及有关研究机构的新项目运用、普及推广状况等方面的信息。其三，行业协会还可以设立专门的机构负责收集、整理、分析两岸及国内外最新的市场动态、法律、法规、政策变动等社会、政治情报资料，为海峡经济区建设提供更加完备的信息服务。

其次，行业协会可为海峡经济区的建设和发展提供高效的联合研发与创新平台。两岸企业可以通过行业协会进行沟通，进而建立联合研发和创新平台。联合研发一方面可以使两岸企业共享研发成果，防止两岸企业在研发方面的重复。另一方面可以集思广益，取长补短，克服企业在资金、人才、技术等方面的困难，进行对两岸企业都有利的研发，特别是基础性的研究。同时，行业协会可以牵头加强两岸企业与科研机构、高校、培训机构之间的合作，为海峡经济区的建设培养、储备大批高素质的人才队伍，促进知识及技术在整个经济区内的不断扩散，为经济区内的企业提供更多的创新机会。此外，行业协会还可以为经济区内的企业提供更为迅捷、高效的具有针对性和实效性的各种技术、质量标准认证和知识产权维护，鼓励企业创新。

第三，行业协会可为两岸科技、企业顺利对接提供“标准化”的平台。“标准化”是实现两岸科技、企业顺利进行对接的必然要求。它可以避免两岸企业在对接的过程中由于技术、规格不一致造成的额外成本。制订标准是行业协会最重要的职能之一。通过行业协会制订标准在专业技术、信息方面比政府更具优势，行业协会通常率先制订自己的行业标准，然后游说政府采用这一标准，或在已有的官方标准的基础上制订更高或更详细的标准，为企业发展提供具体性的技术坐标与质量要求，形成必要的行业技术壁垒，这样不仅为行业设置了进入门槛，防止一些技术水平低，质量差的低端企业进入市场，而且，通过对行业设定标准还可以对经济区内的企业进行重新洗牌，淘汰不合格的企业。

第四，行业协会可通过强化行业自律和诚信建设来优化海峡经济区建设和发展的“软环境”。作为海峡经济区建设主体的福建，中小民营企业占大多数，在这些企业中往往存在一些商家缺乏诚信经营的理念，制假、售假、恶意拖欠债务等现象损害了经济区内市场环境的建设。通过行业协会可以强化行业自律，可以为海峡经济区的建设与发展营造良好的市场环境。行业中的企业相较于政府或管理者能够更容易观察到他们竞争对手的市场行为。同时，由于独立的监管机构有限，监督规定实施的任务往往落到行业主管的行政部门，他们的人手也有限。所以，从主管部门的角度来看，自我监督效果更好、效率更高。行业协会通过在集思广益的基础上制定出行规行约，以约束同行企业共同遵守产品质量技术标准、服务规范，杜绝假冒伪劣，遵守职业道德，提高企业信誉。此外，行业协会通过对实施不正当竞争行为，如对超低价竞争的企业采取警告、业内批评、取消会员资格等惩罚措施，从而有利于维护公平竞争的市场秩序，监督企业的市场行为。

3. 以闽台农业经济合作组织为代表的行业协会助力两岸农业合作与发展

近年来，在行业协会推动海峡两岸区域合作的过程中，闽台农民经济合作组织日益发挥着重要的作用。农民经济合作组织是市场经济和现代农业发展到一定阶段的产物，是由从事同类农产品生产或经营的农民、组织和其他人员自愿组织起来，以某一产业或产品为纽带，在技术、资金、信息、购销、加工、储运等环节，进行互助合作，实行专业化生产或经营，以提高农户进入市场的组织化程度和市场竞争能力，增加成员收入为目的的一种产业组织形式。农民经济合作组织是建立在家庭经营基础上的一种协作经营形式，其基本特征为专业、自愿，以农民为主体，讲究民办、民管、民受益，并且承认个人产权，具有既能保持农业家庭经营的效率，又能克服农业家庭经营局限的特点。闽台农业经济处于不同的发展阶段，由于市场化程度和经济运行环境不同，农民经济合作组织发育程度、类型模式、功能诸方面存在差异性。

（1）台湾农民经济合作组织的发展特色

台湾农民经济合作组织始于1899年成立的台湾农会，目前已在农村中形成了一个较为庞大、完整的组织体系，分为会、社、班等不同类型，其中“会”包括农会、渔会、农田水利会。“社”为农业合作社。“场”为合作农场。“班”主要是以水果、蔬菜、粮食作物、花卉、畜牧、特种作物、养殖水产和休闲农业等8类产品为主的农业产销班。

台湾农民经济合作组织总的发展特色呈现为：①涉及领域广，农民参与面大。台湾农民经济合作组织经过百余年的发展，已经涉及农业生产和农民生活的各个方面。目前，台湾农会的数量已经达300多个，有99%的农户参加了农会。有30%的农户参加合作社（场）。参加农业产销班的人数在2004年鼎盛期达13万人，约占台湾总农户数的46%。②形式多样，既有综合性也有专业性。台湾农民经济合作组织有农会、渔会、农业合作社、农业产销班以及农业策略联盟等形式，且综合性和专业性兼顾。农会和农业合作社是综合性的组织，农会设有供销部、信用部、保险部和推广部，分别办理相关的业务。合作农场即综合性的农业合作社，其业务项目除农业生产及运销外，还兼营农产品加工、销售、公用事业及其他地方政府交办的各项事宜，也具有综合性。专营性合作社包括农业生产、运销、供给、信用、保险等，专门从事某一种产品生产或某一项业务，具有专业性的组织特征，而名称冠以地名与产品种类的产销班，其专业性则更为突出。综合性的组织为农户提供资金、保险、技术指导等全面的服务，专业性的组织则满足农户生产、运输、销售等具体的服务需要。③以服务为主，盈利为辅。台湾农民合作组织不以盈利为目的，而以服务农民为宗旨。农会章程规定，农会必须以其利润来服务于农业和农民，每年要将总利润中一定比例的利润用于推广农业新技术以及补贴农业合作社和产销班。各种类型的农业合作社均规定，其盈余的很大比例必须用于合作社成员的培训。④组织机构健全，经营企业化，管理专业化。台湾农民经济合作组织根据业务和功能的不同设有相应的机构，各类机构分工明确。如农会实行议行分离制，设议事机构和执行机构。农业合作社的社员大会为最高权力机构，设有理事会、监事会。农业产销班设有班长、会计、总务等职务。台湾农民经济合作组织无论大小，基本都遵循严格的规章制度运行，机构的管理人员均经过民主选举产生，或经过考核才能予以聘用。依靠现代的办公设备和手段，按企业化流程运作，保证了其工作效率和服务质量的提高。⑤具有相关的法律保障和政策引导。台湾农民经济合作组织的建立和发展有“农会法”、“渔会法”、“水利法”、“合作社法”等相关的法律作为保障，并且在不同的发展时期分别制定相关的政策予以指导和扶助，使各类农民合作组织得以较规范地发展，农民的利益得到保障。台湾农民经济合作组织在农业发展、提供农民生产服务以及农村的现代化建设等方面，在组织分散的农户、使生产经营与社会经济条件的变化相适应、与市场运作相结合等过程中发挥了重要作用。

通过产销班、合作社等农民经济合作组织的发展和高效运作，小规模分散经营农户，实行有规模的企业化经营，克服了以家庭为单位农业生产经营活动的弊端和缺陷，使“小农变大农”。通过专业化的生产和一定规模的经营，农产品实施离消费者最接近的运销方式，减少中间环节，有效地降低生产成本、运销成本，保证农民获取最佳收益，较好地实现了小生产与大市场的对接，提高了农民进入市场的组织化程度和专业化的协作程度，将农民联合在同一个利益共同体内，避免农业生产的盲目性、波动性和趋同性，还能有效避免分散经营的低效率和相互竞争，降低农民在市场竞争中的风险。通过产前、产中、产后各个环节的纵向联合，使农民分享到加工和销售环节的利润，有效地保证了农民收入稳定增加。

（2）福建农民经济合作组织的发展特点

目前我国以农民为主体的，由农民自发兴办的农民经济合作组织主要有：①农产品行业协会。它属于农业中介组织的范畴，是生产、加工、销售农产品的市场主体为了维护和增进共同利益而在自愿的基础上组建的、不以盈利为目的的一种制度安排或行动集团，是联系农民、农业企业、市场和政府的桥梁和纽带。因此，它既不同于政府机关，又不同于一般的社会团体，具有民间性、服务性、权威性、准企业性和准政府性等特征。②农民专业协会。它是以种植和养殖产品为纽带，由农民自愿组织起来，生产技术服务部门牵头，以开展技术服务为主，实行产加销的广泛协作，起沟通农民与政府之间的桥梁作用的社团组织，强调行业专业技术特性，完全由农民自发、自愿组成，会员必须缴纳会费。③农民专业合作社。传统意义上的农民专业合作社是同类农产品的生产者或经营者，为了适应市场的需要，以向农户提供某一环节或一体化服务为宗旨，主要在流通领域按合作社原则组织起来的专业性经济组织。现代农民专业合作社为了提高农产品市场竞争力，已经不局限于流通领域的合作，生产领域合作的程度已经大大提高。社员必须以某种生产要素入股，实行民主决策和资本报酬有限，盈余按社员与合作社之间的交易额大小进行分配，专业合作社从中提取一部分公积金等。

据福建省农业厅统计，截至 2007 年末，福建省共有各类农民经济合作组织 1700 多个，相对比较规范的有 1419 个，其中农民专业合作社有 612 个，成员 24. 6 万户，带动农户数 68. 2 万户，占全省农户总数的 9. 7%。按创办主体的性质与组建的途径划分，福建农民经济合作组织可划分为专业大户能人带动型、政府职能部门带动型、供销社带动型和龙头企业带动型等四种：

①专业大户能人带动型。主要由农民专业大户与技术经营能手牵头，围绕当地主导产业和产销两大中心环节，创办农业合作社或建立专业（行业）协会，培训指导农民生产技术，重点为农户提供产前、产中、产后系列服务。这类合作组织在实际运作中主要采取“专业协会+农户”、“农业合作社+农户”以及“股份合作社”等三种形式，是目前福建农民经济合作组织最主要的类型，占有59.2%。②政府职能部门带动型。主要由地方政府、农业或科技有关部门，依托行政力量，在其所辖区域内牵头办起专业协会（或合作社），吸收一些专业大户作为理事。采取的主要形式有：“支部+协会+农户”、“农技部门+协会+农户”。此类模式中，政府领导或部门领导一般都兼任理事长或总经理职位。目前福建农民经济合作组织中有15.8%属于这一类型。③供销社带动型。依托原有供销社在人才、资金、营销技术等方面的优势，以社有资产出资或以技术、管理、人才、信息等无形资产参与，把分散的农户组织起来，组成专业协会或领办或联合兴办农业合作社，采取“基层供销社+合作社+农户”、“基层供销社+协会+农户”的组织模式。这类合作组织在全省农民经济合作组织中占4.4%。④龙头企业（公司）带动型。这种类型的核心是用合同联结农户，将生产者、加工者、销售者、经营者结成风险共担、利益均沾的共同体。此种类型的组织根据加入的农户类型的不同大致可分为：分散、独立的农户，与企业（公司）签订合同，采取“公司+农户”方式合作。通过乡、村行政领导部门组织起来的农户，采取“公司+基地+农户”方式。通过各种专业技术协会组织起来的农户，采取的是“公司+协会+农户”的方式。通过专业合作社组织起来的农户，采取“公司+合作社+农户”的组织形式。这一类型占3.9%。

福建省农民经济合作组织在推动农业结构调整、推进农业产业化进程、提高农民组织化程度、促进先进科学技术的推广应用、增强农民的质量和品牌意识、提高农产品竞争力以及增加农民收入、保障农民权益、加快城乡建设、增强农业抵御市场和自然双重风险的能力等方面都发挥着重要作用。

但从总体上看，福建省农民经济合作组织的发展尚在起步阶段，主要体现为：①覆盖面窄。福建农民经济合作组织数量仅占全国的0.1%，所带动的农户不足全省农户总数的9%。在福建各类经济合作组织中比较规范的约有400多个，在全国较规范的农民经济合作组织数中仅占0.28%。②发展速度慢。2002—2007年仅增加100多个，真正成规模、具有较强影响力和竞争力的不多，带动能力相对较弱。③区域分布和产业分布不平衡。山区发展速度明显慢于沿海地区，50.4%集中在种养业，与全国的农民经济合作组织产业分布一致。④组织机构和制度不健全。一些合作组织没有规范的章程，职责不明确，机构设置不合理，管理制度不完善，行政干预过多等。

（3）拓展闽台农民经济合作组织对接，推动海峡经济区农业合作

当前福建农村经济发展已进入新的历史阶段，在农业现代化进程中所面对的自然条件与背景同台湾农民合作组织产生发展所面对的情形有极强的类似性，同样面临经营土地的零碎细化、小农产权结构与农业专业化规模化经营的矛盾。劳动力外移加快，农业机会成本提高，农业收益水平增长缓慢。市场开放，迫切需要提高农民的组织化程度等问题。

加强现代要素投入以提高劳动生产率和土地生产力，致力于增加农民收入是海峡两岸农业发展的主要方向和目的。台湾农民经济合作组织现已形成了市场专业化、管理企业化、布局区域化、服务社会化的产销经营格局，加强闽台两地农民合作组织的对接，有利于两岸农民在农业生产和经营中整合资源，提高农业科技水平，获得规模效益，有利于维护和增加台商、台农在闽利益，进一步促进两地农业产业发展。闽台农业发展具有相似的自然环境与背景，资源、水平与结构具有很强的互补性，当前两岸关系新形势给闽台经贸合作的发展带来新的契机，为闽台农民经济合作组织的有效对接创造了良好的条件。

此外，台湾农民产销班经营模式在福建的尝试展示了良好的示范效应。台湾20世纪90年代开始创办的这种农业合作形式，将大部分农户组织起来，有效地克服了小农经营的弊端，形成较为完整的组织体系和稳定的运行机制，已成为台湾地区重要的农业经营方式。台湾的农民合作产销班经营模式已在福建许多基层农村试点，其中，成效明显且具有代表性的有漳州长泰锦信青果合作社、万桂香蕉专业合作社、漳州市龙文区育绿农业合作社、福

安市松罗乡茶业产销合作社、明溪紫云村茶叶和蔬菜专业合作社、三明林业实验区精致农林产销一体化组织等十多个产销组织。这种新型农民合作组织的制度安排与台湾产销班运作模式相似，都是由从事同一农产品生产经营的农户组成，采取统一经营规划、统一采购生产资料、统一良种种植、统一生产技术标准、统一农产品分级包装以及统一品牌运销等合作运行机制。实行一人一票民主管理原则，收益分配主要按与农户交易量返还，从而有效地解决农产品产前、产后突出的“统分失衡”，大大降低农户市场风险和交易成本，较好地维护了农民的权益，提高了农户经营收入。

闽台农民经济合作组织在实现有效对接进程中，可采取的模式有：①生产技术合作。引进台湾新品种、邀请台湾专家开展农业技术指导讲座、对农民进行新技能、新技术、新方法和新理念方面的培训。②组成跨区域联合社。以此带动专业化生产，降低生产成本和运销成本，创立品牌，依靠台湾农民合作组织的渠道共同开拓国际市场。③台湾农业合作组织设立分社（班）。台湾水果、蔬菜、水产、花卉、畜牧等产销班或合作社在福建设立分社，由台湾农民或大陆的农民共同担任产销班的班长或副班长，运用台湾农民组织的运作模式，组建类似联合社的供应链联盟，联合从事农产品生产和运销事业，共同拓展国内外市场。并且在这个共同体中形成一个相互捆绑的利益约束机制，产生一种内在的良性循环：无公害生产——品牌农业——市场认可——订单，将联合生产的农产品通过农民组织的平台与市场对接，借助合作组织稳固的农户群体利益关系，保证市场和农户间形成长期、稳定的共同利益或契约关系，建立农产品稳定的行销通路。除了这些模式外，还可由台湾水果、蔬菜等产销班或合作社在福建设立分社。台湾合作组织与福建本地农民经济合作组织联合进行原料生产，与农产品加工企业对接，分别进行产品的生产和加工。福建农民经济合作组织以原料生产者身份参与台湾农民经济合作组织与福建农产品加工企业的合作。

（二）行业协会进一步完善成为海峡经济区建设和发展的桥梁与平台

行业协会在促进海峡经济区建设和发展中发挥着重要的作用，但由于种种原因，目前作为海峡经济区建设最重要主体之一的福建省的行业协会还未能充分履行其为企业服务的职能，还存在着诸多的问题：

一是行业协会立法的缺位。一般发达国家的行业协会都有自己成立和运行的法律规范，而我国的行业协会发展缺乏专门性的法律支撑。虽然在2007年5月底，国务院办公厅下发了《关于加快推进行业协会商会改革和发展的若干意见》，这是国务院颁布的第一个关于行业协会商会的专业性与指导性政策，预示着国家越来越重视行业协会的作用。但其仅仅是行政政策，并没有上升到立法层面。在福建省内，也只是在2002年颁布了《福建省人民政府关于促进行业协会改革与发展的指导意见》，也没有关于行业协会的专门立法，这使得行业协会的独立法律地位不明、对内约束力不足、社会认知度和公信度低，无法发挥行业协会应有的作用。

二是行业协会缺乏独立性。在福建省内，很大比例的行业协会脱胎于原有的政府机关，由体制内生成的占大多数。体制内生成的行业协会大多缺乏民主与自治，不少协会的工作只是延伸了政府部分的职能。其工作人员大多为已退休的政府公务员，从思维方式到工作方式仍不免带有政府部门的痕迹。协会对政府的依赖性强，导致行业协会更多地去考虑如何帮助政府履行职能，而非真正意义上的为企业服务。

三是行业协会内部管理机制不健全。目前福建省的行业协会内部管理机制还不健全，主要表现在：①行业协会的自律机制不健全。有的行业协会在履行职能时未能坚持公正透明的原则，尤其是在质量评比、资格认证和市场准入方面，“暗箱操作”的情况时有发生。②在用人机制上，协会的从业人员大多数是从政府精简人员分流出来或是企事业单位离退休人员，导致协会普遍存在从业人员总体素质较差、人员老龄化、人员结构不合理的现象。另一方面行业协会由于待遇、福利方面的原因，难以吸引和留住高素质的年轻人才。③在经费问题上，有的协会通过正规会费收入渠道以外的收入来维持日常开支，而会员会费则变成了辅助。这不仅违背了非营利性原则，而且也使协会在履行职能时背离了“客观、公正”的服务宗旨。

四是行业协会的覆盖面还不够广。近年来福建省行业协会有了较快发展，年均递增约16%，到2008年11月份，全省已成立153个行业协会，覆盖了全省经济领域内24类大行业、94个专业性的小行业。行业协会在业内的覆盖面不断扩大，特别是自发成立的民办行业协会，企业入会率有了显著的提高，但要充分发挥行业协会的作用，其覆盖率还有待在目前的基础上进一步提高。

为了更好地发挥行业协会促进海峡经济区建设和发展的桥梁和平台作用，第一，要对行业协会进行专门立法，明确其为企业服务的职能。要完善行业协会建设，促进海峡经济区的建设和发展，最重要的是要对行业协会实行专门立法，赋予其为企业服务的职能，为行业协会履行其服务职能提供可靠的法律保障。在这点上，可以借鉴和吸收国外和温州行业协会的立法经验，对福建省的行业协会进行专门立法和立法整合。

在此过程中还应考虑到以下两个问题：①明确以规范行业协会的组织和行为，保护行业协会的合法权益，发挥其在海峡经济区建设中的作用为立法宗旨。②赋予行业协会必要的服务职能。

第二，要正确处理好政府与行业协会之间的关系。行业协会要健全发展，发挥其应有的作用，就必须正确处理其与政府之间的关系。为此，首先应减少行业协会对政府的高度依附性，建立起政府与行业协会之间相互独立、相互合作、相互促进、相互监督的平等法律地位关系。其次，政府要把应由行业协会履行的部分职能和工作事项依法转移给行业协会，把适宜于行业协会行使的管理职能和工作事项依法委托给行业协会，建立行业协会依法、有序、规范承接行使政府转移、委托的相关职能和工作事项的机制。最后，行业协会应当在政府的宏观领导下，依法开展活动，注重自身改革，强化自身素质，在充实职能和提高管理水平方面狠下工夫，行使好组织服务、沟通协调和管理监督等职能，充分发挥其在政府与企业之间的桥梁作用。

第三要健全行业协会的内部管理机制。行业协会作为市场经济中独立自主的法人，必须要有高效、公平、公正的工作状态，才能获得行业内成员企业和社会的承认。行业协会应以真诚服务为宗旨制定客观合理的行规，完善的内部治理机制，使行业协会的运作有章可循，使其行为规范化、合理化。行业协会应坚持以民主、协商、公开、公正的原则处理协会内部事务，建立健全以章程为核心的自律机制，强化章程约束机制和行为准则约束机制，健全会员大会或代表大会、理事会或常务理事会等制度，健全协会内部财务管理和民主决策程序，促使行业协会基本形成自立、自管、自律、自强的运行机制。根据目前我国法律规范，监事会并非行业协会的必设机构，但健全监事会制度是规范行业协会内部治理结构的一个重要方向。另外，还要重点解决人员和经费问题。要避免大量行政机关专业人员转移到行业协会的现象，利用公开招聘等多元化方式引进人才，建立合理的激励机制，优胜劣汰，加强人员的培训，提高工作效率。在行业培育初期阶段，可采用“民办官助”模式，即在行业协会尚未壮大时，政府应适当注入经费，辅助其良性发展，成熟后则可开拓多方面的融资方式，如收取会费，提供有偿服务，接受社会捐赠等，建立一个稳定的筹资渠道是行业协会生存发展的必要条件。另外，是要建立健全行业协会的退出机制，对缺乏代表性及长期不开展活动、内部管理混乱且无法通过整顿得以改善的行业协会，由登记管理部门引导解散。

第四，是要扩大行业协会的覆盖面。行业协会的覆盖面与其服务功能的发挥这二者之间的关系是相辅相成的。因此，要扩大行业协会的覆盖面，首先就应该明确行业协会为企业服务的职能，如进行行业调研并代表企业提出政策立法建议、帮助企业改善经营管理、受企业委托推广和鉴定科技成果、制定行规，协调价格、参与制定行业标准与实施监督、反映会员企业要求，协调维权等，只有完善为企业服务的职能，切实为企业服务，才能吸引更多企业入会，扩大覆盖面。

除了向行业协会授权外，台湾经济的发展来自于民营经济，而作为海峡西岸的经济发展主体的福建省，其40%以上的工业产值、60%以上的社会消费品零售总额是由民营经济创造的，非公有经济对经济增长的贡献率超过

60%，非公有经济实现的 GDP 占福建省的近 50%。而且，当今世界有 4000 多万海外华侨华人，福建省籍的人士占 1000 多万，福建省籍的港澳同胞约 120 多万人，福建省籍的台胞有 900 多万人，这些福建省籍华人资产存量已超过 3000 亿美元。

因此，在市场经济条件下，资本的趋利本性使两岸民营经济都有为追逐利润最大化而寻找投资机会的内在需求。实际上，海峡两岸民营经济有着巨大的合作空间与需求。台湾民营企业占台湾企业总量的 98% 以上，但岛内空间相对狭小，需要向外扩张寻找投资机会，闽商虽然数量较多，但多为中小企业，核心竞争力不强，为了避免力量的分散化，及时强占发展先机，也迫切需要进行制度创新，促进家族资本和社会资本的融合，增强开放性。为此，地方政府可通过组建跨行政区域的、两岸民间资本相互参股的股份制集团企业开展民营资本的直接合作，促进家族资本和社会资本的融合，增强开放性，从而可有效打破区域封闭格局，优化区域资源配置，实现海峡经济区综合竞争力的提升。

二、海峡两岸教育合作培养高素质人力资源

随着海峡两岸关系发生积极变化，海峡两岸交流合作正从经贸向科技、文化等领域拓展延伸，基于地缘与交通便捷的优势，闽台职业教育交流合作日益频繁。据福建省教育主管部门统计，截至 2008 年 12 月，福建已有 18 所高职院校与台湾相关高校签订了合作协议，其中有 4 所高职院校同时与在大陆的台资企业签订了校企合作协议。

（一）台资企业人才本地化战略推动闽台高职院校合作

闽台经贸合作自 1981 年第一家台资企业落户福建以来，一直保持着良好的发展势头。福州马尾、杏林、海沧、集美等 4 个台商投资区已经成为大陆台商投资最为密集的地区之一，截至 2008 年末，全省累计批准台资项目 9700 多项，合同台资 200 多亿美元，实际到资 140 多亿美元。从 2002 年到

2008年，闽台贸易额跃升了一倍多，2008年超过72亿美元，历年累计总额近600亿美元。近年来，闽台产业对接步伐加快，成为海峡两岸产业合作的重点地区，福建利用台资已从初期的纺织业、鞋类加工制造、娱乐餐饮等劳动密集型产业向电子信息、石化、汽车、精密仪器等技术、资金密集型产业发展，初步形成厦门LED光电产业、宁德福安机电、泉州船舶制造、福清机械工业等承接台湾产业转移的集群基地。2008年，福建以台资企业为龙头的石化、机械、电子三大主导产业对规模以上工业增加值增长贡献率超过35%，成为福建工业经济的支柱，其中，台资企业产值约占1/3，冠捷电子、华映光电、东南汽车、金龙客车、翔鹭石化、灿坤电器等一大批台资企业，已发展成为所在行业的竞争性企业。

与此同时，台资企业发展面临着日益凸显的人才瓶颈。台资企业在福建发展初期，为使企业迅速发展，除雇用大陆廉价的劳动力外，无不竭尽所能地从台湾本岛派遣、聘用各类技术人员和管理人员。与大陆管理人员相比，台商对台籍管理人员的薪金支出要高出许多，远距离输送人才的高显性成本和隐性成本加大了台资企业的人力成本，不利于企业提高经济效益。台商在福建投资办厂，虽然双方同文同种，但由于长期分离，又处于不同政治环境下，双方在价值观、行为方式上难免有一定的差距，因此，台籍人员在管理中难免与大陆员工会产生认识上的差异，加上处于操作一线的大陆员工认为在台资企业的发展空间小，对企业的认同感和忠诚度较低，导致员工经常跳槽。随着台资企业的发展和市场规模的扩大，仅依赖来自台湾的技术人员和管理人员已不能满足企业的发展需求，继续使用母厂派遣政策已显得力不从心。

祖国大陆加入WTO后，外国资本和跨国公司相继进入中国市场争夺人才，加重了台资企业人才匮乏和人才流失的困难处境，台商在人才明显不足的情况下，派遣人才更是捉襟见肘。特别是在当前国际金融危机影响下，受人民币升值、原材料涨价、劳动力成本上升、出口退税减少等众多因素的影响，目前在闽的部分台资企业尤其是从事出口加工贸易型的中小台资企业面临困境，迫切需要输入大批高技术技能人才以实现企业技术的升级与转型。

为了解决台资企业发展过程中面临的人才瓶颈，降低人力成本，台商通过建立完善的招聘与培训体系，就地选才、育才，选拔、培训大陆员工，使大陆员工担任绝大多数职务，实施人才本地化战略。而高职教育与当地经济发展有着密切的联系，肩负着为海峡经济区构建培养大量高技能人才的使命，台资企业人才本地化战略迫切要求福建高职院校不断提高人才培养质量，满足在闽台资企业发展急需大量高技能人才的需求，并为台湾产业转移提供人才储备。随着台资企业在福建的不断发展，台湾高职院校逐步调整发展战略，关注福建高职教育发展，通过与福建高职院校联合培养人才，提高为在闽台资企业服务的针对性和适应性。由此，满足在闽台企对本地技术应用型人才的需求、联合培养人才、服务台商已成为闽台两地高职院校合作的重点。

（二）闽台高职教育交流合作的主要模式

目前，台资企业参与闽台高职教育交流合作的主要模式有：校企合作的“校校企”模式、院校合办的“双联学制”模式、产学结合的“以企引教”模式等。

1.“校校企”模式

校校企模式是台资企业、福建高职院校、台湾高职院校三方合作办学，这种办学模式同台湾高职院校合作，与台资企业紧密结合，直接为台资企业服务，畅通人才产、销渠道，有利于发挥各自优势，调动各方面的积极性。例如，2008 年 9 月，厦门华天涉外职业技术学院、台湾东泰高级中学与世昌五金制品厂有限公司等 5 家在厦台资企业共同签订了国内第一个由两岸高职学校共同联手，大规模、系统性地为大陆台资企业订单式培养高技能人才的“校校企”合作项目。学校按企业发展对人才培养提出的要求制订人才培养方案，根据学生所学专业要求、职业岗位的任职要求以及所学专业课程的技术发展趋势，与企业共同设计课程体系，开发学习课程，改革教学内容和实训计划等，最终使学生毕业后能真正成为掌握实际技能并具有一定理论水平的成熟的高级职业技术人才，打造“校企结合、工学交替——入学、学习、就业一站式人才培养”的新模式。目前，福建省教育厅拟遴选福建信息职业技术学院、黎明职业大学等12所先行先试高职院校与台湾15所高校、50余家台资企业开展“校校企”项目。与此同时，闽台高职教育交流合作领域相应将有所突破，特别是将进一步加强在电子、机械、石化类产业发展中急需人才的相关专业合作。

2.“双联学制”模式

台湾职业院校与福建高职院校合作，充分利用福建高职院校的现有条件及配套资源优势，学习借鉴台湾职业教育的先进发展经验，通过有机的嫁接与合成，增强福建高职教育的自我更新、自我完善能力，提高为企业服务的能力。2007年，福建省出台了《关于实施闽台教育交流与合作工程的意见》，鼓励和支持福建职业院校与台湾职业院校实行专业对接，瞄准台湾院校的强势学科和特色课程，选派学生赴台学习，尝试与台湾职业院校开展“双联学制”。通过采取“2+1”形式，学生在大陆高职院校完成两年的学习，赴台学习一年，毕业后取得大陆高职院校的大专文凭并获得台湾的相关技能证照。采取“3+1”形式，学生在大陆高职院校完成三年的学习，赴台学习一年，毕业取得大陆高职院校的大专文凭和台湾高校的本科文凭。

闽台职业教育交流合作的“双联学制”将加强与企业的联系。根据企业的需求，校企共同研究和确定学生赴台学习的专业，学校遴选优秀学生，台资企业提供资助，进入台湾职业培训中心进行专业技能培训和实习，学生返校学习毕业后，由资助企业优先录用，提高人才培养的针对性与适用性。如今，福建省教育厅正在联合有关部门着手制订数控技术、软件技术、园艺技术、旅游管理等专业的100名高职学生赴台学习一年的具体方案，通过这一形式实现闽台职业教育交流合作的深入开展，提高毕业生质量，提升服务企业的能力。目前由于合作办学的相关政策壁垒还没有完全打破，两岸学分和学历还没有互认，两岸职业院校合作办学尚需突破各种障碍，从而取得合作办学的实质性进展。

3.“以企引教”模式

自2006年以来，通过在闽的台商投资企业牵线搭桥，闽台职业教育开展了一系列的交流活动，包括有组织地开展两岸职业技能竞赛、组织台湾同胞到福建省参加职业技能鉴定、开展两岸职业培训、学术交流等，闽台职业教育交流由此逐步深入开展。

目前，在闽的东南汽车、中华映管、灿坤等大型台资企业通过各种渠道和方式“以企引教”，在大陆兴办企业的同时带来台湾的技术骨干，并通过台湾技术骨干培训大陆员工，这些培训使用台湾专业教材、教学方式，引进台湾职业教育培训的理念和模式。与此同时，一些台资企业已经在福建创办“灿坤技术学院”、“茶叶学院”等职业院校，以自主办学的方式结合企业自身特点，把企业需要的技能用“自定义”的形式在学校的课程设置中体现，对口培养人才，使从学生到员工的磨合期大大缩短，很大程度上节省了企业对新聘员工的培训成本，为企业发展提供了人才保障，逐步实现台湾职业教育资源与产业转移的对接。例如，“灿坤技术学院”自创办以来，已经有近千名学生从该校毕业，其中80%的毕业生进入灿坤集团工作。由于学院围绕企业的需求开设专业，这些学生进入工作岗位后，能够很快适应企业的工作，满足企业对中层技术人员的需求。尽管如此，由于鼓励支持台资企业在闽兴办职业院校的优惠政策还不健全，相关服务体系还不完善，台资企业以办学主体角色参与高职院校办学的机制尚未建立。

（三）进一步深化闽台职业教育交流合作

1. 赋予福建试点高职院校专业设置自主权

根据福建产业发展及人才培养需求，结合台湾高职院校在石化、新材料、电子信息等专业人才上缺口的现状，在急需的专业领域内开展两岸人才培养的交流合作，可以在减少前期投入的同时，吸收借鉴台湾高职教育的教学和管理经验，为产业发展培养急需紧缺人才。目前，福建高职高专院校专业设置中，财经大类专业最多，共有306个专业，占总量的21.29%。产业发展急需的制造类、土建类等工科类专业分别为122个、98个，仅占专业总量的8.5%和6.8%。而石化类专业所占比例更低，不能满足主导产业的发展需求。当前祖国大陆高职院校专业设置的申报程序是先由当地教育行政主管部门审核，通过后报教育部审批、备案。然而，高度信息化及科技不断推陈出新，使得产业在复合与细分中不断产生新的职业、工种和岗位。基于此，在现有管理体制下，高职院校难以发挥对市场灵活机动的应变力和及时设置产业发展催生的新专业。在此情形下，闽台职业教育合作只能在现有部分专业中开展，不能满足新兴产业发展对人才提出的新要求。由此，深化闽台职业教育的交流合作需要扩大闽台职业教育合作的专业范围，需要教育行政主管部门扩大福建省试点职业院校的专业设置自主权，根据产业发展的新需求设置新专业，自主引进台湾高职院校的相关专业，围绕培养产业发展紧缺人才开展闽台职业教育合作。

2. 设立闽台教育交流基金

两岸“大三通”很大程度上降低了两岸交流的成本，但资金匮乏仍是加强两岸职业教育交流合作的主要阻碍之一。由于对台交流经费有限而分散，致使不少交流活动难以持续开展。例如，厦门双十中学近年来开展过多项两岸职业教育交流活动，已面临交流经费短缺问题，一些两岸青少年交流项目难以持续开展，交流内容和规模也受到制约。同时，由于缺乏专项资金支持，不少大型交流活动只能存在于构想中，难以策划实施，严重制约了闽台职业教育交流合作的深度和广度。基于此，政府应整合社会资金，设立闽台职业教育交流基金，给予试点职业院校专项经费补助，用于学校在台资企业的实训基地建设、台湾教师来校讲学及学生赴台学习等相关项目，鼓励和支持闽台高职院校开展多领域、多形式、多层次的交流合作，培育更多的交流主体、交流平台，促进闽台职业教育大交流、大合作及大发展。

3. 建立企业以办学主体角色参与高职办学的长效机制

由于相关政策缺乏督促行业企业参与高等职业教育的强制性规定和举措，也没有配套政策加以支持，部分台资企业出于自身利益考虑，以办学主体角色参与高职办学的积极性不高。为此，可由福建省政府部门采用行政和立法手段，制定相关法规制度，建立有效机制和体制，提高台资企业参与人才培养的积极性。对企业参与产学合作建立的实训基地、新技术推广、新产品开发等合作项目出台各种政策，在税收、进出口、知识产权等方面给予优惠，扶持一批有意向在福建创办职业技术院校的台资企业，对其办学全过程提供相关的优惠政策及必要扶持，帮助其做大做强。推动一批职业院校加强与在闽台资企业的联系与沟通。加强产学结合，培养适应企业需求的应用型人才，壮大其办学规模，提高其办学水平。职业院校在办学中要和企业建立广泛的联系，深入调研，了解企业的需求，从专业设置、课程建设、教学形式、师资队伍建设等方面充分听取企业的意见，真正培养出企业需要的人才。同时，学校除了为企业培养人才外，还应尽可能利用学校的条件，与企业合作开展科学研究和技术创新，开发新产品，为企业发展提供技术支持。通过建立企业以办学主体角色参与高职办学的长效机制，使参与高职教育的企业真正受惠，从而使参与高职教育成为企业的主动意愿。

4. 两岸教育主管部门松绑相关政策

两岸教育交流已从个人性的小规模发展到现在多渠道的大规模态势，互认学分、学历已成为两岸高校关注的焦点。互认学分、学历可使两岸学生学习两岸更多的精品课程，感受两岸名师风采，拓宽视野，创新思维，并有机会获得两岸不同学校的学位学历，进而为两岸学生的流动和就业提供更为便利的条件。

2006 年，祖国大陆已正式认可台湾教育主管部门核准的台湾高等学校学历及学分。同时，大陆学生也可到台湾进行一学期或一学年的学习，但台湾尚未承认大陆学历及学分，台湾学生只能利用寒暑假来大陆进行密集访学。因此，台湾当局应在两岸教育交流合作政策上松绑，承认大陆学分、学历，使两岸职业教育的交流与合作进一步深化，为台资企业在大陆发展提供人才服务，也使在大陆求学的台湾学生可以回台湾就业。而祖国大陆也需对现有的有关两岸合作办学的相关规定作适当调整。针对当前日趋频繁的两岸职业教育交流趋势，祖国大陆政府部门应尽快出台与台湾职业教育机构合作办学的规章制度，鼓励和支持两岸职业教育的合作，并在福建等台商集中的地区先行先试。

5. 尝试闽台合办职业院校

继续发挥“海峡两岸高等职业教育展”、“海峡两岸职业院校校长论坛”

等交流平台的作用，促进两岸校与校对接，校与企对接，进一步推动两岸职业教育校企合作和校校合作模式的完善与发展，进一步推动闽台高等职业学校与企业在人才培养上达成共识，继续深化闽台职业教育交流合作，实现两岸文化和产业双赢。例如，西安交通大学东方学院院长雷原教授提出两岸共建中华文化大学的设想。为企业服务是职业教育的一项重要使命，以闽台合办职业院校为试点，为在闽台资企业培养急需的高技能人才，加强对台资企业员工的教育培训，可为在闽台商升级转型服务提供人才支撑的同时，带动两岸教育交流的不断深化，实现两岸高校办学资源共享。

三、海峡两岸鼓励地方企业之间的合作

目前，两岸中小企业之间的交流与合作主要有生产交流与合作、R&D技术交流与合作、销售交流与合作、资金交流与合作等模式。其中，生产交流与合作主要是指海峡两岸的中小企业通过协议，由大陆中小企业承担台资中小企业委托的生产或加工原材料、零部件甚至最终产品的活动。销售交流与合作主要是指缺乏开拓对方市场能力的海峡两岸中小企业依托对方专业贸易公司或另一方企业的营销网络开拓市场，形成以销售合作为核心的企业合作模式。R&D 技术交流与合作是海峡两岸技术型中小企业最普遍的企业合作模式。由于两岸中小企业的共同问题是缺乏雄厚的技术基础和资金支持，R&D 投入相对不足。为克服这一困难，往往会有一群相关企业联合开发新产品，共同负担模具费用。这既可分摊投资风险，又可避免不理性竞争。为此，两岸中小企业通过技术转让、委托 R&D、共同开发等不同形式进行交流与合作。资金交流与合作则是一体化程度最高的合作模式。海峡两岸中小企业在同与自己具有互补关系的企业合作时，采取向另一方企业注入资金或入股的模式，或者与另一方企业一起共同注入资金注册新的合资公司，形成企业间的资金合作模式。企业采用资金合作的模式可以稳定合作企业间的关系，同时，技术、生产、市场销售等方面也相应形成密切的合作关系。为进一步推动两岸中小企业交流与合作，两岸主要从以下方面加以推进。

（一）推动建立海峡两岸中小企业合作的制度环境

两岸中小企业是一个有机的整体，政府对各类所有制企业都应采取一视同仁的政策，坚持交流与合作活动的公平、公正和开放，坚持非排他性和非歧视性，消除企业所有制之间的政策差别，促进企业之间的交流协作和共同发展。企业的经济效率是相互影响的，片面强调任何一方，都可能使经济机制和资源配置发生扭曲。为此，有必要调整外资优惠政策，以促进内外资企业公平竞争为原则，缩小企业政策寻租的空间，逐步取消具有让利或补贴性质的税收优惠，充分发挥两岸中小企业的比较优势和交流与合作的积极性、主动性和创造性，发挥市场机制在两岸中小企业交流与合作中的基础性作用。只要有了统一、公平、公正、开放的市场环境，就能进一步吸引各类企业，尤其是中小企业前来投资，从而有利于中小企业之间建立稳定的分工协作关系。与此同时，政策法规环境不仅涉及两岸中小企业交流与合作的机会与形式，而且影响其未来生存与发展空间。为此，应进一步完善中小企业有关法令规章制度，对中小企业所涉及的政策法规进行研究和评估，进一步贯彻落实《台湾同胞投资保护法》及其《实施细则》，继续加强执法监督和检查，依法行政，照章执法。

（二）加强海峡两岸中小企业交流的信息建设

首先要加强信息调查统计工作。加强对两岸中小企业交流与合作的总体发展规划、信息统计和综合分析等工作。对两岸中小企业的经济活动，如经营动向、市场行销、劳工情况等进行调查与统计分析，建立完整的两岸中小企业经营活动的资料档案。针对有关政策或重要议题进行专案研究，作为拟定中小企业辅导政策的依据。对两岸中小企业合作环境的研究，需注意区域发展的差异性，掌握发展动向，为两岸中小企业提供准确的信息，以利于其从事投资选择与判断，避免因信息不对称带来的经营风险。

其次要强化企业信息应用能力。台湾中小企业对大陆投资，因信息不充分与不对称，与大陆中小企业的合作相对不成熟，从而导致各种潜在性风险。涉台服务机构可为两岸中小企业者提供准确的投资信息、政策指导以及相关的协助与服务，辅导中小企业信息化与网络化，促进企业内部信息化管理与外部网络化行销体系。两岸可共同设置电子交易平台，促进中小企业电子化。建立中小企业产业类别网络数据库，利用网络开拓市场通路，扩大推动各项产业网络建构辅导计划。

再者，制定两岸共同技术标准。促进两岸中小企业合作的重要措施之一就是推动两岸在技术标准方面的合作。政府有关部门应积极支持企业进行技术创新，在相关技术标准制定方面，为企业提供扶持和帮助，并根据市场需要，鼓励产业链条上的各个环节加大 R&D 力度，进一步加快有关标准和规范的制定，为两岸业界标准合作和技术创新提供良好的发展环境。尤其在信息技术领域，促进两岸建立民间交流与合作机制，鼓励中国通信标准化协会、中国电子工业标准化协会与华聚产业共同标准推动基金会建立长期交流机制，作为两岸信息产业技术标准领域和两岸信息产业界的沟通桥梁，围绕 AVS、TD－SCDMA、移动存储、高清晰度平板显示等四个领域的技术标准进行深入交流，着手研拟出具体可行的措施，在国际标准化活动中，共同推出中国人自主的标准。

（三）搭建海峡两岸中小企业沟通协作平台

一方面要健全两岸中小企业行政服务体系，可在台办系统或有关政府部门中设立专门的两岸中小企业行政服务机构，协调两岸中小企业交流与合作发展事宜。各级服务机构可定期举办各种类型的两岸中小企业经贸洽谈会、投资说明会、商品展销会和商情介绍会等，搭建两岸中小企业交流与合作的桥梁，并协助两岸中小企业与在大陆投资的跨国企业建立分工合作的配套网络。

另一方面，可借鉴台湾辅导中小企业的经验，建立企业互助网络，成立一个促进两岸中小企业交流与合作的辅导机构，提供两岸中小企业策略联盟、同业合作、异业交流等契机，帮助两岸中小企业开展互助合作。辅导机构定期举办两岸中小企业跨行业交流活动，使不同行业的主管定期交流信息，相互提供所拥有的资源，促成合作开发新技术、开拓新市场及创办新企业。

第三方面，建立和推动两岸民间精英论坛，相应下设“两岸中小企业家发展论坛”，汇集两岸学者专家及青年的智慧和经验，集思广益，研讨两岸中小企业交流与合作的各种政策建议。两岸企业家良好的人际关系，有利于增强台湾中小企业对大陆市场信息的了解，取得建构市场通路的人际关系，发展内销市场，并对大陆中小企业所能提供原物料的价格、品质及供应者的配合度等相关信息进行充分的掌握，促进企业原材料本地化和融资在地化，从而推动两岸中小企业的功能性分工进一步加强。

（四）协助解决海峡两岸中小企业共同发展的瓶颈

首先要协助中小企业资金融通。一是建立中小企业信用保证基金。两岸中小企业规模普遍较小，家族经营形态居多，内部会计制度不太健全，从而无法提供翔实的财务报表以及偿债能力证明等。许多台资中小企业的土地和房屋大多为租赁，没有固定资产，贷款相对困难。为此，有必要采取各种措施，协助两岸中小企业的投融资。成立中小企业信用保证基金的目的在于对具有发展潜力、经营正常、贷款用途明确、还款来源可靠，且无严重票信、债信不良记录，仅因担保品欠缺和保证人保证能力不足的中小企业，提供信用保证，协助其顺利取得营运发展所需的融资。二是为保证贷款的公平性、公正性和公开性，有必要充分发挥行业性中介组织民间自律机制的作用，适当考虑由各地台商协会组建信用担保协会，成立股份制担保公司，由其操作贷款工作，具体运作还须通过专业机构的评估和认可，并可请银行专业人才以及台湾专业机构参与和协作。三是支持两岸中小企业在内地或香港上市。内地证券市场应进一步支持中小企业板块的发展，拓宽中小企业的融资渠道。随着内地与香港“更紧密经贸关系安排”（CEPA）的实施，两岸三地的金融合作将进一步加强，越来越多的台商会更加积极主动地寻求在香港进行资本运作，利用香港国际金融中心的地位进行融资。为此，应大力鼓励和推动符合条件的台资企业、民营企业在香港主板、创业板上市，以缓解中小企业资金短缺的问题。

其次，努力解决中小企业人力资源方面存在的问题。在知识经济的大环境下，两岸中小企业在经营上只有不断提高人力素质，改善人力结构，才能在日益激烈的市场竞争环境中生存和发展。为此，应推动加强中小企业人力资源的培训。对中小企业各类专业人才，包括企业负责人、专业经理人、管理层等进行经营管理、知识创新、人力资源管理、财务管理、行销管理及企业电子化等方面的培训，协助中小企业提高员工素质。同时，要努力解决中小企业用工的环境。中小企业在吸引技术工人、熟练工人等人才方面往往比较被动。当前，应着重完善企业的社会保障体系，解除中小企业劳动者的后顾之忧，在户口、人事档案、工龄等方面进一步放宽限制，建立起柔性的劳动人事制度，促使人才在市场机制下合理流动。

再者，强化中小企业研究培训中心的功能。在相关高等院校设置中小企业研究培训中心，调查中小企业人才培训项目需求，编撰相关教材，训练培训师资等。利用各种外部资源，协助中小企业自行建立、健全企业内部教育训练体系，提供员工自我学习新知识的机会。

四、小结

公私合营通过公共和私人工具的互动来构建、改善或促进区域经济发展，有利于区域 R&D 创新和知识扩散。公私合营作为一种融资方式可使其他资源进入公共服务供给领域。同时，公私合营具有完全的契约性质和机构性质，使得公共和私人部门之间仅以合同为基础展开合作。目前，海峡经济区内部公私合营的开展主要体现为：通过大力培育和规范发展行业协会来推动海峡两岸开展科技与企业的顺利对接以及农业合作，发展台资企业与海峡西岸高职院校之间的教育合作来培育台资企业所需的高素质技术人力资源。与此同时，海峡两岸通过推动建立海峡两岸中小企业合作的制度环境、加强海峡两岸中小企业交流的信息建设、搭建海峡两岸中小企业沟通协作平台、协助解决海峡两岸中小企业共同发展的瓶颈等举措，积极鼓励两岸地方中小企业之间开展生产交流与合作、R&D 技术交流与合作、销售交流与合作、资金交流与合作等。

参考文献

1. Battelle . 2007. The Business of Innovation. Global R&D Report 2008. R&D Magazine. 17.

2. Benneworth, P. 2003. Confusing cluster? Making sense of the cluster approach in theory and

3. practice. Europing planning studies, Vol. 11 (5): 511~520.

4. Coase. R. 1974. The lighthouse in economics. Journal of law and economics. 17. 357 376.

5. OECD. 2005. Building Competitive Regions: Strategies and Governance. Paris.

6. OECD. 1999. Boosting Innovation: The Cluster Approach. OECD Proceedings, 91~127.

7. OECD. 2007. Competitive Regional Clusters: National Policy Approaches. OECD Observer. Paris.

8. OECD. 2001. Innovative Clusters: Drivers Of National Innovation Systems. Paris.

9. OECD. 2004. OECD Regions at a Glance . Paris.

10. OECD. 2004. Territorial review of Busan - Korea. Paris.

11. OECD. 2002. Territorial review of Swizerland. Paris.

12. Peter. D. 2003. Global Shift: Research the Global Economic Map in the 21st Century. Sage Publications, London.

13. P. M. C, G. Uranga & G. Etxebarria. 1998. Regional systems of innovation: An evolutionary perspective . Environment and Planning. 30.

14. Rosenfeld. S. 2002. Creating smart systems: a guide to cluster strategies in less - favoured regions, regional techonology strategies Inc, Chapel Hill, North

Carolina.

15. Simme. J. 2002. Innovation in Europe：a tale of networks，knowledge and trade in five cities. Regional studies. Vol（36）：47 64.

16. T. P & H. G. 1998. Modelling systems of innovation：A framework of industrial cluster analysis in region. Research Policy. 26.

17. 艾伯特·赫希曼 著. 1991. 经济发展战略. 北京：经济科学出版社.

18. 安纳利·萨克森尼安 著. 1994. 地区优势：硅谷和128公路地区的文化与竞争. 上海：上海远东出版社.

19. 安增军. 2008. “海峡西岸经济区”的构建与中国经济区的新布局. 见：经济地理. 第二十八卷第三期. 239~241.

20. 安增军，郑国泽. 2007. 中国区域经济视角的“海峡西岸经济区”构建与福建经济竞争力提升. 见：经济管理. 第二十九卷第十四期. 37~41.

21. 保罗·贝尔琴，戴维·艾萨克，吉恩·陈. 2003. 全球视角中的城市经济. 长春：吉林人民出版社.

22. 陈光耀. 2008. 交通引导下的海西沿海城市经济带空间组织. 见：福建工程学院学报. 第六卷第一期. 69~73.

23. 曹小衡. 2001. 东亚经济格局变动与两岸经济一体化研究. 北京：中国对外经济贸易出版社.

24. 陈永志，郝鑫. 2007. 两岸经贸发展与海峡经济区构建. 见：福建论坛（人文社会科学版）. 第四期. 102~106.

25. 陈修颖. 2003. 区域空间结构重组：理论基础、动力机制及其实现. 见：经济地理. 第四期.

26. 邓利娟，石正方 主编. 2008. 海峡西岸经济区发展研究. 北京：九州出版社.

27. 邓利娟. 2001. 评萧万长的“两岸共同市场”构想. 见：台湾研究集刊. 第三期.

28. 杜子君. 2008. 当前两岸经贸关系特点及前景展望. 见：中国经贸. 第八期. 46~49.

29. 冯赫. 2004. 外国行业协会的业务职能及其对我国的启示. 见：学会月刊. 第十二期.

30. 福建省交通厅. 2004. 纵横山海——迈向二十一世纪的福建交通. 福州：海风出版社. 30. 郭庆海. 2007. 我国农民合作经济组织产业分布差异解析. 见：农业经济问题. 第四期.

31. 郭伟. 2007. 厦门火炬高新区：点燃海峡西岸发展的火炬. 见：中国高新区. 第十二期. 51～54.

32. 亨利·埃茨科威兹 著. 2005. 周春彦 译. 三螺旋. 北京：东方出版社.

33. 亨利·切萨布鲁夫 著. 2003. 开放式创新——进行技术创新并从中赢利的新规则. 金马 译. 北京：清华大学出版社.

34. 何绵山. 2001. 闽台经济与文化. 厦门：厦门大学出版社.

35. 黄家晔. 2004. 海峡西岸的崛起. 福州：海风出版社.

36. 黄建忠. 2005. 海峡西岸经济区概论. 厦门：厦门大学出版社.

37. 黄国良. 2004. 海峡西岸经济区生产力布局初探. 见：福建论坛. 第十二期.

38. 黄金端. 台湾光电产业零组件发展情况. 见：产业经济（台湾）. 第二百四十九期.

39. 黄绍臻. 2009. 海峡经济区的基本内涵及功能定位. 见：东南学术. 第一期. 113～120.

40. 黄绍臻. 2005. 海峡经济区的战略构想. 北京：社会科学文献出版社.

41. 黄绍臻. 2005. 海峡经济区战略构想——台湾海峡两岸经贸关系走向. 北京：社会科学文献出版社.

42. 黄小晶. 2005. 建设海峡西岸经济区，构建社会主义和谐社会. 见：国家行政学院学报. 第六期. 27～28.

43. 景体华，陈孟平 主编. 2007. 2006－2007 年：中国区域经济发展报告. 北京：社会科学文献出版社. 373～389.

44. 景体华 主编. 2006. 2005 – 2006 年：中国区域经济发展报告. 北京：社会科学文献出版社. 364 ~ 374.

45. 景体华 主编. 2005. 2004 – 2005 年：中国区域经济发展报告. 北京：社会科学文献出版社. 352 ~ 366.

46. 锦良. 2004. 政府改革与第三部门发展. 北京：中国社会科学出版社.

47. 赖茂生，闫慧，龙健. 2008. 海峡两岸信息资源产业比较研究. 见：情报科学. 第二十六卷第七期. 967 ~ 970.

48. 李春燕，杨婷. 2009. 东南汽车城产业集群的发展对建设海峡经济区的启示. 见：产业与科技论坛. 第八卷第九期. 113 ~ 116.

49. 李非. 2004. 台湾经济发展通论. 北京：九州出版社.

50. 李继东. 2001. 21 世纪中国地缘经济战略：华南经济圈研究. 北京：中国经济出版社.

51. 联合调研组. 2003. 关于“两马”先行推进榕台经贸合作的探索. 见：福建省社会主义学院学报. 第三期. 50 ~ 51.

52. 林汉川. 2002. WTO 与中小企业转型升级. 北京：经济管理出版社.

53. 林红. 2009. 海峡经济区联合产权交易市场的梯度推进与模式选择. 见：中共福建省委党校学报. 第十二期. 85 ~ 91.

54. 林坚飞. 2001. 福建城市化发展研究. 福州：海潮摄影艺术出版社. 281 ~ 329.

55. 林荣清，刘倬. 2009. 构建台湾海峡综合运输通道的对策研究. 见：综合运输. 第五期. 33 ~ 37.

56. 林卿，郑胜利，黎元生. 2005. 两岸“三通”与闽台经贸合作. 北京：中国经济出版社.

57. 林善波，蔡秀玲. 2006. 福建电子信息产业集群研究——基于跨区域网络构建的视角. 见：科技与经济. 第十九卷第二期. 35 ~ 38.

58. 林世渊. 2000. 闽台在信息高技术产业的合作研究. 见：台湾研究集刊. 第三期. 23 ~ 51.

59. 林世渊，林其屏，汤书昆. 2002. 高新技术产业化环境建设与闽台科技合作. 见：福建论坛（经济社会版）. 第十一期. 61～66.

60. 林世渊. 2005. 海峡西岸经济区建设中的闽台科技合作研究. 见：亚太经济. 第二期. 44～47.

61. 林世渊. 2004. 高科技产业与闽台合作机制. 见：亚太经济. 第四期. 47～50.

62. 林世渊. 2004. 试论闽台科学园区的衔接与互动机制建构. 见：福建论坛. 第八期.

63. 林世渊. 2004. 两岸产学研合作机制的建构——以福建与台湾为例. 见：世界经济与政治论坛. 第五期. 88～92.

64. 林世渊. 2004. 闽台产业合作机制之建构：在对接中加速一体化的发展. 见：亚太经济. 第六期（专刊）. 49～51.

65. 林晓强，朱斌. 2007. 深化闽台科技产业合作的思考. 见：海峡科技与产业. 第六期. 26～30.

66. 林迎星. 2006. 区域创新优势. 北京：经济管理出版社. 30～31.

67. 凌玉章. 2006. 合资合作与创新发展——福建汽车集团从闽台合资合作走向国际合资合作的思考. 北京.

68. 林媛媛. 2003. 构建海峡两岸自由贸易区的可行性分析. 见：国际经贸探索. 第六期.

69. 林媛媛. 2003. 海峡两岸自由贸易区目标模式研究. 见：国际贸易问题. 第八期. 68～70.

70. 刘光溪. 2003. 亚洲区域经济合作新动态及我国因应策略. 见：国际商务研究. 第二期.

71. 刘克辉，单玉丽. 1998. 区域经济整合和台海经济区构想. 见：福建学刊. 第二期. 10～13.

72. 刘艳，王晓光. 2007. 借鉴台湾农民合作组织建设推动合作组织健康有序发展. 见：合作经济. 第一期.

73. 罗海成，王秉安. 2008. 关于创建海西对台合作新区方案的设想.

见：福建政法管理干部学院学报. 第三期. 92～99.

74. 迈克尔·波特著，李明轩. 2002. 国家竞争优势. 邱如美 译，郑风田 校. 北京：华夏出版社.

75. 马元柱. 2004. 福建省产业集群发展战略的若干思考. 见：福建论坛. 第六期. 151～154.

76. 米红，曹晖，庞兰芳. 2008. “海峡西岸经济区”区位分析和城市综合竞争力. 见：经济地理. 第二十八卷第三期. 372.

77. 平潭地图. 平潭网. www. pt0591. com/zjpt/yxpt/2010 - 02 - 11/285. html .

78. 钱小陶. 2006. 台商投资祖国大陆的区位选择及其投资环境研究. 北京：中国经济出版社.

79. 戚本超，景体华 主编. 2008. 中国区域经济发展报告（2007 - 2008），北京：社会科学文献出版社. 193～207.

80. 戚筱俊. 1999. 台湾海峡通道工程的必要性及可行性初探. 见：采矿工程. 第三期.

81. 全毅. 2006. 构建台湾海峡经济区的几点思考. 见：开放导报. 第四期. 71～73.

82. 单玉丽. 2003. 台商在大陆投资的区域分布及未来走势. 见：台湾研究. 第四期.

83. 斯坦利·海曼. 1985. 行会管理. 北京：中国经济出版社.

84. 施宇辉. 2006. 福建作为“两岸共同市场”试点可行性分析. 见：福建论坛（人文社会科学版）. 第六期. 114～115.

85. 石正方，邓利娟. 2005. 海峡经济区的空间演进：结构、特征与问题. 见：厦门大学学报（哲学社会科学版）. 第五期. 77～83.

86. 石正方，刘严毅. 2007. 海峡经济区区域治理管见. 见：台湾研究集刊. 第四期. 18～23.

87. 台湾“经济部”中小企业处. 2005. 2004 年中小企业创新育成中心年鉴. 台北：台湾“经济部”中小企业处.

88. 台湾“行政院农业委员会农粮署”. 2007. http：//www. afa. gov. tw.

89. 台湾“行政院”. 2002. 挑战2008：国家发展重点计划（2002——2007）. 台北.

90. 唐永红. 2006. 从开放性次区域自由贸易区到全面性两岸经济一体化. 见：国际经贸探索. 第二期.

91. 王秉安，李闽榕 主编. 2009. 环海峡经济区发展报告（2008），北京：社会科学文献出版社.

92. 王秉安，李闽榕 主编. 2008. 环海峡经济区发展报告（2007），北京：社会科学文献出版社.

93. 王秉安，李闽榕. 2008. 环海峡经济区发展战略研究. 见：福建行政学院福建经济管理干部学院学报. 第二期. 64～70.

94. 王长旺. 2009. 深化闽台职业教育交流合作的若干思考. 见：湖北职业技术学院学报. 第十二卷第二期. 16～20.

95. 王健. 2005. 现代物流网络系统的构建. 北京：科学出版社.

96. 王健. 2005. 海峡西岸经济区港口物流网络体系的构建. 见：中国流通经济. 第十二期. 16～19.

97. 王建民. 2006. 台湾三大科学工业园区发展概况. 见：海峡科技与产业. 第三期. 32～37.

98. 王勇. 2010. 闽台R&D创新的互补和合作分析. 见：产经评论. 第一期. 73～79.

99. 王勇. 2009. 竞争性区域构建及对海峡经济区建设的启示. 见：海峡经济. 第四期. 78～83.

100. 王勇. 2009. 海峡经济区竞争性区域体系构建研究. 见：台湾研究集刊. 第三期. 48～57.

101. 王勇. 2008. 竞争性区域构建的理论与实证研究. 见：中国CNKI期刊网.

102. 王永龙，郑胜利. 2002. 台商投资从集聚到集群的对策分. 见：经济问题. 第九期.

103. 魏澄荣. 2008. 战略联盟：闽台企业互动发展的主要途径. 见：亚太经济. 第三期. 80～84.

104. 翁新汉. 2007. 发展农村专业合作经济组织促进新农村经济发展. 见：福州党校学报. 第六期.

105. 吴荣义，周霞丽，周佩董. 2001. 2002年台湾各产业景气趋势调查报告. 台北：台湾经济研究院.

106. 伍常南. 2005. 构建海峡经济区基础设施支撑体系. 见：福建论坛. 第八期. 110～114.

107. 伍长南，郑庆昌，苏金福，蔡雪雄. 2008. 海峡西岸港口发展对经济支撑力研究. 见：福建农林大学学报（哲学社会科学版）. 第十一卷第一期. 29～32.

108. 解振全. 2006. 福州－厦门－漳州沿海走廊“六线”铁路通道规划必要性研究. 铁道勘测与设计. 第二期. 45～52.

109. 许华榕. 2009. 充分发挥行业协会的桥梁和平台作用，助力海峡经济区建设与发展. 见：经济纵横. 82～84.

110. 杨立冰. 2005. 略论海峡西岸经济区. 见：亚太经济. 第五期. 80～82.

111. 严正. 2006. 海峡经济区探索. 北京：社会科学文献出版社.

112. 严正. 2005. “两岸一中”与台湾海峡经济区. 见：福建师范大学学报（哲社版）. 第五期.

113. 严正. 2004. 中国城市问题发展报告. 北京：中国发展出版社.

114. 叶飞文. 2004. 海峡西岸经济区的内涵、功能定位与政策建议. 见：福建论坛（人文社会科学版）. 第五期.

115. 尹晓波，侯祖兵. 2006. 海峡西岸经济区城市群的定位及发展路径. 见：经济地理. 第二十六卷第三期. 473～477.

116. 叶万安. 2006. 台湾产业发展和向大陆转移及其展望. 见：海峡科技与产业. 第四期. 30～34.

117．2004．中国区域发展新格局基本形成．见：中国经济时报．

118．余晖 等．2002．行业协会及其在中国的发展：理论与案例．北京：经济管理出版社．

119．俞可平．2000．治理与善治．北京：社会科学文献出版社．

120．萧万长．2006．2006年海峡两岸经贸论坛发言．华夏经纬网．

121．肖昭升．2006．海峡西岸经济区综合交通体系的战略构想．见：综合运输．第一期．

122．修文群．2005．台湾IT产业竞争力研究及两岸深度合作建议．海峡科技与产业．第二期．12～17．

123．徐立青 等．2005．中小企业国际化经营战略．北京：科学出版社．8．

124．徐小飞，武奇峰．2007．海西吸引台资的现状、问题及对策——以福建省为例．见：科技和产业．第七卷第十二期．42～45．

125．张传国．2003．大陆台资企业本土化经营的动因、方式与影响．见：台湾研究．第四期．

126．张春霞 等．2006．海峡西岸经济区社会主义新农村经济发展研究．北京：中国农业出版社．176．

127．张冠华．2006．两岸经济关系转型与服务业合作．见：海峡科技与产业．第四期．8～14．

128．张冠华．2003．台商大陆投资对两岸贸易影响探析．见：台湾研究．第四期．

129．张国平，邱风，唐勇．2005．区域城市"经营——管治"契合分析及其一体化制度安排．见：经济学家．第二期．

130．张理泉．1991．工业行业管理．北京：中国人民大学出版社．

131．周忠菲．2005．建立两岸共同市场，催生双赢互惠．国际金融报．

132．张作兴．2006．海峡经济区合作机制与战略推进的探讨．见：福建论坛（人文社会科学版）．第四期．104～109．

133．赵林海，陈首哲．2007．借鉴台湾经验，促进闽台风险投资业的合作与发展. 见：海峡科技与产业. 第四期. 34 ~ 37.

134. 赵玉榕. 2009. 闽台农民经济合作组织对接途径与模式研究. 见：台湾研究集刊. 第四期. 34 ~ 43.

135. 郑露曦，张向前，刘林峰. 2009. 闽台产业合作共建台湾海峡经济区研究. 见：科技进步与对策. 第二十六卷第二十三期. 47 ~ 51.

136. 朱斌. 2006. 闽台协同发展高科技产业探索. 北京：九州出版社. 111 ~ 112.

后　记

清明时节，晾台外淅淅沥沥飘落着丝丝春雨。转瞬间，自己从繁华喧嚣的大上海来到宁静宜人而柔美祥和的厦门工作生活已近两载。在细细玩味和逐步融入休闲惬意而又不乏中华文明古韵的闽南文化之余，正值初春万物萌生时节，自己在经历一番周折后正式告别"蜗居"岁月，乔迁至精心布置的新家，开始感受"候鸟"般长期迁徙奔波后的归属感和安定。与此同时，恰逢厦门大学台湾研究院将举办"台湾研究新跨越"30周年庆典，值此盛典，忐忑间自己也尝试着将自去年下半年以来经构思、酝酿和反复斟酌润色后的书稿正式向院庆会务组提交和付梓。

海峡经济区构建是海峡两岸近年来较应景的议题，包括台湾在内的国内外诸多学者从不同角度和层面对其进行了有针对性的研究和探讨。本书相关研究素材和思想都直接或间接地汲取于这些学术先贤的研究积累滋养，可谓"立足于巨人的肩膀之上"。而全书思路框架体系则主要发端于自己前年夏天的博士毕业论文和先前开展的相关项目研究。同时，结合近两年在厦门大学台湾研究院区域经济学研究团队中的教学和项目研究工作，特别是在厦门和台湾参加几次关于海峡两岸区域经济整合发展的学术交流会议，更加激发了自己要尝试着从一个全新的视角来探究海峡经济区建设的想法。在此期间，通过在《台湾研究集刊》、《海峡经济》、《产经评论》等学术期刊上发表关于海峡经济区建设的相关研究论文，为本书理论体系的进一步展开奠定了一定的基础。同时，在本书酝酿构思和写作过程中，海峡两岸呈现出了许多新的区域经济发展现象，例如，两岸"大三通"、海西建设《意见》出台、福州（平潭）综合实验区开发、两岸四次陈江会、两岸ECFA谈判启动等，这些新研究素材都被及时吸纳到本书中作为辅助理论提升的案例阐述。

本书能够适时与读者见面交流，首先要感谢厦门大学台湾研究院"台湾研究新跨越”30周年庆典筹备会赋予的这次机会和资助，同时感谢厦门大学台湾研究院院领导和各位同仁、同学的支持和帮助！此外，感谢在本书出版过程中，九州出版社的各位领导和编辑所提供的支持和帮助！

由于自己涉足台湾经济和海峡两岸经贸关系研究领域尚浅，研究积累仍显青色和稚嫩，书中难免有纰漏和不足之处，所以，借此书作为一个交流平台，希望能得到各位读者的批评指正，使本书不断加以完善，更好地服务于海峡经济区的建设和发展。

王 勇

2010年4月5日于厦门海沧蓝水郡